职业院校财经商贸类精品系列
“互联网+”新形态一体化教材

税务会计

SHUIWU KUAIJI

主　编　王国英　刘振威　廖春玲
副主编　郭　彦　黄　丽　李　华
　　　　吴杰楠

扫一扫
学习资源库

●微课视频
●模拟实训
●课后练习
●教学课件

上海交通大学出版社
SHANGHAI JIAO TONG UNIVERSITY PRESS

内容提要

涉税业务是企业最重要的业务之一，如何反映涉税业务是企业会计的重要工作。本书紧扣我国高等教育发展规律，理论联系实际，突出实践性，充分利用互联网技术，形成完整的立体化教材。本书共8个项目，包括税务会计概述、增值税的核算、消费税的核算、企业所得税的核算、个人所得税的核算、税金及附加的核算、关税的核算、契税和车辆购置税的核算。本书可作为高等职业院校财会类专业的教材，也可作为会计从业人员的参考用书。

图书在版编目（CIP）数据

税务会计 / 王国英，刘振威，廖春玲主编 .— 上海：上海交通大学出版社，2021

ISBN 978-7-313-24533-5

Ⅰ. ①税… Ⅱ. ①王… ②刘… ③廖… Ⅲ. ①税务会计 Ⅳ. ① F810.62

中国版本图书馆 CIP 数据核字（2021）第 052006 号

税务会计

SHUIWU KUAIJI

主　　编：王国英　刘振威　廖春玲　　　**地　　址**：上海市番禺路 951 号
出版发行：上海交通大学出版社　　　**电　　话**：6407 1208
邮政编码：200030
印　　制：北京荣玉印刷有限公司　　　**经　　销**：全国新华书店
开　　本：787mm × 1092mm　1/16　　　**印　　张**：16.5
字　　数：365 千字
版　　次：2021 年 4 月第 1 版　　　**印　　次**：2021 年 4 月第 1 次印刷
书　　号：978-7-313-24533-5
定　　价：59.80 元

前言 Preface

互联网，尤其是移动端的迅猛发展，使教材进入了“互联网＋”的时代。本系列教材从培养高素质、应用型人才的目标出发，建设“主体教材＋实训教程＋教学资源”的立体化赋能教材。在夯实理论的基础上，突出岗位职业技能训练，凸显视频、动画等任务演示性教学资源在基础教学中的作用。电脑端和移动手机端数据同步，不受教学场地限制，教师在课堂上可以省时省力地高效授课，学生课下可以随时随地登录平台自学、练习。

1. 编写理念

根据高校应用型人才培养理念，重点打造实操实务技能，做到“所学即所用”，提高学生专业水平和应用技能，做到让学生在就业和择业选择上更有竞争力。

2. 编写内容

以最新的税收法律制度为依据，在涵盖学科专业所需的必要知识点的基础上编写而成。全书共 8 个项目，包括税务会计概述、增值税的核算、消费税的核算、企业所得税的核算、个人所得税的核算、税金及附加的核算、关税的核算、契税和车辆购置税的核算。

3. 编写形式

力求克服专业教材僵硬枯燥的传统形式，将教材内容要点化、步骤化、图表化和案例化，增强启发性。本教材在体例上设计了应知应会、关键词、情景和项目训练等辅助环节，并力求将各环节结合实际，增强学生的感性认识，让学生达到便于理解、快速掌握的目的。

4. 资源配置

提供配套的学习平台，包括视频学习、模拟实训、课后练习等内容。此外，编者还为广大一线教师提供了服务于本教材的教学资源库，有需要者可致电 13810412048 或发邮件至 2393867076@qq.com。

本教材由多位一线教师和众多会计从业人员合作编写而成，是全体编写人员集体智慧的结晶。尽管在教材特色建设方面做出了许多努力，但由于编者经验和水平有限，书中存在的疏漏之处，恳请相关院校师生和广大读者批评指正，以便进一步修订和完善。

目录 Contents

项目 1 税务会计概述

应知应会

- 理解税收的概念、特征及种类。
- 掌握税法的要素。
- 理解税务会计的概念及对象。
- 了解税法的体系。

关键词

- 税收（taxation）;
- 从量税（specific duty）;
- 从价税（ad valorem duties）;
- 复合税（mixed or compound duties）;
- 税务会计（tax accounting）;
- 税务登记（tax registration）。

本项目在本书中的地位

本项目阐述税收税法的基本概念，税法的要素及我国税法体系，同时介绍了税务会计的对象和特点，是全书的基础。

业务综述

本项目主要介绍以下内容：

- 税收的特征；
- 税率；
- 征税环节；
- 税务会计的核算。

项目导图

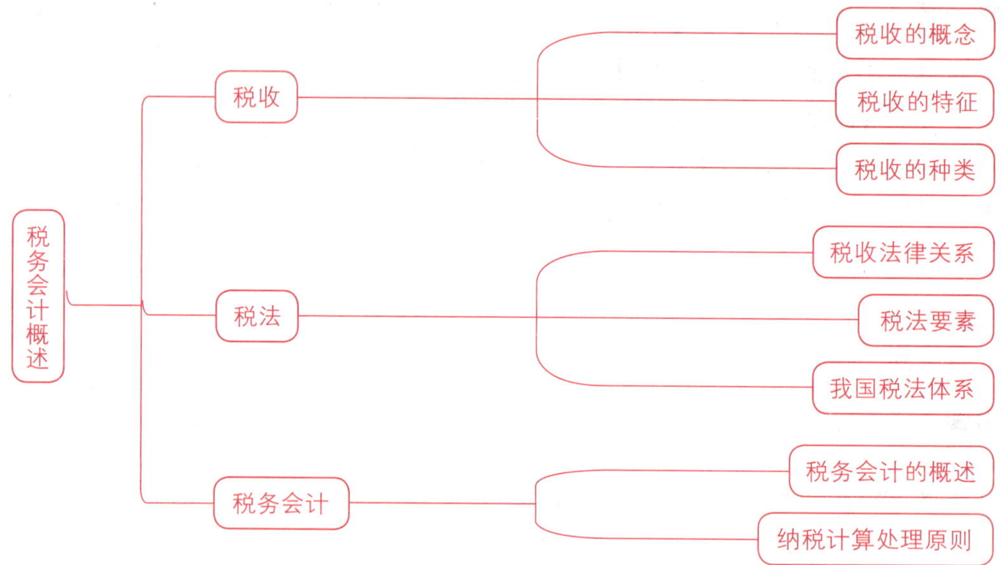

任务 1.1 税收

情景列表	情 景 实 例
税收的特征	销售商品、提供劳务等纳税人缴纳 13% 增值税体现了税收的强制性
税收的种类	增值税是我国税收种类中最大的流转税；卷烟、白酒的消费税是我国复合税最典型的代表

子任务 1.1.1 税收的概念

税收是为了适应国家的需要而产生和发展起来的，是国家为了实现其职能，凭借政治权利，按照法律规定的标准，强制地、无偿地参与社会剩余产品分配，以取得财政收入的一种经济活动。理解税收的概念应把握以下几点：

1. 税收的本质是分配

在社会再生产过程的“生产 —— 分配 —— 交换 —— 消费”循环中，“生产”创造社会产品价值，“消费”耗费社会产品价值，“分配”是对社会产品价值的分割，“交换”实现使用价值的转移。国家征税，既不增加也不减少社会产品的价值总量，因而不属于生产、消费的范畴；而且也不采取以物易物或钱物交换的方式实现，因而也不属于交换范畴。国家征税只是从社会产品价值量中分割一部分集中到政府手中，因此税收的本质是分配。

2. 税收分配以国家为主体，凭借政治权力来实现

分配涉及两个基本问题：分配主体和分配依据。一般的分配形式以生产要素的所有者为主体，以生产要素量为依据；而税收分配以国家为主体，凭借政治权力实现。国家征税凭借政治权力，并不意味着政府可以不顾经济条件任意征税。经济是政治的基础，每个国家都必须按本国的具体经济条件，确定征税范围及额度，滥用政治权力横征暴敛，必然会影响社会的稳定，阻碍生产力的发展。

3. 征税的目的是为了满足社会公共需要

国家安全、社会稳定、人民生活保障等公共需要的满足，必须要由政府集中一部分社会财富来实现。公共产品本身的特殊性决定了公共支出一般不可能由公民个人、企业采取自愿出价的方式来承担，只能采用国家征税的方式，由经济组织、单位和个人共同负担。国家征税的目的是为了满足国家提供公共产品的需要。因此，国家征税也将受到提供公共产品规模和质量的制约。

子任务 1.1.2 税收的特征

国家取得财政收入的形式多种多样，如征税、发行货币、发行国债等。税收具有区别

于其他财政收入形式独有的特征，即税收的“三性”：强制性、无偿性、固定性。

1. 强制性

强制性是指国家以社会管理者的身份，用法律、行政法规等形式对税收活动进行具体的规定，并依照法律强制征收。其有两层含义：其一，任何纳税人都必须依法纳税，否则就要受到法律制裁；其二，任何征税机关都必须依法征税，否则同样要承担法律责任。

2. 无偿性

无偿性是指国家征税后，税款即成为国家的财政收入，不直接归还纳税人，也不向纳税人支付任何报酬。其有两层含义：其一，无偿性仅指征收的税款对具体纳税人无须直接偿还，但就全体纳税人而言，税收是有偿的，表现为国家为全体纳税人提供稳定安全的社会秩序和共同的生产条件等各种服务；其二，国家税收为用而征。国家征税的目的是为了实现其职能，满足社会公共需要，每年取得的税款应按预算规定的程序拨付，用于国家各个方面的支出。

3. 固定性

固定性是指国家在征税之前，应以法律形式预先规定征税对象、征收标准、征税方法等，征纳双方必须遵守，不得随意变动。税收的固定性，对纳税人来说可以据此预测经营成果，便于安排经营；对国家来说可以保证取得稳定的财政收入。但税收的固定性是相对的，随着社会政治、经济环境的变化，税收的征税对象、征收标准等也会不断调整。

上述税收的“三性”是一个完整的统一体，缺一不可，无偿性是税收的核心特征，强制性和固定性是对无偿性的保证和约束。税收的“三性”是税收本质的具体表现，是区别于其他财政收入形式的标志。

子任务 1.1.3 税收的种类

税收分类是指按照一定标准，对各个不同税种隶属税类所做的一种划分。进行税收分类，有利于了解各个税种的特点、性能、作用及税制结构体系。

1. 按征税对象分类

征税对象是税法的一个基本要素，是一种税区别于另一种税的主要标志。按征税对象的不同来分类，是税收最基本和最主要的分类方法。

（1）流转税。流转税是指对销售商品或提供劳务的流转额征收的一种税。这类税种与商品生产和流通以及商品价格和营业额紧密相连。对什么商品征税、税率多高，对商品经济活动都有直接影响，易于发挥对经济的宏观调控作用。现行税制中属于这类税种的主要有增值税、消费税和关税。流转税是我国现行税制中最大的一类税收，是主体税类。

（2）所得税。所得税是指以所得额为征税对象征收的一种税。所得额是指全部收入减去为取得收入所耗费的各项成本费用后的余额。主要有：企业所得税、个人所得税等。

（3）财产税。财产税是指以纳税人所拥有或支配的财产为征税对象征收的一种税。财产税以财产为征税对象，应税财产额在一般情况下是相对稳定的，因此财产税收入比较稳定。主要有：房产税、车船税、契税等。

（4）行为税。行为税是指为了调节某些行为，以这些行为为征税对象征收的一种税。主要有印花税等。

（5）资源税。资源税是指对开发、利用和占有国有自然资源的单位和个人征收的一种税。主要对因开发和利用自然资源而形成的级差收入发挥调节作用。主要有：资源税、土地增值税、城镇土地使用税等。

（6）特定目的税。特定目的税是指为达到特定目的而征收的一种税。主要有：城市维护建设税、车辆购置税、耕地占用税等。

（7）烟叶税。烟叶税是指国家对收购烟叶的单位按照收购烟叶金额征收的一种税。

2. 按税负能否转嫁分类

按税负能否转嫁，税收可以分为直接税和间接税。

（1）直接税。直接税是指税法规定的纳税人就是税款的最终承担者，不发生税负转嫁的一种税（纳税人即负税人），如所得税、财产税等。

（2）间接税。间接税是指税法规定的纳税人与负税人不一致，纳税人可将税负全部或部分转嫁给他人负担的一种税。间接税主要是指课征于一般消费品或劳务的税收，如增值税、消费税、关税等流转税。

3. 按计税依据分类

按计税依据不同，税收可以分为从量税、从价税和复合税。

（1）从量税。从量税是以征税对象的自然实物量（重量、件数、面积、体积等）为标准，采用固定单位税额征收的税种，如我国现行的车船税、城镇土地使用税等。

（2）从价税。从价税是以征税对象的价值量为标准，按规定税率征收的税种，如我国现行的增值税、企业所得税等。

（3）复合税。复合税是同时以征税对象的自然实物量和价值量为标准征收的一种税，如卷烟和白酒的消费税等。

4. 按税收管理与使用权限分类

按税收管理与使用权限不同，税收可以分为中央税、地方税和中央地方共享税。

（1）中央税。中央税是指管理权限归中央，税收收入归中央支配和使用的税种，如我国现行关税、消费税等。

（2）地方税。地方税是指管理权限归地方，税收收入归地方支配和使用的税种，如我国现行的车船税、房产税等。

（3）中央和地方共享税。中央和地方共享税是指主要管理权限归中央，税收收入由中央和地方政府共同享有，按一定比例分成的税种，如我国现行的增值税、个人所得税等。

5. 按税收与价格的关系分类

按税收与价格的关系不同，税收可以分为价内税和价外税。

（1）价内税。价内税是税金包含在商品价格之中，商品价格由“成本＋税金＋利润”

构成，如消费税等。

（2）价外税。价外税是指商品价格中不包含商品税金，仅由成本和利润构成，商品税金只作为商 品价格之外的一个附加额，如我国现行的增值税就是一种典型的价外税。

6. 按会计核算中使用的会计科目分类

按会计核算中使用的会计科目不同，税收可分为销售税金、费用性税金、资本性税金、所得税及增值税。

（1）销售税金。销售税金在销售过程中实现，按销售收入或数量计税并作为销售利润减项，在“税金及附加”科目核算，如消费税、资源税、土地增值税、城市维护建设税等。

（2）费用性税金。费用性税金在生产经营过程中发生，记入“税金及附加”科目核算，如房产税、印花税、车船税、城镇土地使用税等。

（3）资本性税金。资本性税金在投资活动中发生，会计上计入资产价值，如契税、耕地占用税等

从净利润角度来看，所得税也是费用性税金，但它是通过“所得税费用”科目核算，影响净利润；增值税是价外税，会计核算上有其特殊性。

任务 1.2 税法

情景列表	情　景　实　例
税率	我国现行增值税税率分为四类：标准税率 13%、低税率 9%、低税率 6%、零税率
纳税环节	卷烟的消费税在生产出厂销售环节（或进口环节）征税一次，批发环节（指批发商向零售商出售）再次征税

子任务 1.2.1 税收法律关系

税收法律关系是税法所确认和调整的国家与纳税人之间、国家与国家之间以及各级政府之间在税收分配过程中形成的权利与义务关系。国家征税与纳税人纳税在形式上表现为利益分配的关系，但经过法律明确其双方的权利与义务后，这种关系实质上已上升为一种特定的法律关系。

1. 税收法律关系的构成

税收法律关系由税收法律关系的主体、客体和内容三方面构成。

（1）税收法律关系的主体。税收法律关系的主体，即税收法律关系中享有权利和承担义务的当事人。在我国，税收法律关系的主体包括征纳双方，一方是代表国家行使征税职责的国家行政机关，包括国家各级税务机关、海关和财政机关；另一方是履行纳税义务的人，包括法人、自然人和其他组织以及在华的外国企业和组织、外籍人、无国籍人等。

（2）税收法律关系的客体。税收法律关系的客体，即税收法律关系主体的权利和义务所共同指向的对象，也就是征税对象。例如，所得税法律关系客体就是生产经营所得和其他所得，财产税法律关系客体就是财产，流转税法律关系客体就是销售商品或提供劳务、服务等取得的流转额。

（3）税收法律关系的内容。税收法律关系的内容就是主体所享有的权利和所应承担的义务，这是税收法律关系中最实质的东西，也是税法的灵魂。它规定权利主体可以有什么行为，不可以有什么行为，若违反了这些规定，须承担相应的法律责任。税务机关的权利主要表现在依法进行征税、税务检查以及对违章者进行处罚；其义务主要是向纳税人宣传、辅导、解释税法，及时地把征收的税款解缴国库，依法受理纳税人对税收争议的申诉等。纳税义务人的权利主要有多缴税款申请退还权、延期纳税权、依法申请减免税权、申请复议和提起诉讼权等；其义务主要是按税法规定办理税务登记、进行纳税申报、接受税务检查、依法缴纳税款等。

2. 税收法律关系的产生、变更与消灭

税法是引起税收法律关系的前提条件，但税法本身并不能产生具体的税收法律关系。税收法律关系的产生、变更和消灭必须有能够引起税收法律关系产生、变更或消灭的客观情况，也就是由税收法律事实来决定。

税收法律事实可以分为税收法律事件和税收法律行为。税收法律事件是指不以税收法律关系权利主体的意志为转移的客观事件。例如，自然灾害可以导致税收减免，从而改变税收法律关系内容的变化。税收法律行为是指税收法律关系主体在正常意志支配下做出的活动。例如，纳税人开业经营会产生税收法律关系，纳税人转业或停业就会造成税收法律关系的变更或消灭。

子任务 1.2.2 税法要素

从税法构成来看，税法由一些基本要素构成。按照税法调整对象的不同，将其分为税收实体法构成要素和税收程序法构成要素。税法实体法构成要素一般包括：纳税人、征税对象、税目、税率、纳税环节、纳税期限、减税免税和罚则等。税收程序法构成要素包括：纳税期限、纳税地点、税务争议、税收法律责任。

1. 纳税人

纳税人是税法规定的直接负有纳税义务的法人和自然人，在税收法律关系上称为“纳税主体”，是代表国家征税的各级税务机关——征税主体的对称。每一种税都规定有它的纳税人。依法纳税是纳税人应尽的义务，纳税人如果不依法纳税，就要受到法律的制裁。

2. 征税对象

征税对象是指对什么东西征税，是征税的标的物，也是交纳税款的客体。它是不同税种相互区别及名称由来的主要标志。例如，增值税的征税对象是增值额，企业所得税的征税对象是企业应纳税所得额。

3. 税率

税率是指应纳税额与计税依据数量之间的法定比例，它是计算应纳税额的尺度，体现了征税的深度。税率的高低体现了国家的税收政策，关系着国家的财政收入和纳税人的税收负担。

我国现行税率主要有下述三种。

（1）比例税率。比例税率是指对同一征税对象或同一税目，不论数额大小，都按同一比例征税的税率。我国现行的增值税、企业所得税等均采用比例税率。采用比例税率，计算简便，符合税收效率原则，对同一征税对象的不同纳税人税负相同，有利于企业在基本相同的条件下展开竞争。但部分纳税人实际环境差异按同一税率征税，这与纳税人的实际负担能力不完全相符，难以体现税收的公平原则。

（2）累进税率。累进税率是指把计税依据按一定的标准划分为若干个等级，从低到高分别规定逐级递增的税率。这种税率形式的特点是税率等级与计税依据的数额等级同方向变动，有利于按纳税人的不同负担能力设计税率，更加符合税收公平的原则。我国目前使用的累进税率有以下两种形式：

①超额累进税率，是指将计税依据划分为若干个等级，从低到高每一个等级规定一个适用税率，一定数额的计税依据可以同时适用几个等级的税率，每超过一级，超过部分按高一级的税率计税，各等级应纳税额之和为纳税人的应纳税总额。如我国工资薪金个人所得税税率，个体工商户生产经营所得税税率等。

②超率累进税率，是以征税对象的某种比例为累进依据，按超额累进方式计算应纳税额的税率。其计税原理与超额累进税率相同，只是税率累进的依据不是征税对象的绝对数，而是相对比率（如增值率等），如我国现行的土地增值税税率等。

（3）定额税率。定额税率是对单位征税对象规定固定的税额，一般适用于从量计征的税种。定额税率的特点是税率与征税对象的价值量无关，不受征税对象价值量变化的影响。它适用于价格稳定或质量等级较为单一的征税对象，如资源税、城镇土地使用税、车船税等。

4. 纳税环节

所谓纳税环节，就是对处于运动之中的征税对象，选定应该缴纳税款的环节。一般指的是在商品流转过程中应该缴纳税款的环节。一个税种只在一个流转环节征税的，称为一次课征制，如消费税；一个税种在商品流转各个环节多次征税的，称为多次课征制，如增值税。

5. 纳税期限

纳税期限是指纳税单位和个人缴纳税款的法定期限。纳税期限包含两方面的含义：一是确定结算应纳税款的期限，即多长时间纳一次税，一般有 1 天、3 天、5 天、10 天、15 天、1 个月等；二是确定缴纳税款的期限，即纳税期满后税款多长时间必须入库，纳税期限是税收强制性、固定性在时间上的体现。

6. 减免税

减税是对应纳税额少征一部分税款。免税是对应纳税额全部免征。减免税是对某些纳税人和征税对象给予鼓励和照顾的一种措施，是税法原则性和灵活性相结合的体现。减免税的具体形式有税基式减免、税率式减免和税额式减免三种。

（1）税基式减免。税基式减免是通过直接缩小计税依据的方式来实现的减免税。其涉及的概念包括起征点、免征额、扣除项目以及跨期结转等。

起征点是征税对象达到一定数额开始征税的起点，对征税对象数额未达到起征点的不征税，达到起征点的按全部数额征税。免征额是在征税对象的全部数额中免予征税的数额，对免征额的部分不征税，仅对超过免征额的部分征税。扣除项目则是指在征税对象中扣除一定项目的数额，以其余额作为计税依据计算税额。跨期结转是指将以前纳税年度的经营亏损从本纳税年度经营利润中扣除。

（2）税率式减免。税率式减免是通过直接降低税率实现的减免税。如企业所得税规定符合条件的小型微利企业适用的税率为 20%，国家需要重点扶持的高新技术企业适用的税率为 15%。

（3）税额式减免。税额式减免是通过直接减少应纳税额实现的减免税，包括全部免征、减半征收、另定减征额等。

7. 纳税地点

纳税地点是指纳税人申报缴纳税款的地点。不同税种的纳税地点不完全相同，我国现行税制规定的纳税地点大致可以分为以下几种情况：

（1）固定业户向其机构所在地主管税务机关申报纳税。

（2）固定业户到外县（市）经营的，应根据具体情况，或向固定业户所在地申报纳税，或向经营地主管税务机关申报纳税。

（3）非固定业户或临时经营者，向经营地主管税务机关申报纳税。

（4）进口货物向报关地海关申报纳税。

8. 违章处理

违章处理是对纳税人发生违反税法行为采取的惩罚措施，它是税收强制性的体现。纳税人必须依法及时、足额地缴纳税款，凡有拖欠税款、逾期不交、偷漏税等税收违法行为，都应受到制裁。违章处理的措施主要有加收滞纳金、罚款、税收保全措施和强制执行措施等。

子任务 1.2.3 我国税法体系

税法体系是指一个国家在一定时期内、一定体制下以法定形式规定的各种税收法律、法规的总和。我国现行税法体系由税收法律、行政法规、规章及地方税法等构成。其内容主要包括税收实体法和税收程序法两大类。

1. 税收实体法体系

我国的现行税法体系就其实体法而言，按征税对象大致分为 5 类：

（1）流转税类。流转税类包括增值税、消费税和关税等。主要在生产、流通或者服务业中发挥调节作用。

（2）所得税类。所得税类包括企业所得税、个人所得税等。主要是在国民收入形成后，对生产经营者的利润和个人的纯收入发挥调节作用。

（3）资源税类。资源税类包括资源税、土地增值税和城镇土地使用税等。主要是对因开发和利用自然资源差异而形成的级差收入发挥调节作用。

（4）特定目的税类。特定目的税类包括城市维护建设税、车辆购置税、耕地占用税和烟叶税等。主要是为了达到特定目的，对特定对象和特定行为发挥调节作用。

（5）财产和行为税类。财产和行为税类包括房产税、车船税、印花税和契税等。主要是对某些财产和行为发挥调节作用。

上述税种一共有 17 个，其中关税由海关负责征收管理，其他税种由税务机关负责征收管理。除企业所得税、个人所得税是以国家法律的形式发布实施外，其他各种税种都是经全国人民代表大会授权立法，由国务院以暂行条例的形式发布实施的。这些法律法规共同组成了我国的税收实体法体系。

2. 税收程序法体系

除税收实体法外，我国对税收征收管理适用的法律制度，是按照税收管理机关的不同而分别规定的：

（1）由税务机关负责征收的税种的征收管理，按照全国人大常委会发布实施的《税收征收管理法》执行。

（2）由海关机关负责征收的税种的征收管理，按照《海关法》及《进出口关税条例》等有关规定执行。

上述税收实体法和税收征收管理的程序法的法律制度构成了我国现行税法体系。

任务 1.3 税务会计

情景列表	情　景　实　例
税务会计的核算	在支付滞纳金和罚款时，应借记“营业外支出”科目，贷记“银行存款”科目

子任务 1.3.1 税务会计的概述

1. 税务会计的概念

税务会计是以现行税收法规为准绳，以货币为计量单位，运用会计学的基本理论和方法，全面、系统、连续地反映纳税单位由纳税活动所引起的资金运动，对纳税人应纳税款的形成、申报、缴纳进行反映和监督的一种管理活动，是税务与会计结合而形成的一门交叉学科。

由于税金可分为流转税、所得税和资源税等，税务会计也可相应地分为流转税会计、所得税会计和资源税会计等分支。

2. 税务会计的对象

税务会计的对象，即税务会计核算和监督的内容。凡是企业在生产经营过程中能够用货币表现的各种税务活动，都是企业税务会计核算和监督的内容。主要包括：

（1）税基的确定。税基是指课税基础，一是指某类税的经济基础，如流转税的课税基础是流转额，所得税的课税基础是所得额，财产税的课税基础是财产额等；二是指计算缴纳税金的依据或标准，既有从价计征，又有从量计征。在企业中，属于计税基础和依据的业务内容主要有应税流转额、生产经营成本（费用）扣除额、应税所得额、应税财产额、应税行为计税额等。

（2）税款的计算与核算。对每一税种应纳税额的计算是税务会计核算和监督的基本内容，它要求企业按照税收法规进行计算，并按税务会计的核算方法进行核算。包括征税对象、征税范围的界定，计税依据和标准的确定，计算方法的正确使用，应纳税额的正确核算等。

（3）税款的缴纳、退补和减免。正确地计算应缴各种税款后，应按税法规定的纳税期限、纳税环节、纳税时间和地点的要求，及时进行纳税申报并及时缴纳。退税、补税、减税、免税都是企业税务活动中的特殊业务，也应按税法规定执行，它的过程与结果也应及时在税务会计中得到反映。

（4）税收滞纳金和罚款。企业作为纳税义务人，应按税法规定，及时足额上缴税款。由于企业生产经营情况或其他原因，未经税务部门同意拖欠了税款，或是为了企业小团体利益，违背了税法规定等，必须按规定缴纳税收滞纳金或税收罚款，这些也属于税务活动，是税金支出的附加支出，也是税务会计核算和监督的内容。

提示

按照财务会计制度规定，企业支付的各种滞纳金和罚款都属于一项非正常损失，不得列入成本费用，应当计入企业的营业外支出。

子任务 1.3.2 纳税计算处理原则

1. 遵从税法原则

纳税会计在核算和监督企业的纳税活动时，必须以税法为依据，严格遵守税收法律法规的相关规定，明确计税依据，准确计算应纳税额，及时上缴税款，严格履行纳税义务。同时，纳税人还必须依照税收征收管理法的要求进行税务登记，建立健全账簿凭证管理制度，严格按照规定使用发票、及时进行纳税申报。

2. 慎用谨慎性原则

慎用谨慎性原则是指企业在处理经济业务时应保持谨慎的态度，以达到规避风险的目的。该原则一般在安排税务计划时运用。为了保证国家的财政收入，税法很少运用该原则，一般不允许纳税人像财务会计那样预计未来费用，只有在有客观依据表明费用已经发生的情况下才能扣除。在企业税收实务中，处理可以预见的损失费用、不确定的收入或收益时，必须慎用谨慎性原则。

3. 纳税筹划原则

纳税筹划是指纳税人为了达到减轻税收负担和实现税收零风险的目的，在税法所允许的范围内，对企业的经营、投资、理财、组织、交易等各项活动进行事先安排的过程。企业的纳税会计在提供准确的纳税资料和信息的同时，要深刻理解税法的精神，认真学习税收法律法规，积极研究纳税筹划，以获得经济利益最大化。

4. 接受监督检查原则

企业税务工作的办理直接关系着国家的财政收入，企业税收实务工作资料的真实性必须接受税务机关的监督检查，以便及时堵塞漏洞，保证企业应纳税款及时、足额入库。任何违反税收法律的行为，都将受到处罚。

项目小结

税收是国家为满足社会公共需要，凭借政治权利，按照法律规定的标准，强制、无偿地取得财政收入的一种特定分配形式。税收具有组织收入、调节经济和社会管理的职能。税制是一个国家税收法律制度的总称，由纳税人、征税对象、税率、纳税环节、纳税期限、税收优惠、法律责任等要素构成。本项目主要讲述了税收的概念、税收的特征、税收的种类、税收法律关系、税法的要素、我国的税法体系和纳税处理原则等内容。

项目训练

【资料】

王琳准备开设一家汽车修理厂，主要经营项目包括各种车辆的维修、装饰及洗车业务。根据目前的市场行情和自身经营条件，估计每年的收入大约400 000元左右，购进各种汽车零配件大约100 000元。

【要求】

王琳所涉及的流转税是哪个税种？

项目 2 增值税的核算

应知应会

- 理解增值税的概念、征税对象、纳税人、税率。
- 掌握增值税应纳税额的计算、纳税申报与税款缴纳。
- 掌握增值税涉税业务的会计处理。
- 掌握纳税申报管理。

关键词

- 货物（goods）；
- 交通运输业（transportation）；
- 邮政服务（postal service）；
- 电信服务（telecommunications services）；
- 建筑服务（construction services）；
- 金融服务（financial services）。

本项目在本书中的地位

增值税是我国流转税中的核心税种，它有利于贯彻公平税负原则；有利于生产经营结构的合理化；有利于扩大国际贸易往来；有利于国家普遍、及时、稳定地取得财政收入。

业务综述

本项目主要介绍以下内容：

- 增值税的税率；
- 进项税额的计算；
- 销项税额的计算；
- 小规模纳税人销售货物的核算；
- 小规模纳税人购进货物的核算；
- 增值税纳税期限。

项目导图

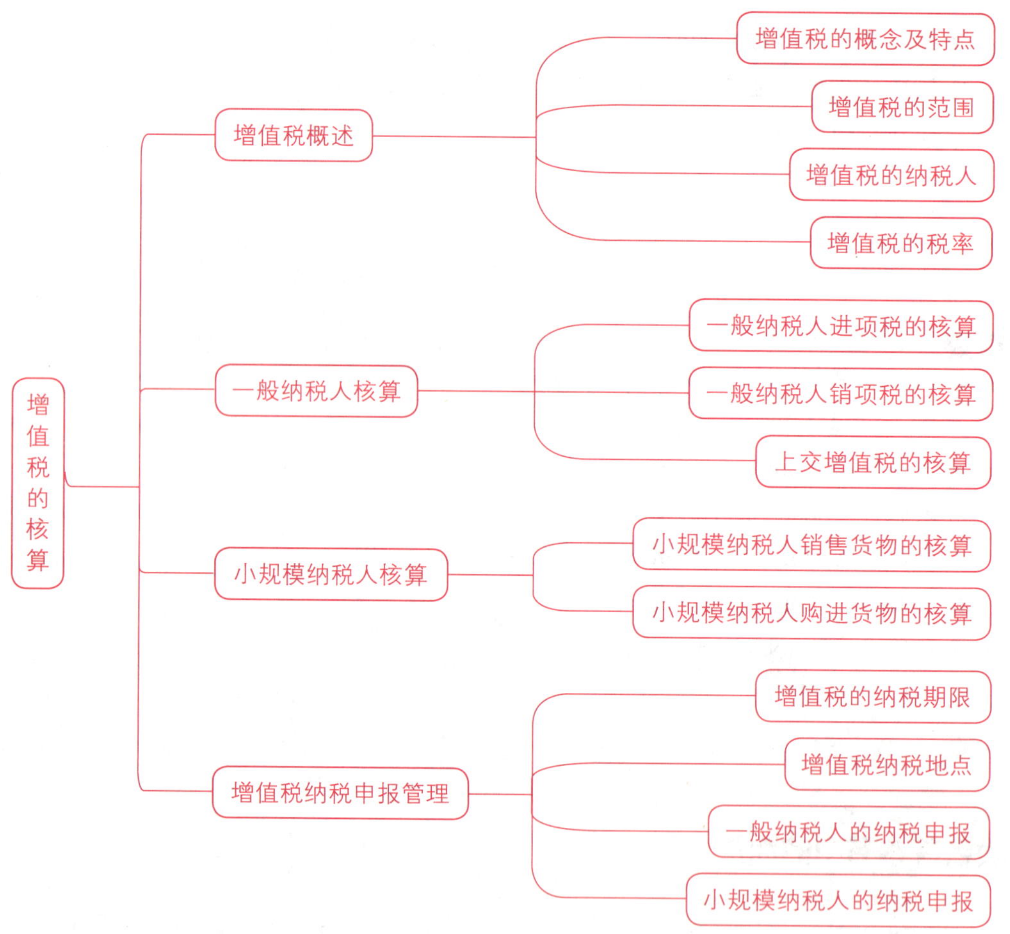

任务 2.1 增值税概述

情景列表	情 景 实 例
增值税的概念	北京市鼎盛股份有限公司销售一批货物取得收入 100 000 元，应缴纳的增值税税额为 13 000 元
增值税的税率	北京市鼎盛股份有限公司销售一批货物，增值税适用税率为 13%

子任务 2.1.1 增值税的概念及特点

1. 增值税的概念

增值税是对在我国境内销售货物或者提供加工、修理修配劳务以及进口货物的单位和个人，就其销售货物或提供劳务的增值额和货物进口金额为计税依据而课征的一种流转税。

增值额是指企业或者其他经营者从事生产经营或者提供劳务，在购入的商品或者取得劳务的价值基础上新增加的价值额。从理论上讲，增值额是指生产经营者生产经营过程中新创造的价值额。它相当于商品价值 C + V + M 中的 V + M 部分。C 即商品生产过程中所消耗的生产资料转移价值；V 即工资，是劳动者为自己创造的价值；M 即剩余价值或盈利，是劳动者为社会创造的价值。增值额是劳动者新创造的价值，从内容上讲大体相当于净产值或国民收入。

2. 增值税的特点

（1）普遍征收、税基广阔。从增值税的征税范围来看，对从事商品生产经营和劳务提供的所有单位和个人，在商品增值的各个生产流通环节向纳税人普遍征收，使增值税能够拥有较其他间接税更广泛的纳税人。

（2）税收负担可以转嫁。虽然增值税主要向企业征收，但企业在销售商品时，又会通过价格将税收负担转嫁给下一生产流通环节，最后由最终消费者承担。

（3）价外计征。增值税实行价税分离，在计税时作为计税依据的销售额中不含增值税税额，这样有利于形成均衡的生产价格，并有利于税负转嫁的实现。这是增值税与传统的以全部流转额为计税依据的税种的一个重要区别。

（4）保持税收中性。根据增值税的计税原理，流转额中的非增值因素在计税时被扣除。因此，对同一商品而言，无论流转环节的多与少，只要增值额相同，税负就相等，不会影响商品的生产结构、组织结构和产品结构。

（5）实行税款抵扣制度。在计算企业应纳税款时，要扣除商品在以前生产环节已负担的税款，以避免重复征税。从世界各国来看，一般都实行凭购货发票进行抵扣。

（6）实行比例税率。从实行增值税制度的国家看，普遍实行比例税制，以贯彻征收简便易行的原则。由于增值额对不同行业和不同企业、不同产品来说性质是一样的，原则对增值额应采用单一比例税率。但为了贯彻一些经济社会政策也会对某些行业或产品实行不同的政策，因而引入增值税的国家一般都规定基本税率和优惠税率或称低税率。

3. 遵循法律、法规

增值税法是指国家制定的用以调整增值税征收与缴纳之间权利和义务关系的法律规范。

增值税之所以能够在世界上众多国家推广，是因为其可以有效地防止商品在流转过程中的重复征税问题，并使其具备保持税收中性、普遍征收、税收负担由最终消费者承担、实行税款抵扣制度、实行比例税率、实行价外税制度等特点。

我国现行增值税的基本规范是2017年11月19日国务院令第691号公布的《中华人民共和国增值税暂行条例》(以下简称《增值税暂行条例》)和2016年3月财政部和国家税务总局发布的“营改增通知”以及2008年12月财政部和国家税务总局令第50号《中华人民共和国增值税暂行条例实施细则》(以下简称《增值税暂行条例实施细则》)。

子任务 2.1.2 增值税的范围

增值税的征税范围包括在境内发生应税销售行为以及进口货物等。根据《增值税暂行条例》《增值税暂行条例实施细则》和“营改增通知”的规定，我们将增值税的征税范围分为一般规定和特殊规定。

1. 征税范围的一般规定

现行增值税征税范围的一般规定包括应税销售行为和进口的货物。具体规定如下：

（1）销售或者进口的货物。货物是指有形动产，包括电力、热力、气体在内。销售货物，是指有偿转让货物的所有权。

（2）销售劳务。劳务是指纳税人提供的加工、修理修配劳务。加工是指受托加工货物，即委托方提供原料及主要材料，受托方按照委托方的要求制造货物并收取加工费的业务；修理修配是指受托对损伤和丧失功能的货物进行修复，使其恢复原状和功能的业务。销售劳务也可称为提供劳务，是指有偿提供劳务。单位或者个体工商户聘用的员工为本单位或者雇主提供劳务不包括在内。

（3）在境内提供应税服务。提供应税服务是指提供交通运输服务、邮政服务、电信服务、建筑服务、金融服务、现代服务、生活服务。

具体征税范围请扫描右侧二维码。

资料

（4）进口货物。凡报关进口的应税货物，无论进口后是自用还是销售，均应在进口环节征收增值税（享受税收优惠政策的货物除外）。

（5）销售无形资产。销售无形资产是指有偿转让无形资产，是转让无形资产所有权或者使用权的业务活动。无形资产，是指不具实物形态，但能带来经济利益的资产，包括技术、商标、著作权、商誉、自然资源使用权和其他权益性无形资产。

技术，包括专利技术和非专利技术。

自然资源使用权，包括本地使用权，海域使用权，探矿权、采矿权、取水权和其他自然资源使用权。

其他权益性无形资产，包括基础设施资产经营权、公共事业特许权、配额、经营权（包括特许经营权、连锁经营权、其他经营权）、经销权、分销权、代理权、会员权、席位权、网络游戏虚拟道具、域名、名称权、肖像权、冠名权、转会费等。

（6）销售不动产。销售不动产是指有偿转让不动产，是转让不动产所有权的业务活动。不动产是指不能移动或者移动后会引起性质、形状改变的财产，包括建筑物、构筑物等。

建筑物，包括住宅、商业营业用房、办公楼等可供居住、工作或者进行其他活动的建造物。构筑物，包括道路、桥梁、隧道、水坝等建造物。转让建筑物有限产权或者永久使用权的，转让在建的建筑物或者构筑物所有权的，以及在转让建筑物或者构筑物时一并转让其所占土地的使用权的，按照销售不动产缴纳增值税。有偿是指取得货币、货物或者其他经济利益。

2. 增值税征税范围的特殊规定

（1）增值税视同销售行为。视同销售行为它是指作为业务本身不是销售，但按照税法规定应当视同销售计征增值税的行为。我国增值税法规规定，单位和个人的下列行为应视同销售货物计征增值税：

①将货物交付其他单位或个人代销；

②销售代销货物；

③设有两个以上机构并实行统一核算的纳税人，将货物从一个机构移送至其他机构用于销售，但相关机构设在同一县（市）的除外；

④将自产或委托加工的货物用于非增值税应税项目；

⑤将自产或委托加工的货物用于集体福利或个人消费；

⑥将自产、委托加工或购买的货物作为投资提供给其他单位或个体工商户；

⑦将自产、委托加工或购买的货物分配给股东或投资者；

⑧将自产、委托加工或购买的货物无偿赠送其他单位或个人；

⑨向其他单位或者个人无偿提供交通运输业、邮政业、电信业和部分现代服务业服务，但以公益活动为目的或者以社会公众为对象的除外。

上述9种行为应该确定为视同销售货物行为，均要征收增值税。其确定的目的主要有三个：一是保证增值税税款抵扣制度的实施，不致因发生上述行为而造成各相关环节税款抵扣链条的中断，如前两种情况就是这种原因。如果不将之视同销售就会出现销售代销货物方仅有销项税额而无进项税额，而将货物交付其他单位或者个人代销方仅有进项税额而无销项税额的情况，就会出现增值税抵扣链条不完整。二是避免因发生上述行为而造成货物销售税收负担不平衡的矛盾，防止以上述行为逃避纳税的现象。三是体现增值税计算的配比原则。即购进货物、劳务等已经在购进环节实施了进项税额抵扣，这些购进货物应该产生相应的销售额，同时就应该产生相应的销项税额，否则就会产生不配比情况。如上述④~⑨的几种情况就属于此种原因。

（2）混合销售行为。根据《增值税暂行条例实施细则》的规定，一项销售行为如果既涉及货物又涉及非增值税应税劳务，为混合销售行为。除《增值税暂行条例实施细则》第六条的规定外，从事货物的生产、批发或者零售的企业、企业性单位和个体工商户的混合销售行为，视为销售货物，应当缴纳增值税；其他单位和个人的混合销售行为，视为销售非增值税应税劳务，不缴纳增值税。

需要解释的是，出现混合销售行为，涉及的货物和非增值税应税劳务只是针对一项销售行为而言的，也就是说，非增值税应税劳务是为了直接销售一批货物而提供的，二者之间是紧密相连的从属关系，它与一般既从事这个税的应税项目又从事另一个税的应税项目，二者之间没有直接从属关系的兼营行为是完全不同的。对实际经济活动中发生的混合销售行为与兼营行为，由于涉及不同的税务处理，因此，要严格区分，不能混淆。

上述所称“非增值税应税劳务”是指属于应缴增值税的税目征收范围的劳务。所称“从事货物的生产、批发或者零售的企业、企业性单位和个体工商户”，包括以从事货物的生产、批发或者零售为主，并兼营非增值税应税劳务的单位和个体工商户在内。

根据《增值税暂行条例实施细则》的规定，混合销售行为如依照上述税务处理，属于应当征收增值税的，其销售额应是货物与非应税劳务的销售额的合计，该非应税劳务的销售额应视同含税销售额处理；且该混合销售行为涉及的非增值税应税劳务所用购进货物的进项税额，凡符合《增值税暂行条例》规定的，在计算该混合销售行为增值税时，准予从销项税额中抵扣。

上述“凡符合《增值税暂行条例》规定的”，是指该混合销售行为涉及的非增值税应税劳务所用购进货物有增值税扣税凭证上注明的增值税额。

另外，《增值税暂行条例实施细则》第六条规定，纳税人的下列混合销售行为，应当分别核算货物的销售额和非增值税应税劳务的营业额，并根据其销售货物的销售额计算缴纳增值税，非增值税应税劳务的营业额不缴纳增值税；未分别核算的，由主管税务机关核定其货物的销售额：

①销售自产货物并同时提供建筑业劳务的行为；

②财政部、国家税务总局规定的其他情形。

之所以对上述行为做出另行规定，是因为该行为很难体现“以从事货物的生产、批发或者零售为主”的精神。在通常情况下提供建筑业劳务行为的营业额可能还会大于销售自产货物的销售额。所以该混合行为不宜采用统一征收增值税的办法，而由其主管税务机关核定其货物的销售额比较适宜。

（3）兼营非应税劳务行为。它是纳税人的经营范围既包括销售货物和应税劳务，又包括提供非应税劳务，但销售货物或应税劳务与提供非应税劳务不同时发生在同一购买者身上，即不发生在同一项销售行为中。

纳税人兼营非应税劳务的，应分别核算货物或应税劳务与非应税劳务的销售额，对货物的销售额计征增值税。如果不分别核算，或者不能准确核算货物或应税劳务的销售额与非应税劳务的营业额的，由主管税务机关核定货物或应税劳务的销售额，并分别计税。

3. 增值税征税范围的特殊项目

（1）货物期货（包括商品期货和贵金属期货），在期货的实物交割环节纳税；

（2）银行销售金银的业务；

（3）集邮商品的生产、销售以及邮政部门以外的其他单位和个人销售集邮商品。

子任务 2.1.3 增值税的纳税人

根据《中华人民共和国增值税暂行条例》和《中华人民共和国增值税暂行条例实施细则》规定，凡是在我国境内销售货物或提供加工、修理修配劳务以及进口货物的单位和个人，都是增值税的纳税义务人。

为加强税收征收管理，税法按经营规模的大小及会计核算是否健全，将增值税纳税人分为一般纳税人和小规模纳税人。对一般纳税人实行凭票扣税的计税方法（也称抵扣制）；对于小规模纳税人实行按销售额和征收率简易计税的征收管理办法。

1. 小规模纳税人的认定及管理

小规模纳税人是指年销售额在规定标准以下，并且会计核算不健全，不能按规定报送有关税务资料的增值税纳税人。

小规模纳税人的具体认定标准为年应征增值税销售额 500 万元及以下。

已登记为增值税一般纳税人的单位和个人，在 2018 年 12 月 31 日前，可转登记为小规模纳税人，其未抵扣的进项税额作转出处理。

同时符合以下条件的一般纳税人，可选择转登记为小规模纳税人，或选择继续作为一般纳税人：

（1）根据《中华人民共和国增值税暂行条例》第十三条和《中华人民共和国增值税暂行条例实施细则》第二十八条的有关规定，登记为一般纳税人。

（2）转登记日前连续 12 个月（以 1 个月为 1 个纳税期，下同）或者连续 4 个季度（以 1 个季度为 1 个纳税期，下同）累计应征增值税销售额（以下称应税销售额）未超过 500 万元。

转登记日前连续 12 个月（以 1 个月为 1 个纳税期）或者连续 4 个季度（以 1 个季度为 1 个纳税期）累计销售额未超过 500 万元的一般纳税人，在 2019 年 12 月 31 日前，可选择转登记为小规模纳税人。

应税销售额的具体范围，按照《增值税一般纳税人登记管理办法》（国家税务总局令第 43 号）和《国家税务总局关于增值税一般纳税人登记管理若干事项的公告》（国家税务总局公告 2018 年第 6 号）的有关规定执行。

（3）一般纳税人转登记为小规模纳税人（以下称转登记纳税人）后，自转登记日的下期起，按照简易计税方法计算缴纳增值税；转登记日当期仍按照一般纳税人的有关规定计算缴纳增值税。

（4）转登记纳税人尚未申报抵扣的进项税额以及转登记日当期的期末留抵税额，计入

"应交税费——待抵扣进项税额"核算。尚未申报抵扣的进项税额计入"应交税费——待抵扣进项税额"时：

①转登记日当期已经取得的增值税专用发票、机动车销售统一发票、收费公路通行费增值税电子普通发票，应当已经通过增值税发票选择确认平台进行选择确认或认证后稽核比对相符；经稽核比对异常的，应当按照现行规定进行核查处理。已经取得的海关进口增值税专用缴款书，经稽核比对相符的，应当自行下载《海关进口增值税专用缴款书稽核结果通知书》；经稽核比对异常的，应当按照现行规定进行核查处理。

②转登记日当期尚未取得的增值税专用发票、机动车销售统一发票、收费公路通行费增值税电子普通发票，转登记纳税人在取得上述发票以后，应当持税控设备，由主管税务机关通过增值税发票选择确认平台（税务局端）为其办理选择确认。尚未取得的海关进口增值税专用缴款书，转登记纳税人在取得以后，经稽核比对相符的，应当由主管税务机关通过稽核系统为其下载《海关进口增值税专用缴款书稽核结果通知书》；经稽核比对异常的，应当按照现行规定进行核查处理。

（5）转登记纳税人在一般纳税人期间销售或者购进的货物、劳务、服务、无形资产、不动产，自转登记日的下期起发生销售折让、中止或者退回的，调整转登记日当期的销项税额、进项税额和应纳税额。

①调整后的应纳税额小于转登记日当期申报的应纳税额形成的多缴税款，从发生销售折让、中止或者退回当期的应纳税额中抵减；不足抵减的，结转下期继续抵减。

②调整后的应纳税额大于转登记日当期申报的应纳税额形成的少缴税款，从"应交税费——待抵扣进项税额"中抵减；抵减后仍有余额的，计入发生销售折让、中止或者退回当期的应纳税额一并申报缴纳。

转登记纳税人因税务稽查、补充申报等原因，需要对一般纳税人期间的销项税额、进项税额和应纳税额进行调整的，按照上述规定处理。

转登记纳税人应准确核算"应交税费——待抵扣进项税额"的变动情况。

（6）转登记纳税人可以继续使用现有税控设备开具增值税发票，不需要缴销税控设备和增值税发票。

（7）转登记纳税人在一般纳税人期间发生的增值税应税销售行为，未开具增值税发票需要补开的，应当按照原适用税率或者征收率补开增值税发票；发生销售折让、中止或者退回等情形，需要开具红字发票的，按照原蓝字发票记载的内容开具红字发票；开票有误需要重新开具的，先按照原蓝字发票记载的内容开具红字发票后，再重新开具正确的蓝字发票。

（8）自转登记日的下期起连续不超过 12 个月或者连续不超过 4 个季度的经营期内，转登记纳税人应税销售额超过财政部、国家税务总局规定的小规模纳税人标准的，应当按照《增值税一般纳税人登记管理办法》（国家税务总局令第 43 号）的有关规定，向主管税务机关办理一般纳税人登记。

转登记纳税人按规定再次登记为一般纳税人后，不得再转登记为小规模纳税人。

2. 一般纳税人的认定及管理

一般纳税人是指年应税销售额超过小规模纳税人标准，并且会计核算健全，能够提供准确税务资料的企业和企业性单位。根据规定，一般纳税人的认定范围如下：

（1）年应税销售额超过小规模纳税人标准的，除另有规定外，应当向主管税务机关申请一般纳税人资格认定。

（2）年应税销售额未超过小规模纳税人标准，以及新开业的纳税人，有固定的生产经营场所，能够按照国家统一的会计制度规定设置账簿，根据合法、有效凭证核实，能够提供准确税务资料的，可以向主管税务机关申请一般纳税人资格认定。

（3）对从事成品油销售的加油站，无论其年应税销售额是否超过80万元，一律按一般纳税人计税。

（4）一般纳税人总分支机构不在同一县（市）的，应分别向其机构所在地主管税务机关申请办理一般纳税人认定手续。统一核算的总分支机构，其总机构年应税销售额超过小规模纳税人标准，但分支机构是商业企业以外的其他企业，年应税销售额未超过小规模纳税人认定标准的，其分支机构可以被认定为一般纳税人。

除国家税务总局另有规定外，纳税人一经认定为一般纳税人后，不得转为小规模纳税人。

经税务机关审核认定为一般纳税人，采用扣税制，并使用增值税专用发票。

子任务 2.1.4 增值税的税率

为了适应市场经济发展的要求，增值税税率的设计遵循了中性和简便的原则，现行增值税使用了税率和按简易办法计税的征收率。

1. 税率

（1）基本税率。一般纳税人销售或进口货物，提供加工、修理修配劳务，除有特殊规定外，增值税适用税率一律为13%。

（2）低税率。

①一般纳税人销售或者进口下列货物，税率为9%。

- 粮食等农产品、食用植物油、食用盐；
- 自来水、暖气、冷气、热水、煤气、石油液化气、天然气、二甲醚、沼气、居民用煤炭制品；
- 图书、报纸、杂志、音像制品、电子出版物；
- 饲料、化肥、农药、农机、农膜；
- 国务院规定的其他货物。

②一般纳税人提供交通运输、邮政、基础电信、建筑、不动产租赁服务，销售不动产，转让土地使用权，税率为9%。

③一般纳税人提供增值电信、金融、现代服务（除有形动产租赁服务和不动产租赁服务外）、生活服务，销售无形资产（除转让土地使用权外），税率为6%。

提示

自2009年1月1日起，工业用盐的增值税税率由9%恢复到13%，食用盐继续沿用9%的低税率。

（3）零税率。出口货物和发生的跨境应税行为，税率为零。

出口货物（国务院另有规定的除外）包括报关出境货物和输往海关管理的保税工厂、保税仓库和保税区的货物。

跨境应税行为指：

①国际运输服务。

②航天运输服务。

③向境外单位提供的完全在境外消费的下列服务：研发服务；合同能源管理服务；设计服务；广播影视节目（作品）的制作和发行服务；软件服务；电路设计及测试服务；信息系统服务；业务流程管理服务；离岸服务外包业务服务；转让技术服务；国务院规定的其他服务。

2. 征收率

（1）小规模纳税人。从2009年1月1日起，小规模纳税人销售货物或提供应税劳务、应税服务的征收率为3%；小规模纳税人销售自己使用过的固定资产，减按2%征收率征收增值税；从2014年7月1日起，销售旧货，按照简易办法依照3%征收率减按2%征收增值税。

（2）一般纳税人。

①3%征收率。从2014年7月1日起，一般纳税人销售自产的下列货物，可选择按简易办法以3%征收率计征增值税。

销售自产的用微生物、微生物代谢产物、动物毒素、人或动物的血液或组织制成的生物制品；寄售商店代销寄售物品（包括居民个人寄售的物品在内）；典当业销售死当物品；销售自产的县级及县级以下小型水力发电单位生产的电力；销售自产的自来水；销售自产的建筑用和生产建筑材料所用的砂、土、石料；销售自产的以自己采掘的砂、土、石料或其他矿物连续生产的砖、瓦、石灰（不含粘土实心砖、瓦）；销售自产的商品混凝土（仅限于以水泥为原料生产的水泥混凝土）；单采血浆站销售非临床用人体血液；药品经营企业销售生物制品，兽用药品经营企业销售兽用生物制品；提供物业管理服务的纳税人，向服务接受方收取的自来水水费，以扣除其对外支付的自来水水费后的余额为销售额，按照简易计税方法以3%的征收率计算缴纳增值税。

除以上几项为销售货物，以下为销售服务：

经认定的动漫企业为开发动漫产品提供的服务，以及在境内转让动漫版权；提供城市电影放映服务；公路经营企业收取试点前开工的高速公路的车辆通行费；提供非学历教育服务；提供教育辅助服务；公共交通运输服务。包括轮客渡、公交客运、地铁、城市轻轨、出租车、长途客运、班车；电影放映服务、仓储服务、装卸搬运服务、收派服务和文化体育服务（含纳税人在游览场所经营索道、摆渡车、电瓶车、游船等取得的收入；以纳入营改增试点之日前取得的有形动产为标的物提供的经营租赁服务；纳入营改增试点之日前签订的尚未执行完毕的有形动产租赁合同；以清包工方式提供、为建筑工程老项目提供的建筑服务；建筑工程总承包单位为房屋建筑的地基与基础、主体结构提供工程服务，建设单位自行采购全部或部分钢材、混凝土、砌体材料、预制构件的，适用简易计税方法计税（不是可选择）；中国农业发展银行总行及其各分支机构提供涉农贷款取得的利息收入；农村信用社、村镇银行、农村资金互助社、由银行业机构全资发起设立的贷款公司、法人机构在县（县级市、区、旗）及县以下地区的农村合作银行和农村商业银行提供金融服务收入；对中国农业银行纳入“三农金融事业部”改革试点的各省、自治区、直辖市、计划单列市分行下辖的县域支行和新疆生产建设兵团分行下辖的县域支行（也称县事业部），提供农户贷款、农村企业和农村各类组织贷款取得的利息收入；资管产品管理人运营资管产品过程中发生的增值税应税行为，暂适用简易计税方法，按照3%的征收率缴纳增值税；非企业性单位中的一般纳税人提供的研发和技术服务、信息技术服务、鉴证咨询服务，以及销售技术、著作权等无形资产；非企业性单位中的一般纳税人提供技术转让、技术开发和与之相关的技术咨询、技术服务。

② 3%征收率减按2%征收。

● 2008年12月31日以前未纳入扩大增值税抵扣范围试点的纳税人，销售自己使用过的2008年12月31日以前购进或者自制的固定资产。

● 2008年12月31日以前已纳入扩大增值税抵扣范围试点的纳税人，销售自己使用过的在本地区扩大增值税抵扣范围试点以前购进或者自制的固定资产。

● 销售自己使用过的属于《增值税暂行条例实施细则》第十条规定不得抵扣且未抵扣进项税额的固定资产。

● 纳税人购进或者自制固定资产时为小规模纳税人，认定为一般纳税人后销售该固定资产。

● 一般纳税人销售自己使用过的、纳入营改增试点之日前取得的固定资产。

以上销售自己使用过的固定资产，适用简易办法依照3%征收率减按2%征收增值税政策的，可以放弃减税，按照简易办法依照3%征收率缴纳增值税，并可以开具增值税专用发票。

● 纳税人销售旧货。

任务 2.2 一般纳税人核算

情景列表	情景实例
进项税额的计算	北京市鼎盛股份有限公司 2021 年 6 月收购烟叶生产卷烟，收购凭证上注明价款 600 000 元，并向烟叶生产者支付了价外补贴
销项税额的计算	北京市鼎盛股份有限公司为增值税一般纳税人，本月向个人消费者销售空调 30 台，收取货款 106 000 元，另收取安装费 5 000 元，全部开具普通发票

子任务 2.2.1 一般纳税人进项税的核算

1. 进项税额的计算

进项税额是指纳税人购进货物或接受应税劳务所支付的增值税税额。在同一项购销业务中，进项税额与销项税额是相互对应的，即销售方收取的销项税额就是购买方支付的进项税额。

（1）准予抵扣的进项税额。

①从销售方取得的增值税专用发票（含货物运输业增值税专用发票、税控机动车销售统一发票）上注明的增值税额。

②从海关取得的完税凭证上注明的增值税额。上述两款规定是指增值税一般纳税人在购进或进口货物及劳务时取得对方的增值税专用发票或海关完税凭证上已注明规定税率或征收率计算的增值税税额，不需要纳税人计算，但要注意其增值税专用发票及海关完税凭证的合法性，对不符合规定的扣税凭证一律不准抵扣。增值税一般纳税人取得所有需抵扣增值税进项税额的海关完税凭证，应根据相关海关完税凭证逐票填写《海关完税凭证抵扣清单》，在进行增值税纳税申报时随同纳税申报表一并报送。如果纳税人未按照规定要求填写《海关完税凭证抵扣清单》或者填写内容不全，该张凭证不得抵扣进项税额。增值税一般纳税人当期未取得海关完税凭证可不向主管税务机关报送《海关完税凭证抵扣清单》。

③购进免税农产品进项税额的确定与抵扣。自 2002 年 1 月 1 日起，增值税一般纳税人购进农业生产者销售的免税农产品，或者从小规模纳税人处购进的农产品，按农产品收购发票或者销售发票上注明的农产品买价和 9% 的扣除率计算抵扣进项税额。

计算公式为

$$进项税额=买价 \times 扣除率$$

在掌握该项政策时，应注意以下几个问题：免税“农产品”是指直接从事植物的种植、收割和动物的饲养、捕捞的单位和个人销售的享受免税的自产农产品；农产品所包括的具体品目按《农产品征税范围注释》来确定。“买价”是指经主管税务机关批准使用的收购凭证上注明的价款；对烟叶税纳税人按规定缴纳的烟叶税，准予并入烟叶产品的买价计算增值税的进项税额，并在计算缴纳增值税时予以抵扣。

根据财税 [2006]64 号和 140 号文件的规定，则

收购烟叶准予抵扣的进项税额＝（收购金额＋烟叶税）×13%

其中

收购金额＝收购价款 ×（1 ＋ 10%）

④运输费用进项税额的确定与抵扣。增值税一般纳税人外购或销售货物以及生产经营过程中接受交通运输服务业所支付的运输费用（代垫运费除外），准予按规定抵扣进项税额。在营业税改征增值税以前接受的运输劳务，取得运输劳务提供方开具的运费结算单据，可按运输费用结算单据上注明的运费金额和 9% 扣除率计算进项税额抵扣，则

进项税额＝运输费用金额 × 扣除率

这里所称的准予抵扣的运输费用金额是指在运输单位开具的货票上注明的运费、建设基金，但不包括随同运费支付的装卸费、保险费等其他杂费。在营业税改征增值税以后接受的运输服务，按照从运输劳务提供方开具增值税专用发票注明的增值税额确定准予从销售税额中抵扣的进项税额。

⑤企业购置增值税防伪税控系统专用设备和通用设备，可凭购货所取得的专用发票所注明的税额从增值税销项税额中抵扣。其中，专用设备包括税控金税卡、税控 IC 卡和读卡器；通用设备包括用于防伪税控系统开具专用发票的计算机和打印机。增值税一般纳税人用于采集增值税专用发票抵扣联信息的扫描器具和计算机，属于防伪税控通用设备。对纳税人购置上述设备取得的增值税专用发票所注明的增值税税额，计入当期增值税进项税额（国税函 [2006]1248 号）。

⑥自 2004 年 12 月 1 日起，增值税一般纳税人购进税控收款机所支付的增值税额（以购进税控收款机取得的增值税专用发票上注明的增值税额为准），准予在企业当期销项税额中抵扣。需要强调的是，纳税人购进的税控收款机不论是否达到固定资产标准，其取得的增值税专用发票上注明的增值税额均可以从当期销项税额中抵扣；但如果购进税控收款机时未取得增值税专用发票，则不得抵扣进项税额。

【情景 2-1】北京市鼎盛股份有限公司 2021 年 6 月收购烟叶生产卷烟，收购凭证上注明价款 600 000 元，并向烟叶生产者支付了价外补贴。

问题：计算北京市鼎盛股份有限公司 6 月份收购烟叶可抵扣的进项税。

解析：

烟叶进项税额 =（收购金额＋烟叶税）×9%

=600 000 ×（1 ＋ 10%）×（1 ＋ 20%）×9%

=71 280（元）

2. 不得抵扣的进项税

增值税扣税凭证，是指增值税专用发票、海关进口增值税专用缴款书、农产品收购发票、农产品销售发票和税收缴款凭证。纳税人取得的增值税扣税凭证不符合法律、行政法

规或者国家税务总局有关规定的，其进项税额不得从销项税额中抵扣。纳税人凭税收缴款凭证抵扣进项税额的，应当具备书面合同、付款证明和境外单位的对账单或者发票。资料不全的，其进项税额不得从销项税额中抵扣。

（1）纳税人购进货物或者应税劳务，未按照规定取得并保存增值税扣税凭证，或者增值税扣税凭证上未按照规定注明增值税额及其他有关事项的，其进项税额不得从销项税额中抵扣。同时规定，从 1995 年 1 月 1 日起对纳税人购进货物、应税劳务取得的专用发票“发票联”“抵扣联”，凡不符合《增值税专用发票使用规定》开具要求的，不得作为扣税的凭证。自 2003 年 8 月 1 日起，全国停止开具手写版增值税专用发票。增值税一般纳税人取得 2003 年 8 月 1 日以后开具的手写版专用发票一律不得作为增值税扣税凭证。自 2009 年 1 月 1 日起，纳税人购进货物或者应税劳务，取得的增值税扣税凭证不符合法律、行政法规或者国务院税务主管部门有关规定的，其进项税额不得从销项税额中抵扣。

（2）一般纳税人有下列情形之一者，应按销售额依照增值税税率计算应纳税额，不得抵扣进项税额，也不得使用增值税专用发票：会计核算不健全，或者不能够提供准确税务资料的。符合一般纳税人条件，但不申请办理一般纳税人认定手续的。上述所称的“不得抵扣进项税额”，是指纳税人在停止抵扣进项税额期间发生的全部进项税额，包括在停止抵扣期间取得的进项税额、上期留抵税额以及经批准允许抵扣的期初存货已征税款。纳税人经税务机关核准恢复抵扣进项税额资格后其在停止抵扣进项税额期间发生的全部进项税额不得抵扣。

（3）用于非应税项目的购进货物或者应税劳务。

（4）用于免税项目的购进货物或者应税劳务。

（5）用于集体福利或者个人消费的购进货物或者应税劳务。

（6）非正常损失的购进货物。

（7）非正常损失的在产品、产成品所耗用的购进货物或者应税劳务。

（8）纳税人购买或销售免税货物或固定资产所发生的运输费用，因本身不准抵扣，所以其运输费用也不得计算进项税额抵扣，增值税一般纳税人采取邮寄方式销售、购买货物所支付的邮寄费，不允许计算进项税额抵扣。

不得抵扣进项税额各项目的条件、范围包括以下几点。

第（3）项所述的非应税项目是指：提供非应税劳务、转让无形资产、销售不动产和固定资产在建工程等。纳税人新建、改建、扩建、修缮、装饰建筑物，无论会计制度规定如何核算，均属于固定资产在建工程。这里需要注意的是，纳税人属混合销售与兼营非应税劳务行为的，其混合销售与兼营行为中的用于非应税劳务购进货物或应税劳务的进项税额，可依法抵扣。

第（6）项所称非正常损失是指：生产经营过程中正常损耗外的损失，主要考虑非正常损失与纳税人生产经营没有直接关系，因而税法规定，购进货物或应税劳务因非正常损失不准抵扣。非正常损失具体包括：自然灾害损失；因管理不善造成货物被盗窃、发生霉烂变质等损失；其他非正常损失。对于企业由于资产评估减值而发生流动资产损失，如果流动资产未丢失或损坏，只是由于市场变化，价值量减少，不属于非正常损失，不作进项税额转出处理。

【情景 2-2】北京市鼎盛股份有限公司为增值税一般纳税人，2021 年 9 月有关生产经营业务如下：

（1）3 日，外购货物一批，取得增值税专用发票，注明增值税款 250 000 元；下旬，因管理不善造成该批货物一部分发生霉烂变质，经核实造成 1/4 损失。

（2）15 日，建造职工活动中心领用生产用原材料一批，这批原材料的账面成本为 310 000 元。

（3）21 日，购入月饼一批，取得普通发票，价税合计支出 52 000 元。

（4）23 日，将购入的月饼作为福利发给职工。

问题：计算该公司当月可以抵扣的进项税额。

解析：（1）外购货物取得专用发票，可以凭票抵扣；但因管理不善造成购进货物发生非正常损失的部分，其进项税额不能抵扣。

进项税额＝250 000 － 250 000 × 1/4 ＝ 187 500（元）

（2）已做进项税额抵扣的购进货物事后改变用途，用于非应税项目，应将进项税额转出。

进项税额转出＝310 000 × 13% ＝ 40 300（元）

（3）购入月饼用于职工福利，不论取得专用发票还是普通发票，都不能抵扣进项税额。

（4）将外购的货物用于职工福利，不能抵扣进项税。

当月可以抵扣的进项税额＝187 500 － 40 300=147 200（元）

3. 特殊问题的处理

（1）适用一般计税方法的纳税人，兼营简易计税方法计税项目、免征增值税项目而无法划分不得抵扣的进项税额，按照下列公式计算不得抵扣的进项税额：

不得抵扣的进项税额＝当期无法划分的全部进项税额 ×（当期简易计税方法计税项目销售额＋免征增值税项目销售额 ）÷ 当期全部销售额

自 2018 年 1 月 1 日起，纳税人租入固定资产、不动产，既用于一般计税方法计税项目，又用于简易计税方法计税项目、免征增值税项目、集体福利或者个人消费的，其进项税额准予从销项税额中全额抵扣。

（2）根据《增值税暂行条例实施细则》的规定，一般纳税人当期购进的货物或应税劳务用于生产经营，其进项税额在当期销项税额中予以抵扣。但已抵扣进项税额的购进货物或应税劳务如果事后改变用途，用于集体福利或者个人消费、购进货物发生非正常损失、在产品或产成品发生非正常损失等，应当将该项购进货物或者应税劳务的进项税额从当期的进项税额中扣减；无法确定该项进项税额的，按当期外购项目的实际成本计算应扣减的进项税额。

（3）已抵扣进项税额的固定资产，发生《增值税暂行条例》规定的不得从销项税额中抵扣情形的，应在当月按下列公式计算不得抵扣的进项税额：

不得抵扣的进项税额 = 固定资产净值 × 适用税率

固定资产净值，是指纳税人按照财务会计制度计提折旧后计算的固定资产净值。

（4）已抵扣进项税额的购进服务，发生《营业税改征增值税试点实施办法》规定的不得从销项税额中抵扣情形（简易计税方法计税项目、免征增值税项目除外）的，应当将该进项税额从当期进项税额中扣减；无法确定该进项税额的，按照当期实际成本计算应扣减的进项税额。

（5）已抵扣进项税额的无形资产，发生《营业税改征增值税试点实施办法》规定的不得从销项税额中抵扣情形的，按照下列公式计算不得抵扣的进项税额：

不得抵扣的进项税额 = 无形资产净值 × 适用税率

无形资产净值，是指纳税人根据财务会计制度摊销后的余额。

（6）已抵扣进项税额的不动产，发生非正常损失，或者改变用途，专用于简易计税方法计税项目、免征增值税项目、集体福利或者个人消费的，按照下列公式计算不得抵扣的进项税额，并从当期进项税额中扣减：

不得抵扣的进项税额 = 已抵扣进项税额 × 不动产净值率

不动产净值率 =（不动产净值 ÷ 不动产原值）× 100%

（7）纳税人适用一般计税方法计税的，因销售折让、中止或者退回而退还给购买方的增值税额，应当从当期的销项税额中扣减；因销售折让、中止或者退回而收回的增值税额，应当从当期的进项税额中扣减。

（8）有下列情形之一者，应当按照销售额和增值税税率计算应纳税额，不得抵扣进项税额，也不得使用增值税专用发票：

①一般纳税人会计核算不健全，或者不能够提供准确税务资料的。

②应当办理一般纳税人资格登记而未办理的。

（9）自 2019 年 4 月 1 日起，增值税一般纳税人取得不动产或者不动产在建工程的进项税额不再分 2 年抵扣。此前按照规定尚未抵扣完毕的待抵扣进项税额，可自 2019 年 4 月税款所属期起从销项税额中抵扣。

取得不动产，包括以直接购买、接受捐赠、接受投资入股、自建以及抵债等各种形式取得不动产。

（10）根据《营业税改征增值税试点实施办法》及相关规定，不得抵扣且未抵扣进项税额的固定资产、无形资产，发生用途改变，用于允许抵扣进项税额的应税项目，可在用途改变的次月按照下列公式，计算可以抵扣的进项税额：

可以抵扣的进项税额 = 固定资产、无形资产净值 ÷（1 + 适用税率）× 适用税率

上述可以抵扣的进项税额应取得合法有效的增值税扣税凭证。

（11）按照规定不得抵扣进项税额的不动产，发生改变用途，用于允许抵扣进项税额项目的，按照下列公式在改变用途的次月计算可抵扣进项税额：

可抵扣进项税额 = 增值税扣税凭证注明或计算的进项税额 × 不动产净值率

（12）一般纳税人发生下列应税行为可以选择适用简易计税方法计税，不允许抵扣进项税额。

①公共交通运输服务，包括轮客渡、公交客运、地铁、城市轻轨、出租车、长途客运、班车。

②经认定的动漫企业为开发动漫产品提供的动漫脚本编撰、形象设计、背景设计、动画设计、分镜、动画制作、摄制、描线、上色、画面合成、配音、配乐、音效合成、剪辑、字幕制作、压缩转码（面向网络动漫、手机动漫格式适配）服务，以及在境内转让动漫版权（包括动漫品牌、形象或者内容的授权及再授权）。

③电影放映服务、仓储服务、装卸搬运服务、收派服务和文化体育服务。

④以纳入营改增试点之日前取得的有形动产为标的物提供的经营租赁服务。

⑤在纳入营改增试点之日前签订的尚未执行完毕的有形动产租赁合同。

4. 进项税额抵扣时限的确定

（1）自2017年7月1日起，增值税一般纳税人取得的2017年7月1日及以后开具的增值税专用发票和机动车销售统一发票，应当自开具之日起360日内认证或登录增值税发票选择确认平台进行确认，并在规定的纳税申报期内，向主管国税机关申报抵扣进项税额。

（2）增值税一般纳税人取得的2017年7月1日及以后开具的海关进口增值税专用缴款书，应自开具之日起360日内向主管国税机关报送《海关完税凭证抵扣清单》，申请稽核比对。

5. 进项税的会计核算

（1）国内采购货物进项税额的会计核算。购进货物取得增值税专用发票并且认证相符，则增值税进项税额允许抵扣，应借记“应交税费——应交增值税（进项税额）”科目，按照专用发票上记载的应计入采购成本的金额，借记“材料采购”“在途物资”“原材料”“库存商品”“周转材料”“管理费用”“销售费用”“其他业务成本”等科目，按照应付或实际支付的金额，贷记“应付账款”“应付票据”“银行存款”等科目，购入的货物发生退货，应作相反的会计处理，但进项税额只能用红字登记在借方。

【情景2-3】宏城橡胶厂为增值税一般纳税人，2021年3月6日开户银行汇票，从外地购入原材料一批，取得对方开具的增值税专用发票，内列货款600 000元、增值税额78 000元，同时以转账支票支付该批材料的运费和税款共计8 720元，取得运输业增值税专用发票。

问题：计算并编制会计分录。

解析：

允许抵扣的进项税额=78 000＋8 720÷（1＋9%）×9%=78 720（元）

材料采购成本=600 000＋8 000=608 000（元）

根据专用发票和入库单，编制会计分录如下：

借：原材料　608 000
　　应交税费——应交增值税（进项税额）　78 720
　　贷：银行存款　8 720
　　　　其他货币资金——银行汇票　678 000

（2）接受投资者投入货物的会计核算。企业接受投资者投入的货物，应按取得的专用发票上注明的增值税税额，借记“应交税费——应交增值税（进项税额）”科目；按投资合同或协议约定的价值，借记“原材料”“库存商品“等科目；按投资者应享有的注册资本份额，贷记“实收资本”或“股本”科目；按其差额贷记“资本公积”科目。

【情景 2-4】汇丰股份有限公司为增值税一般纳税人，2021 年 2 月接受联营单位投入原材料一批，双方协商确认价值为 800 000 元，取得投资方开具的增值税专用发票，内列增值税额 104 000 元。按投资协议，投资者在公司享有 100 000 股股份，每股价值 6 元。

问题：根据以上内容，编制会计分录。

解析：企业根据增值税专用发票、材料入库单等凭证，编制会计分录如下：

借：原材料　800 000
　　应交税费——应交增值税（进项税额）　104 000
　　贷：股本　600 000
　　　　资本公积——股本溢价　304 000

（3）接受捐赠货物的会计核算。企业接受捐赠货物，应按取得的专用发票上注明的增值税税额，借记“应交税费——应交增值税（进项税额）”科目；按确认的捐赠价值借记“原材料”“库存商品”等科目；按接受捐赠货物价税合计额，贷记“营业外收入——非货币性捐赠利得”科目。

【情景 2-5】东方线业有限公司本月接受国外客户捐赠模具一批，捐赠方提供的发票账单内列该批模具价值 100 000 元。公司以转账支票支付报关进口关税 20 000 元、进口增值税 15 600 元。

问题：根据以上内容，编制会计分录。

解析：根据增值税专用发票和材料入库单，编制会计分录如下：

借：周转材料——模具　120 000
　　应交税费——应交增值税（进项税额）　15 600
　　贷：营业外收入——非货币性捐赠利得　100 000
　　　　银行存款　35 600

（4）接受应税劳务的会计核算。企业接受应税劳务，应按取得的专用发票上注明的应计入加工、修理修配等劳务成本的金额，借记“其他业务成本”“制造费用”“委托加工物资”等科目；按专用发票上注明的增值税税额，借记“应交税费——应交增值税（进项税额）”科目；按实际支付款，贷记“银行存款”等科目。

【情景 2-6】2021 年 3 月，东方线业有限公司基本生产车间委托某修理厂修理设备，以银行存款支付修理费 3 000 元，增值税 390 元，取得增值税专用发票。

问题：根据以上内容编制会计分录。

解析：根据增值税专用发票和银行支付凭证，编制会计分录如下：

借：制造费用　　3 000

　　应交税费——应交增值税（进项税额）　　390

　　贷：银行存款　　3 390

（5）购进免税农产品的会计核算。企业购进免税农产品，应按购入农产品的买价和规定的扣除率计算的金额，借记“应交税费——应交增值税（进项税额）”科目；按买价扣除按规定计算的进项税额后的余额，借记“物资采购”“原材料”“库存商品”等科目；按实际支付款，贷记“银行存款”等科目。

【情景 2-7】君逸食品有限公司属于增值税一般纳税人，2021 年 8 月，向当地农民收购小麦，填开的经税务机关批准使用的收购凭证上注明的买价 70 000 元。该批小麦已运抵企业并验收入库，货款以现金支付。

问题：计算并编制会计分录。

解析：

购进免税农产品允许抵扣的进项税额 =70 000 × 9%=6 300（元）

农产品采购成本 =70 000 － 6 300=63 700（元）

根据农产品收购发票、入库单及付款凭证，编制会计分录如下：

借：原材料——小麦　　63 700

　　应交税费——应交增值税（进项税额）　　6 300

　　贷：库存现金　　70 000

（6）进货退回或折让的会计核算。

①购入货物退回。在未付款且未作会计核算的情况下，只需将“发票联”和“抵扣联”退还给销货方。在已付款或已作会计核算，发票联和抵扣联无法退还的情况下，购货方必须取得当地主管税务机关开具的证明单送销货方，作为销货方开具红字专用发票的依据。红字专用发票的发票联和抵扣联就是购货方扣减当期进项税额的凭证。

【情景 2-8】北京市鼎盛股份有限公司购入甲材料一批，取得增值税专用发票，注明价款 9 000 元、增值税 1 170 元，款项以银行存款支付。甲材料运到，经验收发现质量不符要求全部退货，取得当地主管税务机关的证明单送销货方，并以现金代垫退货运费 660 元。

问题：根据以上内容编制会计分录。

解析：购入货物支付货款，并在当期办理增值税抵扣认证时，编制会计分录如下：

借：在途物资　　9 000

　　应交税费——应交增值税（进项税额）　　1 170

　　贷：银行存款　　10 170

收到销货方开来的红字专用发票及转来货款时，编制会计分录如下：

借：银行存款　　10 830
　　贷：应收账款　　9 660
　　　　应交税费——应交增值税（进项税额）　　1 170

②购入货物折让。在未付款且未作会计核算的情况下，只需将“发票联”和“抵扣联”退还给销货方，由销货方按折让后的价款重新开具专用发票。在已付款或已作会计核算，发票联和抵扣联无法退还的情况下，购货方应当向当地主管税务机关索取证明单送销货方，然后根据销货方开具的红字发票联和抵扣联进行会计核算。

【情景 2-9】假定【情景 2-8】中甲材料验收入库时发现质量有问题，经与销货方协商后同意折让 20%。

问题：根据以上内容编制会计分录。

解析：材料验收入库时，按折让后的金额，编制会计分录如下：

借：原材料——甲材料　　7 200
　　应收账款——北京市鼎盛股份有限公司　　1 800
　　贷：在途物资——甲材料　　9 000

收到销货方转来折让金额的红字专用发票时，编制会计分录如下：

借：银行存款　　2 034
　　贷：应收账款——北京市鼎盛股份有限公司　　1 800
　　　　应交税费——应交增值税（进项税额）　　234

（7）购进固定资产及其运输费的会计核算。一般纳税人购进固定资产进项税额的核算应区分不同情况处理：购进用于应税项目生产经营的固定资产，可凭法定扣税凭证抵扣进项税额，包括承担的运输费用的进项税额；对购进自用的应征消费税的摩托车、汽车、游艇，以及用于非增值税应税项目、增值税免税项目、集体福利或个人消费的固定资产，不得计算抵扣进项税额。

【情景 2-10】东方线业有限公司 2021 年 5 月购入小轿车一辆作为固定资产使用，取得增值税专用发票，注明价款 100 000 元、增值税 13 000 元；同时缴纳车辆购置税 10 000 元，支付其他费用 5 000 元，取得相关票据。

问题：根据以上内容编制会计分录。

解析：根据机动车销售统一发票、完税凭证、固定资产验收单等凭证，编制会计分录如下：

借：固定资产　　128 000
　　贷：银行存款　　128 000

【情景 2-11】北京市鼎盛股份有限公司 2021 年 9 月，购入不需安装的生产设备一台，取得增值税专用发票，注明价款 50 000 元、增值税额 6 500 元，款项以转账支票付讫。

问题：根据以上内容编制会计分录。

解析：根据增值税专用发票、设备验收单和银行付款凭证等，编制会计分录如下：

借：固定资产　　50 000
　　应交税费——应交增值税（进项税额）　　6 500
　　贷：银行存款　　56 500

（8）进口货物的会计核算。一般纳税人从国外进口货物，应以海关提供的完税凭证为记账依据，根据完税凭证上注明的进口货物采购成本，借记“原材料”“库存商品”等科目；按完税凭证上注明的增值税税额，借记“应交税费——应交增值税（进项税额）”科目；按实际支付的金额，贷记“银行存款”“其他货币资金”等科目。

【情景 2-12】科发电子公司从国外进口电子元件一批，关税完税价格 800 000 元，关税税率为 10%，货物已验收入库。

问题：计算并编制会计分录。

解析：

关税 =800 000 × 10%=80 000（元）

应纳进口增值税额 =（800 000 ＋ 80 000）× 13%=114 400（元）

固定资产入账成本 =800 000 ＋ 80 000=880 000（元）

根据固定资产验收单、购货发票和海关完税凭证等，编制会计分录如下：

借：固定资产　　880 000

　应交税费——应交增值税（进项税额）　　114 400

　贷：银行存款　　994 400

提示

纳税人进口的作为固定资产使用的应征消费税的摩托车、汽车、游艇，应将进口环节缴纳的增值税计入固定资产的原值，不得作为进项税额抵扣。

6. 不得抵扣进项税额的会计核算

购进货物发生的不得抵扣的增值税税额应计入购入货物成本，但如果购进货物或应税劳务的进项税额已申报抵扣，应将其已抵扣的增值税进项税额作转出处理，扣减发生期进项税额。具体包括：已作进项税额抵扣的购进货物或应税劳务事后改变用途，用于非增值税应税项目、增值税免税项目、集体福利或个人消费；已作进项税额抵扣的购进货物发生非正常损失、在产品或产成品发生非正常损失。

（1）购进货物取得普通发票的会计核算。一般纳税人购进货物取得普通发票的，除税法另有规定外，不得计算抵扣进项税额。

【情景 2-13】恒通药业药业公司 2021 年 3 月，从小规模纳税人购入包装箱一批，取得普通发票，注明价款 4 680 元，包装箱已验收入库，款项已支付。

问题：根据以上内容编制会计分录。

解析：根据购货普通发票、验收入库单和银行付款凭证，编制会计分录如下：

借：周转材料——包装箱　　4 680

　贷：银行存款　　4 680

（2）购进货物或应税劳务用于非增值税应税项目的会计核算。若企业购进货物时就能明确将其用于非增值税应税项目，应将发票上注明的增值税税额直接计入相关项目的成本。若企业购进的生产经营用货物改变用途用于非应税项目，应在改变其用途时，将原已申报抵扣的进项税额作转出处理，贷记“应交税费——应交增值税（进项税额转出）”科目。

【情景 2-14】宏宇建材厂因改扩建仓库的需要，领用上月购入的生产用钢材一批。经查该批钢材进价成本为 200 000 元。

问题：根据以上内容编制会计分录。

解析：根据领料单，编制会计分录如下：

借：在建工程　　226 000

　　贷：原材料　　200 000

　　　　应交税费——应交增值税（进项税额转出）　　26 000

（3）购进货物或应税劳务用于集体福利或个人消费的会计核算。

【情景 2-15】滦河电缆公司年终表彰优秀员工，以转账方式购买表彰用品一批，取得新华商场开具的增值税专用发票，内列货款 8 000 元，增值税税额 1 040 元，款项由工会经费和集体福利费各出资 50%。

问题：根据以上内容编制会计分录。

解析：企业购进货物时就明确将其用于职工福利，根据购货发票和银行付款凭证等，编制会计分录如下：

借：应付职工薪酬——工会经费　　4 520

　　　　　　　　——职工福利　　4 520

　　贷：银行存款　　9 040

【情景 2-16】北京市鼎盛股份有限公司将一批库存外购生产用材料以福利形式平均发放给单位职工。该批材料购进时已取得增值税专用发票并申报抵扣，其实际成本 30 000 元，增值税税率为 13%。上述生产用外购货物改变用途用于职工福利。

问题：该企业的增值税应作怎样的会计处理？计算并编制会计分录。

解析：

$$进项税额转出 =30\ 000 \times 13\%=3\ 900（元）$$

$$列入福利支出金额 =30\ 000 + 3\ 900=33\ 900（元）$$

该单位应在决定发放福利时，编制会计分录如下：

借：生产成本　　33 900

　　贷：应付职工薪酬——非货币性福利　　33 900

实际发放时，编制会计分录如下：

借：应付职工薪酬——非货币性福利　　33 900

　　贷：原材料　　30 000

　　　　应交税费——应交增值税（进项税额转出）　　3 900

（4）非正常损失购进货物的会计核算。非正常损失购进货物的增值税，包括购进货物发生非正常损失进项税额和非正常损失的在产品、产成品所耗用的购进货物或应税劳务进项税额。税法规定发生非正常损失货物的进项税额不得抵扣。因此，企业发生非正常损失后，原已抵扣的进项税额应转出，贷记“应交税费——应交增值税（进项税额转出）”科目，同时借记“待处理财产损溢”科目。

【情景 2-17】宝骏橡胶厂为增值税一般纳税人，2021 年 10 月，购入原材料 1 000 千克，单位不含税价格 80 元，材料到达实际验收入库 900 千克。公司允许的定额内合理损耗率为 2%，其余为非正常损失。款项以银行存款支付。

问题：计算不得抵扣增值税的进项税额并编制会计分录。

解析：

全部货物进项税额 =1 000 × 80 × 13%=10 400（元）

不得抵扣进项税额 =（1 000 − 900 − 1 000 × 2%）× 80 × 13%=832（元）

原材料采购成本 =（900 + 1 000 × 2%）× 80=73 600（元）

购入原材料时，编制会计分录如下：

借：在途物资　　80 000
　　应交税费——应交增值税（进项税额）　　10 400
　　贷：银行存款　　90 400

原材料物验收入库时，编制会计分录如下：

借：原材料　　73 600
　　待处理财产损溢——待处理流动资产损溢　　7 232
　　贷：在途物资　　80 000
　　　　应交税费——应交增值税（进项税额转出）　　832

（5）固定资产进项税额转出的会计核算。增值税法规规定，已抵扣进项税额的固定资产用于非应税项目、免税项目、集体福利或个人消费，以及发生非正常损失，应当在当月按下列公式计算不得抵扣的进项税额：

不得抵扣的进项税 = 固定资产净值 × 适用税率

上式所述固定资产净值是指纳税人按照财务制度计提折旧后计算的固定资产净值。

【情景 2-18】北京市鼎盛股份有限公司因管理不善丢失一台生产用设备。该设备于 2021 年 1 月购入，原值 100 000 元，进项税额 13 000 元已在购进当月申报抵扣，设备已提折旧 10 000 元。

问题：上述固定资产已抵扣的进项税额是否要转出？如果是，请计算并编制会计分录。

解析：上述固定资产于 2021 年 1 月购入，根据增值税法规规定，购进固定资产的进项税额已予抵扣，因此当发生非正常损失时其已抵扣的进项税额必须作转出处理。

进项税额转出 =（100 000 − 10 000）× 13%=11 700（元）

根据固定资产损失报告单，编制会计分录如下：

借：待处理财产损溢——待处理固定资产损溢　　101 700
　　累计折旧　　10 000
　　贷：固定资产　　100 000
　　　　应交税费——应交增值税（进项税额转出）　　11 700

7. 一般纳税人增值税结转及上缴的会计核算

企业购销等业务发生的进项税额、销项税额，平时均在“应交税费——应交增值税”的明细科目有关专栏核算。月末，结出借、贷方合计和余额，计算企业当期应缴纳的增值税额，并在规定的期限内向税务机关申报缴纳。

当期应纳增值税额 =（销项税额＋出口退税＋进项税额转出）—（进项税额＋期初留抵税额＋已交税金＋减免税款＋出口递减内销产品应纳税额）

企业按规定期限申报缴纳的增值税，根据取得的缴款书回执联，编制会计分录如下：

借：应交税费——应交增值税

贷：银行存款

8. 减免增值税的会计核算

减免增值税分先征后返还、即征即退、直接减免三种形式，其会计处理也有所不同，但企业收到返还的增值税都应通过“营业外收入——政府补助”科目核算，作为企业利润总额的组成部分。

采用先征收后返还、即征即退办法进行减免的企业，在销售货物时，应按正常会计核算程序核算应纳增值税税额。当办理增值税退还手续，收到退税款时，直接编制会计分录如下：

借：银行存款

贷：营业外收入——政府补助

直接减免增值税不属于政府补助。如果是免税，在会计处理时，借记“应收账款”等，贷记“主营业务收入”，即不反映“应交税费”的贷方；若是减税，只按应交增值税的税额，贷记“应交税费”即可。

子任务 2.2.2 一般纳税人销项税的核算

1. 销项税的计算

销项税额是指纳税人销售货物或提供应税劳务按照销售额或应税劳务营业额和规定的税率计算并向购买方收取的增值税额。其计算公式为

销项税额＝销售额 × 增值税税率

公式中的销售额为不含增值税的销售额。实际业务中，如果取得含税销售额，可按下列公式进行换算：

不含税销售额＝含税销售额 ÷（1＋增值税税率）

（1）一般销售方式下销售额的确定。一般销售（或视同销售）方式下的销售额是指纳税人销售货物或者提供应税劳务向购买方（承受应税劳务也视为购买方）收取的全部价款和价外费用，但是不包括收取的销项税额。

所谓价外费用，是指随同货物销售价外向购买方收取的手续费、补贴、基金、集资费、返还利润、奖励费、违约金、滞纳金、延期付款利息、赔偿金、包装费、包装物租

金、储备费、优质费、运输装卸费、代收款项、代垫款项及其他各种性质的价外收费。凡随同销售货物、劳务或提供应税服务向购买方收取的价外费用，无论其会计如何核算，均应并入销售额计算应纳税额。但下列项目不认定为价外费用：

①受托加工应征消费税的消费品所代收代缴的消费税；

②以委托方名义开具发票代委托方收取的款项；

③同时符合以下条件的代为收取的政府性基金或行政事业性收费：由国务院或财政部批准设立的政府性基金；由国务院或省级人民政府及其财政、价格主管部门批准设立的行政事业性收费；收取时开具省级以上财政部门印制的财政票据；所收款项全额上缴财政。

④销售货物的同时代办保险等向购买方收取的保险费，以及向购买方收取的代购买方缴纳的车辆购置税、车辆牌照费。

【情景 2-19】北京市鼎盛股份有限公司为增值税一般纳税人，本月向个人消费者销售空调 30 台，收取货款 106 000 元，另收取安装费 5 000 元，全部开具普通发票。

问题：计算该商场销售空调业务的增值税。

解析：商场销售空调开具普通发票，其货款为含税价，收取的安装费为价外费用，视同含税收入。

$$销项税额 =(106\,000 + 5\,000) \div (1 + 13\%) \times 13\% = 12\,769.91\text{（元）}$$

（2）特殊销售方式下销售额的确定。在销售活动中，纳税人为了提高销售额会采用多种销售方式。由于销售方式的不同，纳税人的销售额的确定方式也会有所不同。

①视同销售行为销售额的确定。增值税法规规定：发生视同销售行为而无销售额的，税务机关有权按下列顺序确定其销售额：按纳税人最近时期同类货物的平均销售价格确定；按其他纳税人最近时期同类货物的平均销售价格确定；按组成计税价格确定。

其计算公式为

$$组成计税价格=成本+利润+消费税$$

或

$$组成计税价格=成本 \times (1+成本利润率)+消费税$$

公式中，“成本”的核算存在以下两种情况：销售自产货物的，为实际生产成本；销售外购货物的为实际采购成本。公式中的“成本利润率”，由国家税务总局确定，除特殊规定外，一律按 10% 计算。

如果征收增值税的货物同时又征收消费税，组成计税价格应包括消费税。

纳税人销售货物或提供应税劳务的价格明显偏低并无正当理由的，税务机关有权按上述视同销售行为同样的方法核定销售额。

【情景 2-20】北京鼎盛股份有限公司为增值税一般纳税人，2021 年 5 月专门为本厂职工特制一批服装并免费分发给职工。账务资料显示该批服装的生产成本 220 000 元。

问题：你认为上述业务需要计征增值税吗？如果需要请计算相关税额。

解析：根据增值税法规规定，企业将自产货物用于职工福利的应视同销售计征增值税，无同类产品销售额或价格明显偏低的，应按组成计税价格计税。

$$销项税额=220\ 000\times(1+10\%)\times13\%=31\ 460（元）$$

②包装物押金的处理。纳税人为销售货物出租、出借包装物收取的押金，单独记账核算的，时间在一年以内，又未过期的，不并入销售额征税，但对因逾期未收回包装物不再退还的押金，应按所包装货物的适用税率计算销项税额。“逾期”是指按合同约定实际逾期或以 1 年为期限，对收取 1 年以上的押金，无论是否退还均并入销售额征税。对销售除啤酒、黄酒外的其他酒类产品而收取的包装物押金，无论是否返还以及会计上如何核算，均应在收取押金当期计征增值税。销售啤酒、黄酒所收取的包装物押金，按上述销售一般货物的相关规定处理。

【情景 2-21】北京市鼎盛股份有限公司为增值税一般纳税人，本月销售一批白酒给小规模纳税人，开具普通发票注明的价款为 60 000 元，同时收取包装物押金 2 000 元，约定 6 个月后返还；销售啤酒一批给某商场，开具增值税专用发票注明的价款为 20 000 元，同时收取包装物押金 1 000 元，约定 3 个月后返还。

问题：计算该商贸公司本月的计税销售额和销项税额。

解析：因销售白酒收取的包装物押金，收取时即并入销售额征税；因销售啤酒收取的包装物押金，收取时不并入销售额征税，待逾期时征税。

$$销售白酒的销售额=(60\ 000+2\ 000)\div(1+13\%)\approx54\ 867.26（元）$$

$$销售啤酒的销售额=20\ 000（元）$$

$$计税销售额=54\ 867.26+20\ 000=74\ 867.26（元）$$

$$增值税销项税额=74\ 867.26\times13\%\approx9\ 732.74（元）$$

③折扣方式销售额的确定。折扣销售也称商业折扣，是指销货方在销售货物时，因购买方购货数量较大等原因而给予购货方的价格优惠。如购买 100 件，可享受销售价格 5% 的折扣；购买 200 件，可享受销售价格 10% 的折扣。增值税法规定：只要销售额和折扣额在同一张发票上分别注明，就可按扣除折扣后的余额作为计税销售额计算增值税；但如果将折扣额另开发票，则无论财务上如何处理，计算增值税时其折扣额均不得从销售额中减除。另外，上述折扣销售仅限于价格折扣，如果销货方将自产、委托加工和购买的货物采取“买就送”等方式实现实物折扣，对所送货物的价款一律不得从销售额中减除，实物折扣应按视同销售行为“无偿赠送”规定计算增值税。

现金折扣是指销货方在销售货物或提供应税劳务时，为了鼓励购货方及早付款，以协议的形式给予购货方的一种折扣。如 10 天内付款，优惠 2%；20 天内付款，优惠 1%；超过 20 天付款不优惠。现金折扣是企业的一种融资行为，折扣额不得从销售额中减除。

销售折扣又不同于销售折让。销售折让，是指企业因售出商品的质量不合格等原因而在售价上给予的减让。对增值税而言，销售折让其实是指纳税人发生应税销售行为后因为劳动成果质量不合格等原因在售价上给予的减让。销售折让与销售折扣相比较，虽然都是在应税销售行为销售后发生的，但因为销售折让是由于应税销售行为的品种和质量引起销售额的减少，因此，对销售折让可以折让后的货款为销售额。税法对于折扣销售、销售折扣与销售折让的增值税税务处理规定是不同的，如表 2-1 所示。

表 2-1 折扣销售、销售折扣与销售折让

折扣方式	折扣目的	税务处理
折扣销售（商业折扣）	为促销对购买数量大等原因而给予的价格优惠。该折扣在销售实现时发生并确定	只要开具的票据符合要求，折扣额可以从销售额中扣除
销售折扣（现金折扣）	为鼓励购买方及早偿还贷款而给予的金额优惠。该折扣只有在收到货款时才能确定	折扣额不得从销售额中扣除
销售折让	为保商业信誉，对已售商品存在质量、品种不符合总是而给予购买方的金额补偿。该折扣发生在货物销售之后	折让额可以从折让当期销售额中扣除

【情景 2-22】北京市鼎盛股份有限公司为增值税一般纳税人，2021 年 5 月 12 日批发销售给远大企业电脑 100 台，每台标价（不含税）3 600 元，由于购买数量较大，给予购买方七折优惠，并将折扣额与销售额开在同一张专用发票上。同时约定付款条件为“2/10，1/20，*n*/30”。当月 20 日收到 A 企业支付的全部货款。

问题：计算商场上述销售业务应申报的增值税销项税额。

解析：商场采取的是“折扣销售”与“现金折扣”相结合的促销方式。其中：七折优惠属于折扣销售，并且折扣额与销售额开在同一张发票上，按折扣后的金额计税；约定“2/10，1/20，*n*/30”的付款条件属于现金折扣，按折扣前的金额计税。

销项税额 =100 × 3 600 × 70% × 13%=32 760（元）

④以旧换新销售额的确定。以旧换新是指纳税人在销售新货物的同时有偿收回旧货物的行为。增值税法规定：除金银首饰外的货物以旧换新销售，应按新货物的同期销售价格确定销售额，不得扣减旧货物的收购价格。但对金银首饰以旧换新业务，可扣除旧金银首饰的回收价格，即按销售方实际收取的不含增值税的全部价款征收增值税。

【情景 2-23】北京市鼎盛股份有限公司是增值税一般纳税人，2021 年 7 月采取“以旧换新”方式销售家用电器商品，共取得现金收入 9 300 000 元，旧货抵价金额为 2 500 000 元，上述价款均为含税价。

问题：计算上述业务应申报的增值税销项税额。

解析：增值税法规定，商品销售以旧换新业务增值税的计税依据为货物的全新销售价格。

全新货物不含税销售额 =（9 300 000 + 2 500 000）÷（1 + 13%）=10 442 478（元）

销项税额 =10 442 478 × 13%=1 357 522（元）

⑤还本销售销售额的确定。还本销售是指纳税人销售货物后，到一定期限由销售方一次或分次退还给购货方全部或部分货款的一种销售方式。增值税法规定，采取还本销售方式销售货物的，以所售货物的销售价格核定销售额，不得扣除还本支出。

【情景 2-24】北京市鼎盛股份有限公司与某商场签订家具购销合同，双方约定商场购入家具 6 套，每套含税价为 16 500 元，商场在购货时一次付清全部货款，工厂在货物销售后的 6 个月全部返还货款。

问题：计算上述业务申报的增值税销项税额。

解析：增值税法规规定，还本销售业务的增值税计税依据为货物的全部销售额，不得扣除还本支出。

销项税额 =16 500÷（1 + 13%）×13%×6=11 389.38（元）

⑥以物易物方式销售额的确定。以物易物是一种较为特殊的购销活动，是指购销双方不是以货币结算，而是以同等价款的货物相互结算、实现货物销售的一种方式。增值税法规定：采取以物易物方式销售货物的，以物易物双方均应作正常的购销业务处理，以各自发出的货物核算销售额，并计算销项税，以各自收到的货物按规定核算购货额并计算进项税。应注意的是，在以物易物活动中，应分别开具合法的票据，如收到的货物不能取得相应的增值税专用发票或其他合法凭证，不能抵扣进项税额。

⑦混合销售行为。混合销售行为如属于应当征收增值税的，其销售额应是货物与非应税劳务的销售额合计，该非应税劳务的销售额应视为含税销售额，需先换算为不含税销售额再并入销售额征税；且该混合销售行为涉及的非增值税应税劳务所用购进货物的进项税额，凡符合《增值税暂行条例》规定的，在计算该混合销售行为增值税时，准予从销项税额中抵扣。

【情景 2-25】北京市鼎盛股份有限公司为增值税一般纳税人，本月向乙企业销售大型设备一台，开具增值税专用发票注明货款 160 000 元，设备需安装调试，由北京市鼎盛股份有限公司负责，北京市鼎盛股份有限公司收取安装调试费 3 000 元。

问题：计算北京市鼎盛股份有限公司该业务的计税销售额和销项税额。

解析：销售设备并同时提供安装调试劳务，属于混合销售行为。因北京市鼎盛股份有限公司的主营业务是交增值税的，因此该混合销售行为一并征收增值税。

混合销售的销售额 =160 000 + 3 000÷（1 + 13%）≈162 654.87（元）

销项税额 =162 654.87×13% ≈21 145.13（元）

2. 销项税的会计核算

（1）不同货款结算方式下销项税额的会计核算。企业销售货物采用的结算方式不同，其纳税义务的发生时间有差异，相应的会计核算方法也有区别。

①直接收款。税法规定，采用直接收款方式销售货物的，不论货物是否发出，增值税纳税义务发生时间均为收到销货款或取得索取销货款凭据的当天。企业应根据销货结算凭证，按实际收取的销售额和增值税，借记“银行存款”“应收票据”等科目；按不含税销售额，贷记“主营业务收入”等科目；按规定收取的增值税，贷记“应交税费——应交增值税（销项税额）”科目。

【情景 2-26】宝骏橡胶厂为增值税一般纳税人，2021 年 10 月，销售 A 型号汽车轮胎一批，对外开具的增值税专用发票注明的价款 3 000 000 元，增值税税额 390 000 元，款项已收存银行。

问题：根据以上内容编制会计分录。

解析：根据销售发票和银行进账单，编制会计分录如下：

借：银行存款　　3 390 000

　　贷：主营业务收入　　3 000 000

　　　　应交税费——应交增值税（销项税额）　　390 000

②委托收款和托收承付。税法规定，采用委托收款和托收承付结算方式销售货物的，增值税纳税义务发生时间为发出货物并办妥托收手续当天。企业应根据委托收款和托收结算凭证上注明的金额，借记“应收账款”科目；按不含税销售额，贷记“主营业务收入”等科目；按规定收取的增值税，贷记“应交税费——应交增值税（销项税额）”科目。

【情景2-27】宝骏橡胶厂为增值税一般纳税人，2021年10月，销售给外地某汽车厂B型号汽车轮胎一批，开具的增值税专用发票注明的价款4 000 000元，增值税税额520 000元，合同约定运费由购货方承担，宝骏橡胶厂开出支票代垫运费2 000元，运输公司将运费发票开具给购货方。上述款项已向银行办妥委托收款手续。

问题：根据以上内容编制会计分录。

解析：根据增值税专用发票记账联、托收承付结算凭证和支票存根，编制会计分录如下：

借：应收账款　　4 522 000

　　贷：主营业务收入　　4 000 000

　　　　应交税费——应交增值税（销项税额）　　520 000

　　　　银行存款　　2 000

③赊销和分期收款销售。税法规定，采取赊销或分期收款方式销售货物的，增值税义务发生时间为书面合同约定的收款日期当天；无书面合同或书面合同没有约定收款日期的，为货物发出当天。因此，一般纳税人在发出商品时，应按发出商品成本，借记“应收账款”或“银行存款”科目；按不含税销售额，贷记“主营业务收入”科目；按规定收取的增值税，贷记“应交税费——应交增值税（销项税额）”科目。

【情景2-28】宝骏橡胶厂为增值税一般纳税人，2021年2月20日，采用分期收款方式向某企业销售B型号汽车轮胎一批，该批轮胎的生产成本为2 000 000元，不含税售价2 800 000元。合同约定货款分4期等额支付，当天收到首笔货款，并向购货方开具增值税专用发票，注明价款700 000元、增值税91 000元，余款分别在以后每月的20日结算。

问题：根据以上内容编制会计分录。

解析：收取首笔货款时，根据增值税专用发票记账联和银行进账单，编制会计分录如下：

借：银行存款　　791 000

　　贷：主营业务收入　　700 000

　　　　应交税费——应交增值税（销项税额）　　91 000

提示

按照税法规定，先开具发票的，增值税纳税义务发生时间为开具发票的当天。因此，如果企业在发出商品时一次性全额开具发票，则应按全部销售额计算增值税，这对销售企业是不利的，应该避免这种做法。

④预收货款。税法规定，采用预收货款方式销售货物的，增值税纳税义务发生时间为货物发出当天。因此，预收货款销售货物，应在收到预收货款时，借记“银行存款”科目，贷记“预收账款”科目；发出货物时，按应收款项金额，借记“预收账款”科目，按不含税销售额，贷记“主营业务收入”科目，按规定收取的增值税，贷记“应交税费——应交增值税（销项税）”科目；收到补付货款时，借记“银行存款”科目，贷记“预收账款”科目，退回多收款做相反分录。

【情景 2-29】宝骏橡胶厂为增值税一般纳税人，2021 年 4 月 10 日，销售给同力公司 B 型号汽车轮胎一批，开具增值税专用发票，注明价款 700 000 元、增值税 91 000 元。上月已预收货款 600 000 元，当日收到对方补付货款的转账支票一张。

问题：根据以上内容编制会计分录。

解析：当月发出商品时，根据开具的增值税专用发票记账联，编制会计分录如下：

借：预收账款——同力公司　　791 000

　　贷：主营业务收入　　700 000

　　　　应交税费——应交增值税（销项税额）　　91 000

收到补付货款，根据进账单编制会计分录如下：

借：银行存款　　191 000

　　贷：预收账款——同力公司　　191 000

（2）视同销售行为销项税额的会计核算。增值税视同销售行为会计核算应解决两方面问题：其一，对于视同销售行为应计算增值税销项税额，贷记“应交税费——应交增值税（销项税额）”科目；其二，对视同销售行为货物的价值转移，是作销售收入处理，还是直接按成本结转。在税务会计与财务会计相分离的情况下，若该行为能使企业获得收益或体现企业与外部的关系，则应作销售处理；否则按成本结转。

①委托代销货物。委托代销按结算方式不同分两种：一是以支付手续费方式委托代销；二是以不支付手续费方式委托代销。前者委托方与受托方通过签订代销合同，明确规定代销货物的售价、手续费等条件，双方以合同规定的价格结算；后者委托方与受托方只规定交接价，而不管受托方以什么价格出售，对受托方来讲实质为赊购商品。

增值税法规规定，委托其他纳税人代销货物的，增值税纳税义务发生时间为收到代销清单和收到货款两者中的较早者的当天；而对发出代销货物超 180 天仍未收到代销清单及货款的，其增值税纳税义务发生时间为发出代销货物满 180 天的当天。

【情景 2-30】唐亚绒业为增值税一般纳税人，2021 年 8 月 1 日委托新华购物中心代为销售羊绒衫，代销合同约定不含税单价 600 元，代销手续费按不含税售价的 10% 支付。该批产品共 200 件，每件成本 400 元，现已全部售出，收到代销清单和手续费结算凭证。

问题：计算并编制会计分录。

解析：本月 7 日收到代销清单时开具增值税专用发票

$$代销手续费=600\times200\times10\%=12\ 000（元）$$

根据增值税专用发票记账联、代销清单及支付手续费凭据，编制会计分录如下：

借：应收账款——新华购物中心　123 600
　　销售费用——代销手续费　12 000
　　贷：主营业务收入　120 000
　　　　应交税费——应交增值税（销项税额）　15 600

②销售代销货物（受托代销）。此业务通常发生在商品流通企业，与委托代销相同，其也有两种方式：一是以收取手续费方式代销货物；二是视同买断，即以不收取手续费方式代销货物。

【情景 2-31】某百货商店接受甲衬衫厂委托代销衬衫 500 件，代销合同约定每销售一件衬衫手续费 10 元，百货商店 5 月份按工厂指定价每件 100 元（不含税价）出售，共销售衬衫 100 件。

问题：根据以上内容编制会计分录。

解析：收到受托代销商品时，根据商品入库单，编制会计分录如下：

借：受托代销商品　50 000
　　贷：受托代销商品款　50 000

实现对外销售时，根据开具发票及进账单，编制会计分录如下：

借：银行存款　11 300
　　贷：应付账款——甲衬衫厂　10 000
　　　　应交税费——应交增值税（销项税额）　1 300

同时结转代销商品款和受托代销商品，编制会计分录如下：

借：受托代销商品款　50 000
　　贷：受托代销商品　50 000

向委托方开具代销清单，收到增值税专用发票，编制会计分录如下：

借：应交税费——应交增值税（进项税额）　1 300
　　贷：应付账款——甲衬衫厂　1 300

计算代销手续费并与委托方结算货款，编制会计分录如下：

借：应付账款——甲衬衫厂　11 300
　　贷：其他业务收入　1 000
　　　　银行存款　10 300

③将货物移送外地非独立核算机构销售。增值税法规规定：设有两个以上机构并实行统一核算的纳税人，将货物从一个机构移送至其他机构用于销售的（相关机构设在同一县（市）的除外），应视同销售货物。具体可按下列办法处理：送出机构在发出商品时，根据商品出库单按成本，借记“发出商品”科目，贷记“库存商品”科目；同时，按发出商品的销售额和增值税税率计算销项税额，借记“应收账款”科目，贷记“应交税费——应交增值税（销项税额）”科目。外地机构销售货物后，转来货款及相关销货凭证时，按价税款合计借记“银行存款”科目，贷记“应收账款”“主营业务收入”等科目。同时结转已销商品成本，借记“主营业务成本”科目，贷记“发出商品”科目。

④将自产或委托加工货物用于非增值税应税项目。增值税法规规定，纳税人将自产或

委托加工货物用于非应税项目，应视同销售计算增值税，其纳税义务发生时间为货物移送的当天。一般纳税人发生此类经济业务不开具发票，直接根据商品出库单或材料领用单记账。按发出货物的实际成本和承担的增值税税额，借记“在建工程”或“其他业务成本”科目，按发出货物的实际成本，贷记“原材料”或“库存商品”科目，按应交增值税税额，贷记“应交税费——应交增值税（销项税额）”科目。

【情景 2-32】博奇科技电子公司将其所生产的一批电子产品领用出库，用于公司基本建设工程，该批电子产品账面成本为 100 000 元，市场售价为 130 000 元。

问题：计算并编制会计分录。

解析：

销项税额 =130 000 × 13%=16 900（元）

根据商品出库单，编制会计分录如下：

借：在建工程——办公楼建设工程　　116 900

　贷：库存商品　　100 000

　　应交税费——应交增值税（销项税额）　　16 900

⑤将自产或委托加工货物用于集体福利或个人消费。增值税法规规定，纳税人将自产或委托加工货物用于集体福利或个人消费的，应视同销售计算增值税，其纳税义务发生为货物移送的当天。企业应在作出将货物用于职工福利决定时，按货物的公允价值和增值税税额，借记“生产成本”等科目，贷记“应付职工薪酬——非货币性福利”科目。在发出货物时，按货物的公允价值和增值税税额，借记“应付职工薪酬——非货币性福利”科目；按增值税税额，贷记“应交税费——应交增值税（销项税额）”科目。同时按货物的实际成本，借记“主营业务成本”科目，贷记“库存商品”科目。

【情景 2-33】科研电子公司为增值税一般纳税人，2021 年 12 月，将一批自制的电子产品作为福利发给本公司职工。该批产品的生产成本 400 000 元，不含税售价 500 000 元。本单位共有职工 60 人，其中，生产工人 35 人，车间管理人员 4 人，厂部销售人员 10 人，其他管理人员 11 人。

问题：计算并编制会计分录。

解析：

销项税额 =500 000 × 13%=65 000（元）

福利支出金额 =500 000 ＋ 65 000=565 000（元）

其中

生产成本 =565 000 × 35 ÷ 60≈329 583.33（元）

制造费用 =565 000 × 4 ÷ 60≈37 666.67（元）

销售费用 =565 000 × 10 ÷ 60≈94 166.67（元）

管理费用 =565 000 × 11 ÷ 60≈103 583.33（元）

当企业作出发放非货币性福利决定时，编制会计分录如下：

借：生产成本　329 583.33
　　制造费用　37 666.67
　　销售费用　94 166.67
　　管理费用　103 583.33
　　贷：应付职工薪酬——非货币性福利　565 000

实际发放产品时，根据商品出库单，编制会计分录如下：

借：应付职工薪酬——非货币性福利　565 000
　　贷：主营业务收入　500 000
　　　　应交税费——应交增值税（销项税额）　6 500

同时结转货物的成本：

借：主营业务成本　400 000
　　贷：库存商品　400 000

⑥将自产、委托加工或购买的货物对外投资。增值税法规规定，纳税人将自产、委托加工或购买的货物对外投资，应视同销售计算增值税，其纳税义务的发生时间为货物移送的当天。根据企业会计准则规定，企业以存货对外投资的，应按存货的公允价值和相关税费，借记“长期股权投资”科目，按存货的公允价值，贷记“主营业务收入”科目，按计算的增值税税额，贷记“应交税费——应交增值税（销项税额）”科目。

【情景2-34】新丽设备公司以其产成品对外投资入股组建股份有限公司，该批成产品账面成本为800 000元，并已计提存货跌价准备60 000元，正常对外销售不含税价为1 000 000元。

问题：计算并编制会计分录。

解析：

销项税额 = 1 000 000 × 13%=130 000（元）

对外移送产品时，根据投资合同，编制会计分录如下：

借：长期股权投资　1 070 000
　　存货跌价准备　60 000
　　贷：主营业务收入　1 000 000
　　　　应交税费——应交增值税（销项税额）　130 000
借：主营业务成本　800 000
　　贷：库存商品　800 000

⑦将自产、委托加工或购买的货物分配给股东或投资者。企业将自产、委托加工或购买的货物分配给股东或投资者，会计上按一般销售业务处理。根据增值税法规规定，在货物移送时应确认纳税义务发生计算增值税。因此，企业应在物权转移时，按抵付的股利或利润，借记“应付股利”科目；按实现的销售额，贷记“主营业务收入”科目；按计算的增值税税额，贷记“应交税费——应交增值税（销项税额）”科目。

【情景2-35】华北绒业公司为增值税一般纳税人，2021年1月，将自产的一批羊绒制品用于利润分配，该批羊绒制品的生产成本为600 000元，无同类产品售价。

问题：计算并编制会计分录。

解析：

羊绒制品的组成计税价 =600 000×（1 + 10%）=660 000（元）

羊绒制品的销项税额 =660 000×13%=85 800（元）

在公司通过股利分配方案时，根据股利分配方案计算结果，编制会计分录如下：

借：应付股利 745 800
　　贷：主营业务收入 660 000
　　　　应交税费——应交增值税（销项税额） 85 800
借：主营业务成本 600 000
　　贷：库存商品 600 000

⑧将自产、委托加工或购买的货物无偿赠送他人。企业将自产、委托加工或购买的货物无偿赠送他人，尽管货物的所有权发生了转移，但未使企业获得实际的经济利益，因此不构成会计销售业务。企业发生此类业务时，可以向受赠方开具发票，并根据发票和出库单进行会计核算。按发出货物的实际成本和应承担的增值税税额，借记“营业外支出”科目；按发出货物的实际成本，贷记“库存商品”科目；按计算的增值税税额，贷记“应交税费——应交增值税（销项税额）”科目。

【情景 2-36】感康药业公司为增值税一般纳税人，2021 年 3 月，向灾区捐赠账面成本为 300 000 元的应急药品，该药品市场不含税售价 420 000 元。

问题：计算并编制会计分录。

解析：

销项税额 =420 000×13%=54 600（元）

根据产品出库单，编制会计分录如下：

借：营业外支出 354 600
　　贷：库存商品 300 000
　　　　应交税费——应交增值税（销项税额） 54 600

（3）与包装物相关的销项税额会计核算。

①包装物不单独计价销售。随货物销售不单独计价的包装物所得，实质上为货物销售收入的一部分，应直接确认为主营业务收入。实现销售时，按实收或应收的货款，借记“银行存款”或“应收账款”科目；按实现的销售收入，贷记“主营业务收入”科目；按计算的增值税税额，贷记“应交税费——应交增值税（销项税额）”科目。结转货物销售成本时，借记“主营业务成本”科目，贷记“库存商品”科目；结转包装物成本时，借记“销售费用”科目，贷记“周转材料——包装物”科目。

②包装物单独计价销售。随同货物销售并单独计价的包装物所得，应单独确认为其他业务收入，并按税法规定在实现货物销售时计算增值税。

【情景 2-37】光阳建材厂为增值税一般纳税人，2021 年 3 月，向大自然装饰公司销售材料一批，增值税专用发票注明价款 200 000 元、增值税 26 000 元；随同产品出售包装物，不含税价款 2 000 元，款项尚未收到。

问题：根据以上内容编制会计分录。

解析：

销项税额 =（200 000 + 2 000）× 13%=26 260（元）

根据销货发票，编制会计分录如下：

借：应收账款　　228 260

　　贷：主营业务收入　　200 000

　　　　其他业务收入　　2 000

　　　　应交税费 —— 应交增值税（销项税额）　　26 260

③出租包装物收取的租金和押金。出租包装物收取的租金，属于价外费用，按税法规计算增值税。收取的押金应在包装物归还时退还给购货方，但当购货方逾期不能退还包装物时，企业应就没收的包装物押金计算增值税。

【情景 2-38】光阳建材厂为增值税一般纳税人，2021 年 3 月，向大自然装饰公司销售材料一批，增值税专用发票注明价款 200 000 元、增值税 26 000 元；出租包装物 300 个，承租期 3 个月，收取租金 3 510 元；另收取包装物押金每个 20 元，上述款项均已收存银行。

问题：计算并编制会计分录。

解析：

销项税额 =26 000（元）

租金收入销项税额 =3 510 ÷（1 + 13%）× 13%=403.81（元）

对收取的押金暂不计征增值税。

根据销货发票、收款收据及银行进账单，编制会计分录如下：

借：银行存款　　235 403.81

　　贷：主营业务收入　　200 000

　　　　其他业务收入　　3 000

　　　　应交税费 —— 应交增值税（销项税额）　　26 403.81

　　　　其他应付款 —— 存入保证金　　6 000

【情景 2-39】接【情景 2-38】2021 年 6 月份，出租的包装物租期满，大自然装饰公司一直没有归还包装物，结清包装物押金。

问题：计算并编制会计分录。

解析：

没收包装物押金应计增值税 =6 000 ÷（1 + 13%）× 13% =690.27（元）

借：其他应付款 —— 存入保证金　　6 000

　　贷：其他业务收入　　5 309.73

　　　　应交税费 —— 应交增值税（销项税额）　　690.27

对销售除黄酒、啤酒以外的其他酒类产品而收取的包装物押金，不论是否归还，也不论会计上如何核算，均应在收到押金的当期并入销售额计算增值税。其会计可作如下处理。

收取押金时，按实际收取金额，借记“银行存款”科目，贷记“其他应付款——存入保证金”科目；同时计算增值税，借记“其他应付款——存入保证金”科目，贷记“应交税费——应交增值税（销项税额）”科目。没收包装物押金时，按不含税收入，借记“其他应付款——存入保证金”科目，贷记“其他业务收入”科目；若企业退还包装物押金，按已计算的增值税销项税额作当期费用，借记“其他业务成本”科目，按扣除销项税额后的押金额，借记“其他应付款——存入保证金”科目，按实际退回的押金额，贷记“银行存款”科目。

（4）特殊销售方式下销项税额的会计核算。

①销售折扣和现金折扣。对折扣销售，税法规定销货方只有在同一张发票上同时注明销售额和折扣额，才能以扣除折扣后的金额作为增值税计税依据；否则无论财务会计如何处理，计算增值税均不得扣除折扣额。对现金折扣，其实质是企业的一种融资行为，应视为一种理财费用，税法规定计算增值税时，一律不得扣除折扣额。

【情景 2-40】华北绒业公司为增值税一般纳税人，2021 年 12 月，销售给某商场羊绒裤 700 条，价目表中标明的单位不含税售价 200 元，因购买数量较大，公司同意给予 8 折优惠（销售额与折扣额在同一张发票上注明），同时约定给予“3/10，2/20，n/30”的折扣条件。

问题：计算并编制会计分录。

解析：

$$销项税额=700\times200\times80\%\times13\%=14\ 560（元）$$

根据发票和托收凭证，编制会计分录如下：

借：应收账款　　126 560

　贷：主营业务收入　　112 000

　　应交税费——应交增值税（销项税额）　　14 560

②销货退回或折让。企业在销售过程中，如果发生销货退回或折让，不论是当月还是以前月份的销货退回或折让，均应冲减发生退回或折让当月的主营业务收入，并在收到购货单位退回的增值税专用发票或寄来的“证明单”后作相应的会计核算。

【情景 2-41】华北绒业公司为增值税一般纳税人，2021 年 3 月收到 1 月份销售给某商场的羊绒衫 100 件，同时受到商场转来的发票联和抵扣联，货款 30 000 元，增值税 3 900 元。

问题：根据以上内容编制会计分录。

解析：根据开具的红字专用发票，编制会计分录如下：

借：银行存款　　33 900

　贷：主营业务收入　　30 000

　　应交税费——应交增值税（销项税额）　　3 900

③以旧换新。增值税法规规定，除金银首饰外的货物以旧换新业务，销售货物与有偿

收购旧货物是两项不同的业务活动，销售额与收购额不能相互抵消，增值税应以新货物的同期售价为计税依据计算。

【情景 2-42】某电器商场为扩大销售，开展以旧换新业务，旧家电的收购价为每台300 元，本月以旧换新销售电视机 500 台，每台电视机零售价 6 000 元。

问题：计算并编制会计分录。

解析：

销项税额 =500 × 6 000 ÷（1 + 13%）× 13%=345 132.74（元）

借：银行存款　　2 850 000
　　原材料　　150 000
　　贷：主营业务收入　　2 654 867.26
　　　　应交税费 —— 应交增值税（销项税额）　　345 132.74

④以物易物。以物易物是指购销双方在进行交易时，通常不以货币结算或主要不以货币结算，而以货物相互结算的购销方式。对于非货币性交易中的增值税，购销双方以各自发出的货物开具增值税专用发票核算销项税额，以各自收到的对方开来的增值税专用发票核算进项税额。

【情景 2-43】甲公司以账面价值 8 000 元、公允价值 10 000 元的 A 材料，换入乙公司账面价值为 120 000 元、公允价值为 10 000 元的 B 材料，甲公司支付运费 400 元，乙公司支付运费 300 元，甲、乙两公司均未对存货计提跌价准备，增值税税率均为 13%。双方均开具了增值税专用发票。

问题：根据以上内容编制甲公司和乙公司的会计分录。

解析：

上述交易是非货币性资产交易

甲公司编制的会计分录如下：

借：原材料 ——B 材料　　10 400
　　应交税费 —— 应交增值税（进项税额）　　1 336
　　贷：主营业务收入 ——A 材料　　10 000
　　　　应交税费 —— 应交增值税（销项税额）　　1 300
　　　　银行存款　　436

借：主营业务成本　　8 000
　　贷：原材料——A 材料　　8 000

乙公司编制的会计分录如下：

借：原材料 ——A 材料　　10 300
　　应交税费 —— 应交增值税（进项税额）　　1 327
　　贷：主营业务收入 ——B 材料　　10 000
　　　　应交税费 —— 应交增值税（销项税额）　　1 300
　　　　银行存款　　327

借：主营业务成本　　120 000

　　贷：原材料——B 材料　　120 000

子任务 2.2.3 上交增值税的核算

1. 上交增值税的计算

一般纳税人应交增值税的增值税计算公式为

应交增值税 = 本期销项税额－本期进项税额

【情景 2-44】北京市鼎盛股份有限公司 2021 年 9 月发生以下业务：

（1）购进 A 原料用于应税商品生产，专用发票注明价款 20 000 元，增值税 2 600 元；

（2）购进 B 原料用于免税商品生产，专用发票注明价款 30 000 元，增值税 3 900 元；

（3）委托加工原料用于应税商品生产，取得的专用发票上注明的加工费为 2 000 元，增值税 260 元；

（4）销售应税甲产品 10 箱，单价 12 000 元，取得不含税收入 120 000 元；

（5）将自产甲产品 1 箱发给职工，生产成本 5 000 元，不含税售价 8 000 元；

（6）销售免税商品收入 10 000 元。

问题：根据以上内容计算该厂当期应纳的增值税。

解析：

（1）销项税额 =（120 000 ＋ 8 000）× 13%=16 640（元）；

（2）可抵扣进项税额 =2 600 ＋ 260=2 860（元）；

（3）应纳增值税 =16 640 － 2 860=13 780（元）。

2. 上交增值税的会计核算

企业核算企业当期应缴纳的增值税额，分上交本期和上期两种情况。如果是上交本期增值税通过“应交税费 —— 应交增值税（已交税金）”核算；如果是上交前期增值税通过“应交税费 —— 未交增值税”核算。

【情景 2-45】承【情景 2-44】如果该企业按规定上交本月增值税 13 780 元，作如下会计处理。

借：应交税费——应交增值税（已交税金）　　13 780

　　贷：银行存款　　13 780

如果该企业按规定下月上交增值税 13 780 元，交纳增值税时，作如下会计处理。

借：应交税费——未交增值税　　13 780

　　贷：银行存款　　13 780

任务 2.3 小规模纳税人核算

情景列表	情 景 实 例
小规模纳税人销售货物的核算	小金商贸公司被认定为小规模纳税人，2021 年 5 月销售各类商品货物，取得收入 90 000 元（含税），购进货物金额为 60 000 元。计算应纳增值税额、进行会计核算填制纳税申报表
小规模纳税人购进货物的核算	某小规模纳税人购进商品的价款为 80 000 元，增值税税款为 2 400 元，支付运费 800 元，装卸费 200 元。上述款项均已通过银行存款支付。进行相关的会计核算

子任务 2.3.1 小规模纳税人销售货物的核算

小规模纳税人销售货物实行简易征收方法，按征收率 3% 计算税额。小规模纳税人一般不得为购货方开具增值税专用发票，如果购货方特别提出开具专用发票的要求，小规模纳税人应持普通发票前往税务机关换开专用发票。无论是否开具专用发票，小规模纳税人均按实现的应税收入和征收率计算应纳税额，并计入“应交税费 —— 应交增值税”科目。实现销售时，按价税合计数，借记“银行存款”“应收账款”等科目，按不含税销售额，贷记“主营业务收入”“其他业务收入”等科目，按规定收取的增值税，贷记“应交税费 —— 应交增值税”科目。

【情景 2-46】小金商贸公司被认定为小规模纳税人，2021 年 5 月销售各类商品货物，取得收入 90 000 元（含税），购进货物金额为 60 000 元。

问题：计算应纳增值税额并编制会计分录。

解析：

应纳增值税额 =90 000 ÷（1 + 3%）× 3%=2 621.36（元）

借：银行存款　　　　90 000

　　贷：主营业务收入　　　　87 378.64

　　　　应交税费 —— 应交增值税　　　　2 621.36

上交本月增值税时：

借：应交税费 —— 应交增值税　　　　2 621.36

　　贷：银行存款　　　　2 621.36

子任务 2.3.2 小规模纳税人购进货物的核算

实行简易办法征收增值税的小规模纳税人，购进货物或接受应税劳务时，不论是否取得增值税专用发票，其支付给销售方的增值税都不得抵扣，应计入购进货物或应税劳务的成本。在会计处理时，应按全部价款和税款，借记“在途物资”“库存商品”“原材料”“管理费用”“主营业务成本”“制造费用”等科目，贷记“银行存款”“应付账款”等科目。

【情景 2-47】某小规模纳税人购进商品的价款为 80 000 元，增值税款为 2 400 元，支付运费 800 元，装卸费 200 元。上述款项均已通过银行存款支付。

问题：根据以上内容编制会计分录。

解析：编制会计分录如下：

借：库存商品　　83 400

　　贷：银行存款　　83 400

任务 2.4 增值税纳税申报管理

情景列表	情　景　实　例
增值税纳税期限	北京市鼎盛股份有限公司购进一批进口货物，应当自海关填发海关进口增值税专用缴款书之日起 15 日内缴纳税款

子任务 2.4.1 增值税的纳税期限

增值税的纳税期限分别为 1 日、3 日、5 日、10 日、15 日、1 个月或者 1 个季度，其中以 1 个季度为纳税期限的规定仅适用于小规模纳税人。纳税人的具体纳税期限，由主管税务机关根据纳税人应纳税额的大小分别核定；不能按照固定期限纳税的，可以按次纳税。

纳税人以 1 个月或者 1 个季度为一个纳税期的，自期满之日起 15 日内申报纳税；以 1 日、3 日、5 日、10 日或 15 日为一个纳税期的，自期满之日起 5 日内预缴税款，于次月 1 日起 15 日内申报纳税并结清上月应纳税款。

扣缴义务人解缴税款的期限，依照纳税义务人的规定执行。

纳税人进口货物，应当自海关填发海关进口增值税专用缴款书之日起 15 日内缴纳税款。

子任务 2.4.2 增值税纳税地点

（1）固定业户应当向其机构所在地主管税务机关申报纳税。总机构和分支机构不在同一县（市）的，应当分别向各自所在地主管税务机关申报纳税；经国务院财政、税务主管部门或其授权的财政、税务机关批准，可以由总机构汇总，向汇总机构所在地主管税务机关申报纳税。

固定业户到外县（市）销售货物或应税劳务的，应当向其机构所在地主管税务机关申请开具外出经营活动税收管理证明，并向其机构所在地主管税务机关申报纳税。未开具证明的，应当向销售地或劳务发生地主管税务机关申报纳税；未向销售地或劳务发生地主管税务机关申报纳税的，由其机构所在地主管税务机关补征税款。

（2）非固定业户销售货物或应税劳务的，应当向销售地或者劳务发生地主管税务机关申报纳税；未向销售地或劳务发生地主管税务机关申报纳税的，由其机构所在地或居住地主管税务机关补征税款。

（3）进口货物，应当向报关地海关申报纳税。

（4）扣缴义务人应当向其机构所在地或居住地的主管税务机关申报缴纳其扣缴税款。

子任务 2.4.3 一般纳税人的纳税申报

增值税一般纳税人一般按月纳税申报，申报期为次月 1 日起至 15 日（到期日遇节假日顺延）。

1. 提供纳税申报资料

（1）增值税纳税申报表及其附表；

（2）附报资料。

①已开具的税控机动车销售统一发票和普通发票的存根联。

②符合抵扣条件且在本期申报抵扣的增值税专用发票（含税控机动车销售统一发票）的抵扣联。

③符合抵扣条件且在本期申报抵扣的海关进口增值税专用缴款书、购进农产品取得的普通发票的复印件。

④符合抵扣条件且在本期申报抵扣的税收完税凭证及其清单，书面合同、付款证明和境外单位的对账单或者发票。

⑤已开具的农产品收购凭证的存根联或报查联。

⑥纳税人销售服务、不动产和无形资产，在确定服务、不动产和无形资产销售额时，按照有关规定从取得的全部价款和价外费用中扣除价款的合法凭证及其清单。

⑦主管税务机关规定的其他资料。

2. 填报增值税纳税申报表

一般纳税人的增值税纳税申报表包括增值税纳税申报表（主表）和反映本期销售情况明细的增值税纳税申报表附列资料：

（1）反映本期进项税额明细的增值税纳税申报表附列资料；

（2）反映应税服务扣除项目明细的增值税纳税申报表附列资料；

（3）反映税额抵减情况的增值税纳税申报表附列资料；

（4）固定资产进项税额抵扣情况表。

增值税纳税申报表格式请扫描右侧二维码。

3. 办理税款缴纳手续

在办理税款缴纳前，还需完成专用发票认证、抄税、报税、办理申报等工作。

（1）专用发票认证。增值税专用发票的认证方式可选择手工认证和网上认证。手工认证是单位办税员月底持专用发票“抵扣联”到所属主管税务机关服务大厅“认证窗口”进行认证；网上认证是纳税人月底前通过扫描仪将专用发票抵扣联扫入认证专用软件，生成电子数据，将数据文件传给税务机关完成认证。

（2）抄税。抄税是在当月的最后一天，通常是在次月 1 日早上开票前，利用防伪税控开票系统进行抄税处理，将本月开具增值税专用发票的信息读入 IC 卡（抄税完成后本月不允许再开具发票）。

（3）报税。报税是在报税期内，一般单位在 15 号之前，将 IC 卡拿到税务机关，由税务人员将 IC 卡的信息读入税务机关的金税系统。经过抄税，税务机关确保所有开具的销项发票进入金税系统，经过报税，税务机关确保所有的进项发票都进入金税系统，可以在系统内由系统进行自动比对，确保任何一张抵扣的进项发票都有销项发票与其对应。

（4）办理申报。申报工作可分为上门申报和网上申报。上门申报是指在申报期内，携带填写的纳税申报表、资产负债表、利润表及其他相关资料到主管税务机关办理纳税申报，税务机关审核后纳税申报表退还一联给纳税人。网上申报是指纳税人在征税期内，通过互联网将纳税申报表主表、附表及其他必报资料的电子信息传送至电子申报系统，纳税人应从办理税务的次月 1 日起 15 日内，无论有无销售额，均应按主管税务机关核定的纳税期限办理纳税申报。

（5）税款缴纳。税务机关将申报表单据送到开户银行，由银行进行自动转账处理。对于未进行税库银联网的纳税人，由自己到税务机关指定的银行进行现金缴纳。

子任务 2.4.4 小规模纳税人的纳税申报

1. 提供资料

小规模纳税人纳税申报时，应提供以下资料：“增值税纳税申报表”（适用小规模纳税人）、普通发票领用存月报表、企业财务会计报表及其他税务机关要求报送的资料。

2. 填报小规模纳税人纳税申报表及附列资料

小规模纳税人增值税纳税申报表格式请扫描右侧二维码。

3. 办理税款缴纳手续

小规模纳税人办理税款缴纳的手续可参照一般纳税人。

项目小结

增值税是我国流转税中的核心税种，我国增值税的征税范围包括在我国境内销售货物、提供加工、修理修配劳务、应税服务以及进口货物。我国增值税属于价外税，纳税人分为一般纳税人和小规模纳税人两种，国家针对不同的纳税人采用不同的征收管理办法。一般纳税人所采用的应纳税额计算方法为购进扣税法，即凭增值税专用发票或其他合法扣税凭证中注明税款进行抵扣的办法计算本期应纳增值税。小规模纳税人销售货物或提供应税劳务，按照取得的销售额和增值税的征收率计算应纳的增值税税额，但不得抵扣进项税。

项目训练

【资料】

达明商贸公司为增值税一般纳税人，本月销售一批白酒给小规模纳税人，开具普通发票注明的价款为50 000元，同时收取包装物押金3 000元，约定6个月后返还；销售啤酒一批给某商场，开具增值税专用发票注明的价款为30 000元，同时收取包装物押金1 000元，约定3个月后返还。

【要求】

请计算该商贸公司本月的计税销售额和销项税额。

项目 3 消费税的核算

应知应会

- 熟悉消费税的基本法律知识。
- 掌握消费税的概念、征税对象、纳税人及税率。
- 掌握消费税应纳税额的计算、纳税申报与税款缴纳。
- 熟悉消费税涉税业务的会计处理。

关键词

- 消费税（elimination tax）;
- 从价定率征收（levy on ad valorem basis）;
- 从量定额征收（quota collection from quantity）;
- 纳税期限（he term of tax）;
- 纳税地点（tax payment place）。

本项目在本书中的地位

消费税是以消费品的流转额作为征税对象的各种税收的统称。是政府向消费品征收的税项，可从批发商或零售商征收。消费税是典型的间接税。消费税是以特定消费品为课税对象所征收的一种税，属于流转税的范畴。在对货物普遍征收增值税的基础上，选择部分消费品再征收一道消费税，目的是为了调节产品结构，引导消费方向，保证国家财政收入。

业务综述

本项目主要介绍以下内容：

- 消费税的范围；
- 消费税的税率；
- 生产环节应纳消费税的计算；
- 自产自用应税消费品应纳消费税的计算；
- 委托加工环节应纳消费税的核算；
- 已纳消费税税额扣除的核算；
- 消费税的纳税义务时间。

项目导图

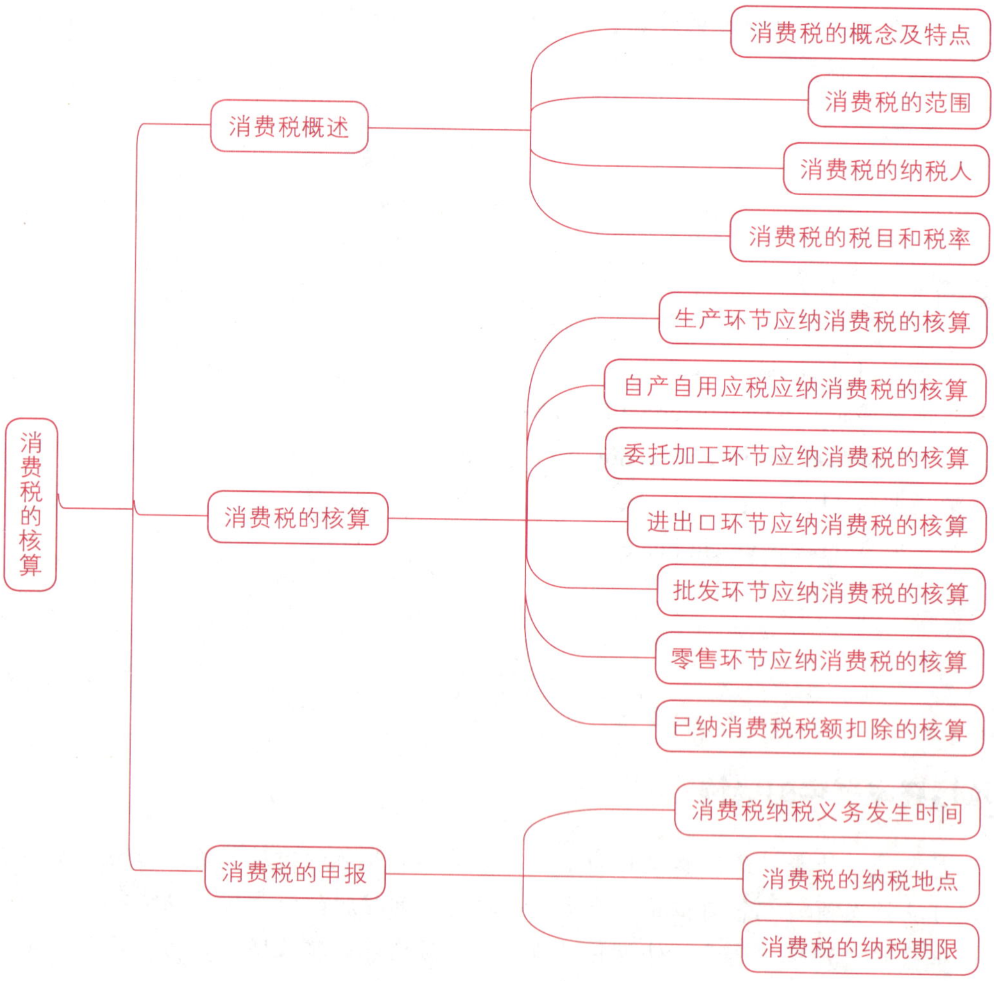

任务 3.1 消费税概述

情景列表	情 景 实 例
消费税的范围	某鞭炮厂为增值税一般纳税人，2021 年 2 月销售各类鞭炮，开具增值税专用发票注明的销售额 300 000 元，按规定该企业也应该缴纳 15% 的消费税
消费税的税率	北京市鼎盛股份有限公司某职员出差购买高档化妆品一套，按规定应缴纳使用的消费税税率为 15%

子任务 3.1.1 消费税的概念及特点

1. 消费税的概念

消费税是对消费品和特定的消费行为征收的一种间接税。广义上，消费税应对所有消费品包括生活必需品和日用品普遍课税；但从征收实践上看，消费税主要指对特定消费品或特定消费行为等课税。消费税主要以消费品为课税对象，属于间接税，税收随价格转嫁给消费者负担，消费者是税款的实际负担者。

消费税是国家贯彻消费政策、引导消费结构从而引导产业结构的重要手段，因而在保证国家财政收入，体现国家经济政策等方面具有十分重要的意义。

2. 消费税的特点

消费税是对在我国境内从事生产、委托加工和进口应税消费品的单位和个人就其应税消费品的销售额或销售量征收的一种流转税。与增值税相比，消费税具有如下特点：

（1）征税范围的选择性。我国现行消费税法规以正列举的方式选择了 15 个消费税征税项目。从征税范围看，消费税应税消费品的范围小于增值税应税货物的范围，凡征收消费税的货物都应征收增值税，但征收增值税的货物并不一定征收消费税。

（2）征税环节的单一性。消费税一般只在货物的生产、委托加工、进口环节一次征收，以后的批发环节（卷烟除外）、零售环节（金银首饰、钻石饰品除外）不再征收，而增值税应在货物生产、流通各环节道道征收。

（3）征收方法的灵活性。消费税在征收方法上，既可以采用对消费品制定的单位税额，依消费品的数量实行从量定额的征收方法，也可以对消费品既实行从价征收又从量征收的复合征税方法。目前，对烟和酒采用复合征税方法。

（4）税收调节的特殊性。消费税属于国家运用税收杠杆对某些消费品实行特殊调节的税种。这一特殊性表现在两个方面：一是采用增值税与消费税双重调节；二是不同的征税项目税负差异大。

（5）税收负担具有转嫁性。消费税为价内税，不论在哪一个环节征收，消费品价格中所含的消费税税款最终都要转嫁到消费者身上，由消费者负担，税负具有转嫁性。

3. 遵循法律、法规

现行消费税法的基本规范，是2008年11月5日经国务院第34次常务会议修订通过并颁布，自2009年1月1日起施行的《中华人民共和国消费税暂行条例》（以下简称《消费税暂行条例》），以及2008年12月15日财政部、国家税务总局第51号令颁布的《中华人民共和国消费税暂行条例实施细则》(以下简称《消费税暂行条例实施细则》)。

子任务 3.1.2 消费税的范围

根据《消费税暂行条例》及其实施细则规定，并非所有的消费品都属于应税消费品，而是仅限于该条例规定的消费品，即指该条例所附的《消费税税目税率表》中所规定的消费品。新修订的《消费税税目税率表》中消费税的范围主要是根据我国目前的经济发展现状和消费政策、产业政策，我国人民的消费水平、消费结构，资源供给和消费需求状况，以及国家财政需要，并借鉴国外的成功经验和通行做法确定的，主要是为了限制、调节人们的消费行为。

1. 生产应税消费品

生产应税消费品的销售是消费税征收的主要环节，因消费税具有单一环节征税的特点，对于大多数消费税应税商品而言，在生产销售环节征税以后，货物在流通环节无论再转销多少次，不用再缴纳消费税。生产应税消费品除了直接对外销售应征收消费税外，纳税人将生产的应税消费品用于继续生产应税消费品以外的其他方面，以及将生产的应税消费品用于换取生产资料、消费资料、投资入股、偿还债务等，都应缴纳消费税。

2. 委托加工应税消费品

委托加工应税消费品是指委托方提供原料和主要材料，委托方只收取加工费和代垫部分辅助材料加工的应税消费品。由受托方提供原料或其他情形的一律不能视同加工应税消费品。委托加工的应税消费品收回后，再继续用于生产应税消费品销售且符合现行政策规定的，其加工环节缴纳的消费税可以扣除。

3. 进口应税消费品

单位和个人进口货物属于消费税征税范围的，在进口环节也要缴纳消费税。为了减少征税成本，进口环节缴纳的消费税由海关代征。

4. 零售应税消费品

经国务院批准，自1995年1月1日起，贵重首饰和珠宝玉石的消费税由生产销售环节征收改为零售环节征收。由于纳税人销售金银首饰、钻石及钻石饰品、珠宝玉石时取得的收入含有增值税，但在计算消费税时，应以不含增值税的销售额作为计税依据。

对既销售金银首饰，又销售非金银首饰的生产、经营单位，应将两类商品划分清楚，分别核算销售额。凡划分不清楚或不能分别核算的，若在生产环节销售，一律从高适用税率征收消费税；若在零售环节销售，一律按金银首饰征收消费税。金银首饰与其他产品组成成套消费品销售的，应按销售额全额征收消费税。

金银首饰连同包装物销售的，无论包装是否单独计价或会计上如何核算，均应并入金银首饰的销售额，计征消费税。

带料加工的金银首饰，应按受托方销售同类金银首饰的销售价格确定计税依据征收消费税。没有同类金银首饰销售价格的，按照组成的计税价格计算纳税。

纳税人采用以旧换新（含翻新改制）方式销售的金银首饰，应按实际收取的不含增值税的全部价款确定计税依据征收消费税。

子任务 3.1.3 消费税的纳税人

根据《消费税暂行条例》的规定，消费税的纳税人为：在中华人民共和国境内生产、委托加工和进口应税消费品的单位和个人。自 2009 年 1 月 1 日起，增加了国务院确定的销售应税消费品的其他单位和个人。具体来说，消费税纳税人包括：生产应税消费品的单位和个人；进口应税消费品的单位和个人；委托加工应税消费品的单位和个人；自 2009 年 1 月 1 日起，国务院确定的销售应税消费品的单位和个人。其中委托加工的应税消费品由受托方于委托方提货时代扣代缴（受托方为个体经营者除外），自产自用的应税消费品，由自产自用单位和个人在移送使用时缴纳消费税。

进口的应税消费品，尽管其产制地不在我国境内，但在我国境内销售或消费，为了平衡进口应税消费品与本国应税消费品的税负，必须由从事进口应税消费品的进口人或其代理人按照规定缴纳消费税。个人携带或者邮寄入境的应税消费品的消费税连同关税一并计征，由携带入境者或者收件人缴纳消费税。

子任务 3.1.4 消费税的税目和税率

根据消费税法规规定，消费税的征税范围包括烟、酒、高档化妆品、贵重首饰及珠宝玉石、鞭炮、焰火、成品油、摩托车、小汽车、高尔夫球及球具、高档手表、游艇、木制一次性筷子、实木地板、电池、涂料等 15 个税目，有的税目还可进一步划分若干子目。其具体范围如下：

1. 烟

本税目下设卷烟（分生产环节和批发环节）、雪茄烟和烟丝 3 类。卷烟的征税范围包括各种规格、型号的国产卷烟、进口卷烟、白包卷烟、手工卷烟等；雪茄烟的征税范围包括各种规格、型号的雪茄烟；烟丝的征税范围包括以烟叶为原料加工生产的不经卷制的散装烟，如斗烟、莫合烟、烟末、水烟、黄红烟丝等。

2. 酒

酒是酒精度在 1 度以上的各种酒类饮料，包括白酒、黄酒、啤酒和其他酒。啤酒每吨出厂价（含包装物及包装物押金）在 3 000 元（含 3 000 元，不含增值税）以上的是甲类啤酒，每吨出厂价（含包装物及包装物押金）在3 000元（不含增值税）以下的是乙类啤酒。包装物押金不包括重复使用的塑料周转箱的押金。对饮食业、商业、娱乐业举办的啤酒屋（啤酒坊）利用啤酒生产设备生产的啤酒，应当征收消费税。果啤属于啤酒，按啤酒征收消费税。配制酒（露酒）是指以发酵酒、蒸馏酒或食用酒精为酒基，加入可食用或药食两用的辅料或食品添加剂，进行调配、混合或再加工制成的并改变了其原酒风格的饮料酒。具体规定如下：

（1）以蒸馏酒或食用酒精为酒基，具有国家相关部门批准的国食健字或卫食健字文号并且酒精度低于38度（含）的配制酒，按消费税税目税率表“其他酒”10%适用税率征收消费税。

（2）以发酵酒为酒基，酒精度低于20度（含）的配制酒，按消费税税目税率表“其他酒”10%适用税率征收消费税。

（3）其他配制酒，按消费税税目税率表“白酒”适用税率征收消费税。葡萄酒消费税适用“酒”税目下设的“其他酒”子目。葡萄酒是指以葡萄为原料，经破碎（压榨）、发酵而成的酒精度在1度（含）以上的葡萄原酒和成品酒（不含以葡萄为原料的蒸馏酒）。

3. 高档化妆品

本税目征收范围包括各类高档美容、修饰类化妆品、高档护肤类化妆品和成套化妆品。高档美容、修饰类化妆品是指香水、香水精、香粉、口红、指甲油、胭脂、眉笔、唇笔、蓝眼油、眼睫毛以及成套化妆品。

舞台、戏剧、影视演员化妆用的上妆油、卸装油、油彩、不属于本税目的征收范围。

高档护肤类化妆品征收范围另行制定。

4. 贵重首饰及珠宝玉石

本税目征收范围包括：凡以金、银、白金、宝石、珍珠、钻石、翡翠、珊瑚、玛瑙等高贵稀有物质以及其他金属、人造宝石等制作的各种纯金银首饰及镶嵌首饰和经采掘、打磨、加工的各种珠宝玉石。对出国人员免税商店销售的金银首饰征收消费税。

5. 鞭炮、焰火

本税目征收范围包括：各种鞭炮、焰火。体育上用的发令纸、鞭炮药引线，不按本税目征收。

6. 成品油

本税目征收范围包括汽油、柴油、石脑油、溶剂油、航空煤油、润滑油、燃料油7个子目；航空煤油暂缓征收。

（1）汽油。汽油是指用原油或其他原料加工生产的辛烷值不小于66的可用作汽油发动机燃料的各种轻质油。取消车用含铅汽油消费税，汽油税目不再划分二级子目，统一按照无铅汽油税率征收消费税。以汽油、汽油组分调和生产的甲醇汽油、乙醇汽油也属于本税目征收范围。

（2）柴油。柴油是指用原油或其他原料加工生产的倾点或凝点在－50号至30号的可用作柴油发动机燃料的各种轻质油和以柴油组分为主、经调和精制可用作柴油发动机燃料的非标油。以柴油、柴油组分调和生产的生物柴油也属于本税目征收范围。经国务院批准，从2009年1月1日起，对同时符合下列条件的纯生物柴油免征消费税：①生产原料中废弃的动物油和植物油用量所占比重不低于70%；②生产的纯生物柴油符合国家《柴油机燃料调合用生物柴油（BD100）》标准。

（3）石脑油。石脑油又叫化工轻油，是以原油或其他原料加工生产的用于化工原料的轻质油。石脑油的征收范围包括除汽油、柴油、航空煤油、溶剂油以外的各种轻质油。非标汽油、重整生成油、拔头油、戊烷原料油、轻裂解料（减压柴油VGO和常压柴油AGO）、重裂解料、加氢裂化尾油、芳烃抽余油均属轻质油，属于石脑油征收范围。

（4）溶剂油。溶剂油是用原油或其他原料加工生产的用于涂料、油漆、食用油、印刷油墨、皮革、农药、橡胶、化妆品生产和机械清洗、胶粘行业的轻质油。橡胶填充油、溶剂油原料，属于溶剂油征收范围。

（5）航空煤油。航空煤油也叫喷气燃料，是用原油或其他原料加工生产的用作喷气发动机和喷气推进系统燃料的各种轻质油。航空煤油的消费税暂缓征收。

（6）润滑油。润滑油是用原油或其他原料加工生产的用于内燃机、机械加工过程的润滑产品。润滑油分为矿物性润滑油、植物性润滑油、动物性润滑油和化工原料合成润滑油。

润滑油的征收范围包括矿物性润滑油、矿物性润滑油基础油、植物性润滑油、动物性润滑油和化工原料合成润滑油。以植物性、动物性和矿物性基础油（或矿物性润滑油）混合掺配而成的“混合性”润滑油，不论矿物性基础油（或矿物性润滑油）所占比例高低，均属润滑油的征收范围。

另外，用原油或其他原料加工生产的用于内燃机、机械加工过程的润滑产品均属于润滑油征税范围。润滑脂是润滑产品，生产、加工润滑脂应当征收消费税。变压器油、导热类油等绝缘油类产品不属于润滑油，不征收消费税。

（7）燃料油。燃料油也称重油、渣油，是用原油或其他原料加工生产，主要用作电厂发电、锅炉用燃料、加热炉燃料、冶金和其他工业炉燃料。蜡油、船用重油、常压重油、减压重油、180CTS燃料油、7号燃料油、糠醛油、工业燃料、4 ~ 6号燃料油等油品的主要用途是作为燃料燃烧，属于燃料油征收范围。

7. 小汽车

汽车是指由动力驱动，具有四个或四个以上车轮的非轨道承载的车辆。

本税目征收范围包括：

（1）乘用车：含驾驶员座位在内最多不超过9个座位（含）的，在设计和技术特性上用于载运乘客和货物的各类乘用车。

（2）中轻型商用客车：含驾驶员座位在内的座位数在10 ~ 23座（含23座）的在设计和技术特性上用于载运乘客和货物的各类中轻型商用客车。

（3）超豪华小汽车：每辆零售价格130万元（不含增值税）及以上的乘用车和中轻型商用客车。

用排气量小于1.5升（含）的乘用车底盘（车架）改装、改制的车辆属于乘用车征收范围。用排气量大于1.5升的乘用车底盘（车架）或用中轻型商用客车底盘（车架）改装、改制的车辆属于中轻型商用客车征收范围。

含驾驶员人数（额定载客）为区间值的（如8～10人、17～26人）小汽车，按其区间值下限人数确定征收范围。

电动汽车不属于本税目征收范围。车身长度大于7米（含），并且座位在10～23座（含）以下的商用客车，不属于中轻型商用客车征税范围，不征收消费税。沙滩车、雪地车、卡丁车、高尔夫车不属于消费税征收范围，不征收消费税。

8. 摩托车

本税目征收范围包括轻便摩托车和摩托车两种。对最大设计车速不超过50千米/小时，发动机气缸总工作容量不超过50毫升的三轮摩托车不征收消费税。

9. 高尔夫球及球具

高尔夫球及球具是指从事高尔夫球运动所需的各种专用装备，包括高尔夫球、高尔夫杆及高尔夫球包（袋）等。

高尔夫球是指重量不超过45.93克、直径不超过42.67毫米的高尔夫球运动比赛、练习用球；高尔夫球杆是指被设计用来打高尔夫球的工具，由杆头、杆身和握把三部分组成；高尔夫球包（袋）是指专用于盛装高尔夫球及球杆的包（袋）。

本税目征收范围包括高尔夫球、高尔夫球杆、高尔夫球包（袋）。高尔夫球杆的杆头、杆身和握把属于本税目的征收范围。

10. 高档手表

高档手表是指销售价格（不含增值税）每只在10 000元（含）以上的各类手表。

11. 游艇

游艇是指长度大于8米小于90米，船体由玻璃钢、钢、铝合金、塑料等多种材料制作，可以在水上移动的水上浮载体。按照动力划分，游艇分为无动力艇、帆艇和机动艇。

本税目征收范围包括艇身长度大于8米（含）小于90米（含），内置发动机，可以在水上移动，一般为私人或团体购置，主要用于水上运动和休闲娱乐等非盈利活动的各类机动艇。

12. 木制一次性筷子

木制一次性筷子，又称卫生筷子，是指以木材为原料经过锯段、浸泡、旋切、刨切、烘干、筛选、打磨、倒角、包装等环节加工而成的各类一次性使用的筷子。

本税目征收范围包括各种规格的木制一次性筷子。未经打磨、倒角的木制一次性筷子属于本税目征税范围。

13. 实木地板

实木地板是指以木材为原料，经锯割、干燥、刨光、截断、开榫、涂漆等工序加工而成的块状或条状的地面装饰材料。实木地板按生产工艺不同，可分为独板（块）实木地板、实木指接地板、实木复合地板三类；按表面处理状态不同，可分为未涂饰地板（白坯板、素板）和漆饰地板两类。

本税目征收范围包括各类规格的实木地板、实木指接地板、实木复合地板及用于装饰墙壁、天棚的侧端面为榫、槽的实木装饰板。未经涂饰的素板也属于本税目征税范围。

14. 电池

电池是一种将化学能、光能等直接转换为电能的装置，一般由电极、电解质、容器、极端，通常还有隔离层组成的基本功能单元，以及用一个或多个基本功能单元装配成的电池组。范围包括：原电池、蓄电池、燃料电池、太阳能电池和其他电池。

自 2015 年 2 月 1 日起对电池（铅蓄电池除外）征收消费税；对无汞原电池、金属氢化物镍蓄电池（又称“氢镍蓄电池”或“镍氢蓄电池”）、锂原电池、锂离子蓄电池、太阳能电池、燃料电池、全钒液流电池免征消费税。2015 年 12 月 31 日前对铅蓄电池缓征消费税；自 2016 年 1 月 1 日起，对铅蓄电池按 4% 税率征收消费税。

15. 涂料

涂料是指涂于物体表面能形成具有保护、装饰或特殊性能的固态涂膜的一类液体或固体材料之总称。自 2015 年 2 月 1 日起对涂料征收消费税，施工状态下挥发性有机物（Volatile Organic Compounds，VOC）含量低于 420 克 / 升（含）的涂料免征消费税。

消费税法规对上述税目中种类、规格、等级较为复杂，需要区别对待的应税项目还设置了相关的子目和细目，具体请扫描右侧二维码。

任务 3.2 消费税的核算

情景列表	情　景　实　例
生产环节应纳消费税的计算	北京市鼎盛股份有限公司为增值税一般纳税人，2021 年 2 月销售各类鞭炮，开具增值税专用发票注明的销售额 300 000 元；开具普通发票注明的销售额为 45 200 元
自产自用应税消费品应纳消费税的计算	北京市鼎盛股份有限公司将一批新研制的化妆品发给本厂女职工作为“三八”妇女节的福利。该化妆品尚未对外公开销售，无同类产品销售价格，经查其生产成本为 12 000 元

（续表）

情景列表	情 景 实 例
委托加工环节应纳消费税的核算	某鞭炮企业 2021 年 10 月受托为北京市鼎盛股份有限公司加工一批鞭炮，委托单位提供的原材料金额为 720 000 元，收取委托单位不含增值税委托加工环节加工费 130 000 元，鞭炮企业无同类产品市场价格。鞭炮的适用税率为 15%
已纳消费税税额扣除的核算	柳河卷烟厂 2021 年 7 月份库存烟丝（全部为外购）账户资料显示：月初库存 40 000 元，本月购进 200 000 元，月末库存 65 000 元，减少部分全部为生产卷烟领用。本月生产销售卷烟 20 标准箱，每标准条调拨价 55 元，取得不含税销售额 260 000 元，款项已收

子任务 3.2.1 生产环节应纳消费税的核算

1. 生产环节应纳消费税的计算

（1）自产销售一般应税消费品应纳消费税的计算。应纳消费税税额的计算，根据应税消费品计税方法不同有三种情况：

①从价计税应税消费品应纳消费税计算。其应纳税额计算公式如下：

应纳税额 = 销售额 × 比例税率

由于我国现行税制对消费税和增值税实行交叉征收，因此，在从价计税情况下，消费税的计税依据与增值税的计税依据相同，均指纳税人销售应税消费品向购买方收取的全部价款和价外费用。其中，价款包含消费税，但不含增值税；价外费用的内容与增值税规定相同。

【情景 3-1】北京市鼎盛股份有限公司为增值税一般纳税人，2021 年 2 月销售各类鞭炮，开具增值税专用发票注明的销售额 300 000 元；开具普通发票注明的销售额为 45 200 元。

问题：北京市鼎盛股份有限公司上述业务该如何缴纳增值税和消费税？

解析：

增值税计税依据 = 消费税计税依据 =300 000 + 45 200 ÷（1 + 13%）=340 000（元）

增值税销项税额 =340 000 × 13%=44 200（元）

应纳消费税税额 =340 000 × 15%=51 000（元）

②从量计税应税消费品应纳消费税计算。其应纳税额计算公式如下：

应纳税额 = 销售数量 × 定额税率

消费税暂行条例规定的从量计税消费品有黄酒、啤酒和成品油。其中，黄酒、啤酒以吨为计税单位，成品油以升为计税单位，但在实际销售过程中，纳税人经常会将吨与升这两个计量单位混用，两者之间换算的准确性将直接影响消费税应纳税额计算的准确性。

应税消费品吨、升两个计量单位的换算标准，如表 3-1 所示。

表 3-1 吨、升换算

1	黄酒	1 吨 =962 升
2	啤酒	1 吨 =988 升
3	汽油	1 吨 =1 388 升
4	柴油	1 吨 =1 176 升
5	航空煤油	1 吨 =1 246 升
6	石脑油	1 吨 =1385 升
7	溶剂油	1 吨 =1 282 升
8	润滑油	1 吨 =1 126 升
9	燃料油	1 吨 =1 015 升

【情景 3-2】北京市鼎盛股份有限公司为增值税一般纳税人，2021 年 6 月销售自产 A 牌号啤酒 20 吨。啤酒出厂不含税价每吨 3 500 元。

问题：北京市鼎盛股份有限公司 6 月份上述业务应缴纳多少增值税和消费税？

解析：出厂不含税价格 3 000 元以上的为甲类啤酒，其消费税税率为 250 元 / 吨。

增值税销项税额 =20 × 3 500 × 13%=9 100（元）

应纳消费税税额 =20 × 250=5 000（元）

③复合计税应税消费品应纳消费税计算。其应纳税额计算公式如下：

应纳税额 = 销售数量 × 定额税率＋销售额 × 比例税率

【情景 3-3】北京市鼎盛股份有限公司 2021 年 6 月销售散装粮食白酒 6 000 斤，开具的增值税专用发票注明的销售额为 20 000 元。

问题：北京市鼎盛股份有限公司上述业务应该缴纳多少增值税和消费税？

解析：

增值税销项税额 =20 000 × 13%=2 600（元）

应纳消费税税额 =6 000 × 0.5 ＋ 20 000 × 20%=7 000（元）

（2）随产品销售出售、出借包装物应纳消费税的计算。消费税法规规定，包装物随同应税消费品销售的，无论包装物是否单独计价，也不论在会计上如何核算，均应并入应税消费品的销售额计征消费税。如果包装物不作价随同产品销售，而是收取押金，该押金能单独核算且又未逾期的，此项押金不应并入应税消费品的销售额计征消费税；对因逾期未收回包装物不再退还和已收取且时间超过 12 个月的押金应并入应税消费品的销售额，按应税消费品的适用税率计征消费税。对酒类产品生产企业销售酒类产品（黄酒、啤酒除外）收取的包装物押金，无论押金是否返还与会计上如何核算，均应并入酒类产品销售额，依酒类产品的适用税率计征消费税。但因黄酒、啤酒消费税实行从量计税，其计税依据与价格无关，因而销售黄酒、啤酒收取包装物押金无论是否逾期，均不计征消费税。

2. 生产环节应纳消费税的会计核算

（1）自产销售一般应税消费品应纳消费税的会计核算。会计上核算自产销售应税消费品应纳消费税税额，应借记“税金及附加”科目，贷记“应交税费——应交消费税”科目。

【情景3-4】接【情景3-1】编制会计分录。

根据销货发票和银行进账单，编制会计分录如下：

借：银行存款　　384 200

　　贷：主营业务收入　　340 000

　　　　应交税费——应交增值税（销项税额）　　44 200

计提消费税编制会计分录如下：

借：税金及附加　　51 000

　　贷：应交税费——应交消费税　　51 000

（2）随产品销售出售、出借包装物应纳消费税的会计核算。出售、出借包装物涉及的消费税在会计上应区分以下不同情况进行会计核算：

①随同应税消费品出售不单独计价的包装物，应按货物的全部销售额计提消费税，借记“税金及附加”科目，贷记“应交税费——应交消费税”科目。

②随同应税消费品出售单独计价的包装物，应按包装物销售额计提消费税，借记“税金及附加”科目，贷记“应交税费——应交消费税”科目。

③出售包装物收取的租金，应按收取的租金计提消费税，借记“税金及附加”科目，贷记“应交税费——应交消费税”科目。

④出售应税消费品时出租、出借包装物收取的押金，应按押金计提的消费税，借记“税金及附加”科目，贷记“应交税费——应交消费税”科目。

【情景3-5】接【情景3-3】资料，2021年6月北京市鼎盛股份有限公司为销售散装粮食白酒收取包装物押金4 520元，开具收款收据，并单独核算。

问题：请问该押金是否需要缴纳增值税和消费税？如果需要，其金额是多少？计算并编制会计分录。

解析：根据税法规定，销售白酒收取的包装物押金，无论是否返还与会计上如何核算，均应计算缴纳增值税和消费税。

包装物押金不含税销售额=4 520÷（1＋13%）=4 000（元）

增值税销项税额=4 000×13%=520（元）

应纳消费税税额=4 000×20%=800（元）

收取押金时，根据收款收据，编制会计分录如下：

借：银行存款　　4 520

　　贷：其他应付款　　4 520

按包装物押金计算的增值税销项税额，编制会计分录如下：

借：其他应付款　　520

　　贷：应交税费——应交增值税（销项税额）　　520

按计提的消费税，编制会计分录如下：

借：税金及附加　　800

　　贷：应交税费——应交消费税　　800

子任务 3.2.2 自产自用应税应纳消费税的核算

1. 自产自用应税消费品应纳消费税的计算

自产自用是指纳税人生产应税消费品后，不是用于直接对外销售，而是用于连续生产应税消费品或用于其他方面。所谓“用于其他方面”，是指用于生产非应税消费品、在建工程、管理部门、非生产机构、提供劳务以及用于馈赠、赞助、投资、广告、样品、职工福利、奖励等方面。

消费税法规规定，纳税人自产自用应税消费品，用于连续生产应税消费品的，不缴纳消费税；用于其他方面的，于移送使用时计征消费税。自产自用应税消费品应纳消费税税额的会计核算，根据其用途不同，可借记“生产成本”“在建工程”“营业外支出”“管理费用”“税金及附加”等科目，贷记“应交税费——应交消费税”科目。

自产自用应税消费品应纳消费税税额的计算，根据计税方法不同有以下几种情况：

（1）从价定率征税的应纳税税额的计算。

应纳税额 = 自产自用应税消费品销售额或组成计税价格 × 消费税税率

自产自用应税消费品，其消费税计税依据的确定方法与增值税视同销售行为的确定原则基本相同，即纳税人有同类货物销售价格的以同类货物的平均销售价格为计税依据；无同类货物销售价格的以组成计税价格为计税依据。

组成计税价格＝成本 ×（1 ＋成本利润率）÷（1 －比例税率）

公式中的“成本”，是指应税消费品的成产成本；“成本利润率”是指根据应税消费品的全国平均成本利润率确定，具体如表 3-2 所示。

表 3-2　应税消费品全国平均成本利润率

货物名称	利润率 /%	货物名称	利润率 /%
1. 甲类卷烟	10	11. 贵重首饰及珠宝玉石	6
2. 乙类卷烟	5	12. 汽车轮胎	5
3. 雪茄烟	5	13. 摩托车	6
4. 烟丝	5	14. 高尔夫球及球具	10
5. 粮食白酒	10	15. 高档手表	20
6. 薯类白酒	5	16. 游艇	10
7. 其他酒	5	17. 木制一次性筷子	5
8. 酒精	5	18. 实木地板	5
9. 化妆品	5	19. 乘用车	8
10. 鞭炮、焰火	5	20. 中轻型商用客车	5

【情景 3-6】北京市鼎盛股份有限公司将一批自产的高档化妆品发给本厂女职工作为“三八”妇女节的福利。该化妆品尚未对外公开销售，无同类产品销售价格，经查其生产成本为 12 000 元。

问题：请问上述业务是否需要缴纳增值税和消费税？如果需要，其金额是多少？

解析：根据税法规定，自产货物用于职工福利的，应视同销售计征增值税和消费税，无同类货物销售价格的，按组成计税价格计税。

组成计税价格 =12 000×（1＋5%）÷（1－15%）=14 823.53（元）

增值税销项税额 =14 823.53×13%=1 927.06（元）

应纳消费税税额 =14 823.53×15%=2 223.53（元）

（2）从量定额征税应纳税额的计算。

应纳税额 = 应税消费品移送使用数量 × 消费税单位税额

【情景 3-7】接【情景 3-2】资料，北京市鼎盛股份有限公司 7 月份将自产的 A 牌号啤酒 2 吨捐赠给某大型超市。假设每吨啤酒的成本为 2 000 元。

问题：请问此项业务是否需要缴纳增值税和消费税？如果需要，其税额是多少？

解析：根据税法规定，自产货物用于对外捐赠的，应视同销售计征增值税和消费税。

因此北京市鼎盛股份有限公司的上述业务应缴纳增值税和消费税：

增值税销项税额 =2×3 500×13%=910（元）

应纳消费税税额 =2×250=500（元）

（3）复合计税应税消费品应纳消费税计算。自产自用复合计税的应税消费品，应按纳税人生产的同类消费品的销售价格和移送使用数量双重标准计算缴纳消费税；没有同类消费品销售价格的，应按组成计税价格确定销售额。组成计税价格计算公式为

组成计税价格 =（成本＋利润＋移送使用数量 × 定额税率）÷（1 －比例税率）

=[成本 ×（1 ＋成本利润率）＋移送使用数量 × 定额税率] ÷（1 －比例税率）

【情景 3-8】接【情景 3-3】资料，2021 年 9 月份，北京市鼎盛股份有限公司将自产瓶装粮食类白酒 1 吨发给职工作福利。此型号白酒为本企业新产品，尚无同类产品销售价格，其生产成本为 3 000 元 / 吨，成本利润率为 10%。

问题：请问上述业务是否需要缴纳增值税和消费税？如果缴纳，请计算其金额。

解析：根据税法规定，自产货物用于职工福利的，应作为销售计征增值税和消费税。因此，北京市鼎盛股份有限公司的上述业务应缴纳增值税和消费税。

组成计税价格 =[3 000×（1＋10%）＋1×2 000×0.5] ÷（1－20%）=5 375（元）

应纳消费税税额 =1×2 000×0.5＋5 375×20%=2 075（元）

增值税销项税额 =5 375×13%=698.75（元）

2. 自产自用应税消费品应纳消费税的会计核算

（1）从价定率征税的应纳税税额的会计核算。

【情景 3-9】接【情景 3-6】根据发放货物清单编制会计分录如下：

借：应付职工薪酬——非货币性福利　　16 750.59
　　贷：主营业务收入　　14 823.53
　　　　应交税费——应交增值税（销项税额）　　1 927.06

根据计提的消费税，编制会计分录如下：

借：税金及附加　　2 223.53
　　贷：应交税费——应交消费税　　2 223.53

（2）从量定额征税应纳税额的核算。

【情景 3-10】接【情景 3-7】，发出货物时，编制会计分录如下：

借：营业外支出　　5 410
　　贷：库存商品　　4 000
　　　　应交税费——应交增值税（销项税额）　　910
　　　　　　　　——应交消费税　　500

（3）复合计税应税消费品应纳消费税的会计核算。

【情景 3-11】接【情景 3-8】，编制会计分录如下：

借：应付职工薪酬　　5 773.75
　　贷：库存商品　　3 000
　　　　应交税费——应交增值税（销项税额）　　698.75
　　　　　　　　——应交消费税　　2 075

子任务 3.2.3 委托加工环节应纳消费税的核算

1. 受托方代扣代缴消费税的核算

会计上，当受托方收到代扣代缴消费税税款时，应借记“银行存款”科目，贷记“应交税费——代扣代缴消费税”科目；缴纳代扣代缴的消费税款时，应借记“应交税费——代扣代缴消费税”科目，贷记“银行存款”科目。

受托方应代扣代缴的消费税税额应区分以下不同情况计算确定：

（1）从价计税的委托加工应税消费品，应按受托方同类消费品的销售价格计税；没有同类消费品销售价格的，以组成计税价格为计税依据计税。因此，从价计税委托加工应税消费品应纳消费税税额的计算公式有两种：

①受托方有同类消费品销售价格的：

应纳税额 = 同类消费品销售价格 × 比例税率

②受托方没有同类消费品销售价格的：

应纳税额 = 组成计税价格 × 比例税率

其中

组成计税价格 =（材料成本 + 加工费）÷（1 − 比例税率）

公式中的“材料成本”是指委托方所提供的加工材料的实际成本；“加工费”是指受托方加工应税消费品向委托方收取的全部费用（包括代垫辅助材料的实际成本，但不包括增值税税额）。

（2）从量计税的委托加工应税消费品，应按委托方收回的数量为计税依据计税。

应纳税额 = 委托加工数量 × 定额税率

（3）复合计税的委托加工应税消费品，应按收回的数量和受托方同类货物的销售价格或组成计税价格计税。

①受托方有同类消费品销售价格的：

应纳税额 = 委托加工数量 × 定额税率

②受托方没有同类消费品销售价格的：

应纳税额 = 组成计税价格 × 比例税率＋委托加工数量 × 定额税率

组成计税价格 =（材料成本＋加工费＋委托加工数量 × 定额税率）÷（1 —比例税率）

【情景 3-12】某鞭炮企业 2021 年 10 月受托为北京市鼎盛股份有限公司加工一批鞭炮，委托单位提供的原材料金额为 720 000 元，收取委托单位不含增值税委托加工环节加工费 130 000 元，鞭炮企业无同类产品市场价格。鞭炮的适用税率为 15%。

问题：计算鞭炮企业应代收代缴的消费税税额是多少？计算并编制会计分录。

解析：受托方无同类产品销售价格，应以组成计税价格为计税依据。

组成计税价格 =（720 000 ＋ 130 000）÷（1 — 15%）=1 000 000（元）

代扣代缴消费税税额 =1 000 000 × 15%=150 000（元）

增值税销项税额 =1 000 000 × 13%=130 000（ 元 ）

编制会计分录如下：

企业收取加工费、增值税和代收消费税税款时，编制会计分录如下：

借：银行存款　　1 280 000

　贷：主营业务收入　　1 000 000

　　应交税费——应交增值税（销项税额）　　130 000

　　　　——应交消费税（代扣代缴消费税）　　150 000

2. 委托方消费税的核算

委托方支付消费税会计上应区分以下两种情况分别进行会计核算：

（1）收回后直接用于销售。委托方收回委托加工应税消费品直接用于销售的，应将由受托方代扣代缴的消费税计入委托加工物资的成本，借记“委托加工物资”科目，贷记“银行存款”等科目。委托方将委托加工收回的已由受托方代扣代缴消费税的消费品对外出售的，不再缴纳消费税。

（2）收回后用于连续生产应税消费品。委托方收回委托加工应税消费品后，用于连续生产应税消费品，且按税法规定准予抵扣已纳消费税税款的，应按由受托方代收的消费税税款，借记“应交税费——应交消费税”科目（也可设置“待扣税金——待扣消费税”科目核算），贷记“银行存款”等科目。

【情景 3-13】接【情景 3-12】资料。某鞭炮企业支付往返运费 12 000 元，取得运输部门开具的增值税专用发票。收回委托加工的车用内胎按原材料核算。

问题：请对某鞭炮企业委托加工业务作会计核算。

解析：发出材料时，编制会计分录如下：

借：委托加工物资 720 000

贷：原材料 720 000

支付往返运费时，根据专用发票，编制会计分录如下：

借：委托加工物资 12 000

应交税费——应交增值税（进项税额） 1 080

贷：银行存款 13 080

支付加工费、增值税和消费税时，编制会计分录如下：

借：委托加工物资 1 000 000

应交税费——应交增值税（进项税额） 150 000

——应交消费税（代扣代缴消费税） 130 000

贷：银行存款 1 280 000

收回鞭炮入库时，编制会计分录如下：

借：原材料 733 080

贷：委托加工物资 733 080

子任务 3.2.4 进出口环节应纳消费税的核算

1. 进口环节应纳消费税的核算

消费税是价内税，进口环节缴纳的消费税会计上应全部计入进口货物的采购成本。根据海关征收消费税的完税凭证，借记“原材料”“固定资产”等科目，贷记“银行存款”科目。

进口环节应纳消费税税额的计算根据进口货物性质不同分两种情况：

（1）进口一般货物应纳消费税的计算。

①从价计税的进口应税消费品，应以组成计税价格为计税依据计算应纳消费税。其计算公式为

组成计税价格 =（关税完税价格＋关税）÷（1－比例税率）

应纳税额 = 组成计税价格 × 比例税率

②从量计税的进口应税消费品，应以海关核定的进口数量为计税依据计算应纳消费税额，其计算公式为

应纳税额 = 进口数量 × 定额税率

③复合计税的进口应税消费品，应以组成计税价格和进口数量双重标准为计税依据计算应纳消费税。其计算公式为

组成计税价格 =（关税完税价格＋关税＋进口数量 × 定额税率）÷（1－比例税率）

应纳税额 = 组成计税价格 × 比例税率＋进口数量 × 定额税率

【情景 3-14】北京市鼎盛股份有限公司 2021 年 4 月进口卷烟 100 标准箱，海关核定的

关税完税价格为 1 400 000 元。已知进口卷烟关税税率为 25%，消费税税率为 56%，定额税率为 0.003 元 / 支；每标准箱有 250 条，每条 200 支。

问题：请分别计算北京市鼎盛股份有限公司进口卷烟应纳的关税、消费税和增值税，并进行会计核算。

解析：

应纳关税税额＝ 1 400 000 × 25% ＝ 350 000（元）

进口卷烟的组成计税价格＝（1 400 000 ＋ 350 000 ＋ 100 × 250 × 200 × 0.003）÷（1 － 56%）
＝ 4 011 363.64（元）

应纳进口消费税税额＝ 100 × 250 × 200 × 0.003 ＋ 4 011 363.64 × 56% ＝ 2 261 363.64（元）

应纳进口增值税税额＝ 4 011 363.64 × 13% ＝ 521 477.27（元）

（2）进口环节消费税的会计核算。

【情景 3-15】接【情景 3-14】编制会计分录：

借：库存商品	4 011 363.64
应交税费——应交增值税（进项税额）	521 477.27
——应交消费税	2 261 363.64
贷：银行存款	6 794 204.55

2. 出口环节应纳消费税的核算

出口应税消费品退（免）消费税的政策有以下三种：出口免税并退税、出口免税不退税和出口不免税也不退税。根据企业性质不同，适用政策各异。

（1）外贸企业出口应税消费品退（免）消费税的会计核算。有出口经营权的外贸企业购进应税消费品直接出口，以及受其他外贸企业委托代理出口的应税消费品，适用出口免税并退税政策。

出口货物消费税的退税率（或单位税额）就是其征税率。企业出口应税消费品适用不同税率并能分开核算和申报的，分别适用不同税率退税；未分开核算或划分不清适用税率的，一律从低适用税率计算退税。从价计税的应税消费品，其出口应退消费税，为外贸企业从工厂购进货物时已缴纳的消费税税额。其计算公式如下：

应退消费税税额 = 出口货物工厂销售额 × 比例税率

公式中的“出口货物工厂销售额”为不含增值税销售额。

从量计税的应税消费品，其出口应退消费税，应依货物报关出口的数量按下列公式计算：

应退消费税税额 = 报关出口数量 × 定额税率

复合计税的应税消费品，其出口应退消费税税额，应依出口货物的工厂销售额和出口数量按下列公式计算：

应退消费税税额 = 出口货物工厂销售额 × 比例税率＋报关出口数量 × 定额税率

外贸企业只有受其他外贸企业委托代理出口应税消费品才可以办理出口退税，外贸企业受其他企业（主要是非生产性的商贸企业）委托代理出口的应税消费品不予退税。

外贸企业自营出口应税消费品应退消费税税额，应在办理出口退税时，借记“其他应收款”科目，贷记“主营业务成本”科目。

（2）生产企业出口应税消费品退（免）消费税的会计核算。有出口经营权的生产企业自营出口或委托外贸企业代理出口自产应税消费品，适用出口免税不退税政策。因为消费税只在生产销售环节对生产单位征收，以后销售环节不再征收，所以，只要生产环节免税，产品就不负担消费税，也就无须再退税。

纳税人直接出口应税消费品办理免税后，若发生退关或国外退货，进口时已予免税的，经机构所在地主管税务机关批准，可暂不办理补税，待转为国内销售时，再申请补缴消费税，其会计处理与国内销售业务相同。

一般商贸企业委托给某企业代理出口时，一律不予退（免）消费税。

子任务 3.2.5 批发环节应纳消费税的核算

批发环节的应税消费品特指卷烟。根据国家有关文件规定，自 2019 年 5 月 1 日起，在我国境内从事卷烟批发业务的所有单位和个人，应就其批发销售的所有牌号规格的卷烟，按 11% 的税率从价计征消费税。计算批发环节卷烟消费税应注意：

（1）应将卷烟销售额与其他商品销售额分开核算，未分开核算的，一并征收消费税。

（2）卷烟批发企业之间销售的卷烟不缴纳消费税，只有将卷烟销售给其他单位和个人时才缴纳消费税。

（3）卷烟批发企业在计算卷烟消费税时，不得扣除卷烟生产环节已缴纳的消费税税额。

子任务 3.2.6 零售环节应纳消费税的核算

零售环节的应税消费品特指金银首饰、钻石及钻石饰品。“金银首饰”特指金、银和金基、银基合金首饰，以及金、银和金基、银基合金的镶嵌首饰。

对既销售金银首饰，又销售非金银首饰的生产经营单位，应分别核算两类商品的销售额。凡划分不清楚或不能分别核算，在生产环节销售的，一律从高适用税率计征消费税；在零售环节销售的，一律按金银首饰计征消费税。金银首饰与其他产品组成套装消费品销售的，应按销售额全额计征消费税。对纳税人采取以旧换新方式销售金银首饰的，按实际收取的不含增值税价款计征消费税。

【情景 3-16】五洲金行是一家经批准有权经营金银首饰的珠宝零售店，为增值税一般纳税人，存货采取售价金额法核算，流转税以 1 个月为纳税期限。2021 年 6 月份涉税业务如下：

（1）金银首饰及珠宝玉石零售金额共计 2 000 000 元，其中，金银首饰 1 600 000 元，钻石及钻石饰品 300 000 元，其他首饰 100 000 元。

（2）采取以旧换新方式销售金项链 100 条，新项链每条零售价 3 500 元，旧项链每条作价 2 500 元，每条项链实收差价款 1 500 元。

（3）以账面价值 660 000 元的银基项链抵偿债务；以账面价值 23 000 元的金银首饰奖励业绩优秀的销售人员。

问题：计算五洲金行 6 月份应缴纳的消费税税额。

解析：（1）根据消费税法规规定，金银首饰和钻石及钻石饰品的消费税在零售环节缴纳，其他首饰消费税应在生产、进口或委托加工环节缴纳。

消费税税额 =（1 600 000 + 300 000）÷（1 + 13%）× 5%=84 070.80（元）

（2）金银首饰零售环节以旧换新应以实际取得的不含税价款为消费税计税依据。

消费税税额 =100 × 1 500 ÷（1 + 13%）× 5%=6 637.17（元）

（3）以物抵债和奖励应视同销售计算消费税。

消费税税额 =（660 000 + 23 000）÷（1 + 13%）× 5%=30 221.24（元）

五洲金行 6 月份应缴纳的消费税总额 =84 070.80 + 6 637.17 + 30 221.24
=120 929.21（元）

子任务 3.2.7 已纳消费税税额扣除的核算

根据税法规定，外购或委托加工收回应税下列应税消费品时，用于连续生产应税消费品的，对外购或委托加工环节已经缴纳的消费税税额，准予从应纳税额中扣除已纳消费税税额。

1. 外购或委托加工应税消费品已纳消费税扣除的具体规定

（1）用外购或委托加工收回的烟丝为原料生产的卷烟。

（2）用外购或委托加工收回的已税高档化妆品为原料生产的化妆品。

（3）用外购或委托加工收回的已税珠宝玉石为原料生产的贵重首饰及珠宝、玉石。

（4）用外购或委托加工收回的已税鞭炮、焰火为原料生产的鞭炮、焰火。

（5）用外购或委托加工收回的已税摩托车为原料生产的摩托车。

（6）用外购或委托加工收回的已税杆头、杆身和握把为原料生产的高尔夫球球杆。

（7）用外购或委托加工收回的已税木制一次性筷子为原料生产的木制一次性筷子。

（8）用外购或委托加工收回的已税实木地板为原料生产的实木地板。

（9）用外购或委托加工收回的已税石脑油为原料生产的应税消费品。

（10）用外购或委托加工收回的已税润滑油为原料生产的润滑油。

税收实务中，对上述扣税范围的应用应注意以下问题：

（1）上述允许扣除税额的税目，从大类上看不包括酒类、小汽车、高档手表、游艇。

（2）允许扣税的只涉及同一大税目中的购入应税消费品的连续加工，不能跨税目抵扣（石脑油例外）。

（3）允许扣除的应税消费品只限于从工业企业购进和进口的应税消费品，对从境内商业企业购进的应税消费品的已纳税额一律不得扣除。

（4）在零售环节纳税的金银首饰、钻石及钻石饰品不得抵扣外购珠宝玉石的已纳税额。

2. 扣除税额的计算

消费税扣除额计算的总原则是按生产领用量抵扣，它不同于增值税的购进扣税法。

（1）以外购应税消费品连续生产应税消费品允许扣除消费税税额的计算。其计算公式为

$$\text{当期准予扣除的外购应税消费品已纳税额} = \text{当期准予扣除的外购应税消费品买价} \times \text{外购应税消费品适用税率}$$

$$\text{当期准予扣除的外购应税消费品买价} = \text{期初库存的外购应税消费品买价} + \text{当期购进的应税消费品买价} - \text{期末库存的外购应税消费品买价}$$

上述“买价”是指购货发票上注明的不含增值税销售额。

【情景 3-17】烟台卷烟厂 2021 年 7 月份库存烟丝（全部为外购）账户资料显示：月初库存 40 000 元，本月购进 200 000 元，月末库存 65 000 元，减少部分全部为生产卷烟领用。本月生产销售卷烟 20 标准箱，每标准条调拨价 55 元，取得不含税销售额 260 000 元，款项已收。

问题：计算该卷烟厂应纳消费税税额，并编制会计分录。

解析：

当期生产领用金额 =40 000 ＋ 200 000 － 65 000=175 000（元）

编制会计分录如下：

借：生产成本 175 000

贷：原材料——烟丝 175 000

销售卷烟增值税销项税额 =260 000 × 13%=33 800（元）

编制会计分录如下：

借：银行存款 293 800

贷：主营业务收入 260 000

应交税费——应交增值税（销项税额） 33 800

销售卷烟计提消费税税额 =20 × 250 ＋ 260 000 × 36%=98 600（元）

准予扣除的外购烟丝已纳税额 =175 000 × 30%=52 500（元）

本月实际应纳消费税税额 =98 600 － 52 500=46 100（元）

编制会计分录如下：

借：应交税费——应交消费税 46 100

贷：银行存款 46 100

（2）委托加工收回应税消费品连续生产应税消费品允许扣除消费税税额的计算，其计算公式如下：

$$\text{当期准予扣除的委托加工应税消费品已纳税额} = \text{期初库存的委托加工应税消费品已纳税额} + \text{当期收回的委托加工应税消费品已纳税额} - \text{期末库存的委托加工应税消费品已纳税额}$$

纳税人以委托加工收回的已税消费品连续生产应税消费品的，应在纳税申报时提供

《代扣代缴税款凭证》原件和复印件，未能提供的，一律不予扣除受托方代收代缴的消费税。

【情景 3-18】甲化妆品厂发出材料委托 A 日化厂加工香水精 250 瓶，A 厂同类香水精不含税售价每瓶 400 元。加工的香水精本月全部收回，支付加工费并取得增值税专用发票，其消费税已由 A 厂代收代缴。收回香水精的 50% 当月全部对外销售，实现不含税销售额 50 000 元；另 50% 用于本厂化妆品生产，本月生产的化妆品全部实现对外销售，实现不含税销售额 380 000 元。

问题：计算甲化妆品厂销售化妆品应纳消费税税额。

解析：A 日化厂受托加工香水精，应按 A 厂同类货物销售价格计税，则

应代收消费税税额 =250 × 400 × 30%=30 000（元）

甲化妆品厂收回香水精对外销售的部分不再征收消费税；用于生产化妆品的部分已由 A 厂扣缴的消费税可以扣除，则

允许扣除消费税税额 =30 000 × 50%=15 000（元）

销售化妆品实际应纳消费税税额 =380 000 × 30% − 15 000=99 000（元）

任务 3.3 消费税的申报

情景列表	情 景 实 例
消费税的纳税义务时间	2021 年 10 月 12 日纳税人将自产自用的应税消费品捐赠给外单位，其纳税义务的发生时间为 2021 年 10 月 12 日移送的当天

子任务 3.3.1 消费税纳税义务发生时间

纳税人生产的应税消费品于销售时纳税，进口消费品应当于应税消费品报关进口环节纳税，但金银首饰、钻石及钻石饰品在零售环节纳税。消费税纳税义务发生的时间，以货款结算方式或行为发生时间分别确定。

（1）纳税人销售的应税消费品，其纳税义务的发生时间为：

①纳税人采取赊销和分期收款结算方式的，其纳税义务的发生时间为销售合同规定的收款日期的当天。

②纳税人采取预收货款结算方式的，其纳税义务的发生时间为发出应税消费品的当天。

③纳税人采取托收承付和委托银行收款方式销售的应税消费品，其纳税义务的发生时间为发出应税消费品并办妥托收手续的当天。

④纳税人采取其他结算方式的，其纳税义务的发生时间为收讫销售款或者取得索取销售款的凭据的当天。

（2）纳税人自产自用的应税消费品，其纳税义务的发生时间为移送使用的当天。

（3）纳税人委托加工的应税消费品，其纳税义务的发生时间为纳税人提货的当天。

（4）纳税人进口的应税消费品，其纳税义务的发生时间为报关进口的当天。

子任务 3.3.2 消费税的纳税地点

（1）纳税人销售的应税消费品，以及自产自用的应税消费品，除国家另有规定外，应当向纳税人机构所在地或居住地主管税务机关申报纳税。

（2）委托加工的应税消费品，由受托方所在地主管税务机关代收代缴；委托个人加工的应税消费品，由委托方向其机构所在地或居住地主管税务机关申报纳税。

（3）进口的应税消费品，由进口人或其代理人向报关地海关申报纳税。

（4）纳税人到外县（市）销售或委托外县（市）代销自产应税消费品的，于应税消费品销售后，回纳税人机构所在地或居住地缴纳消费税。

（5）纳税人总机构与分支机构不在同一县（市）的，应分别向各自机构所在地的主管税务机关申报纳税，但经财政部、国家税务总局或其授权的财政、税务机关批准，可以由总机构汇总向总机构所在地的主管税务机关申报纳税。

（6）纳税人销售的应税消费品，如因质量等原因由购买者退回的，经机构所在地或居住地主管税务机关审核批准后，可退还已缴纳的消费税税款，但不能自行直接抵减应纳税款。

子任务 3.3.3 消费税的纳税期限

按照《消费税暂行条例》规定，消费税的纳税期限分别为 1 日、3 日、5 日、10 日、15 日、1 个月或者 1 个季度；纳税人的具体纳税期限，由主管税务机关根据纳税人应纳税额的大小分别核定；不能按照固定期限纳税的，可以按次纳税。

纳税人以 1 个月或 1 个季度为一个纳税期的，自期满之日起 15 日内申报纳税；以 1 日、3 日、5 日、10 日或者 15 日为一个纳税期的，自期满之日起 5 日内预缴税款，于次月 1 日起至 15 日内申报纳税并结清上月应纳税款。

纳税人进口应税消费品，应当自海关填发海关进口消费税专用缴款书之日起 15 日内缴纳税款。

如果纳税人不能按照规定的纳税期限依法纳税，将按《税收征收管理法》的有关规定处理。

项目小结

本项目主要介绍了消费税的概念、分类与消费税的特点，以及纳税义务人、征税范围，征收消费税的 15 个税目及其适用税率。消费税的计算方法有三种，分别为从价计征、从量计征和复合计征；本项目介绍了直接对外销售应纳税额的计算、生产自用应税消费品、委托加工应税消费品、进口应税消费品消费税额的计算以及消费税出口退税的计算。

项目训练

【资料】

金匠金店是一家经批准有权经营金银首饰的珠宝零售店，为增值税一般纳税人，存货采取售价金额法核算，流转税以 1 个月为纳税期限。2021 年 10 月份涉税业务如下：

（1）金银首饰及珠宝玉石零售金额共计 2 300 000 元，其中，金银首饰 1 800 000 元，钻石及钻石饰品 400 000 元，其他首饰 100 000 元。

（2）采取以旧换新方式销售金项链 100 条，新项链每条零售价 3 000 元，旧项链每条作价 2 000 元，每条项链实收差价款 1 000 元。

（3）以账面价值 680 000 元的银基项链抵偿债务；以账面价值 23 400 元的金银首饰奖励业绩优秀的销售人员。

【要求】

请计算金匠金店 10 月份应缴纳的消费税税额。

项目 4 企业所得税的核算

应知应会

- 了解企业所得税的概念。
- 了解企业所得税的征税对象。
- 掌握企业所得税的税率。
- 掌握企业所得税的税收优惠政策。
- 掌握企业所得税的会计核算。
- 掌握企业所得税的申报。

关键词

- 企业所得税（enterprise income tax）;
- 居民企业（resident enterprise）;
- 非居民企业（non-resident enterprise）;
- 定额征收（quota collection）;
- 应付税款法（tax payable act）;
- 纳税期限（the term of tax）;
- 纳税地点（tax payment place）。

本项目在本书中的地位

企业所得税时按照纳税人每一纳税年度的应税所得额和适用税率计算征收的。纳税年度是指公历 1 月 1 日起至 12 月 31 日止。企业所得税采取按年计算，分月或分季度预缴，年度终了后 5 个月内汇算清缴、多退少补的办法。

业务综述

本项目主要介绍以下内容：

- 企业所得税的概念；
- 企业所得税的税率；
- 企业所得税的优惠政策；
- 年度收入、各种扣除和居民企业应纳税额的计算；
- 应付税款法的会计核算；
- 纳税期限和纳税地点。

项目导图

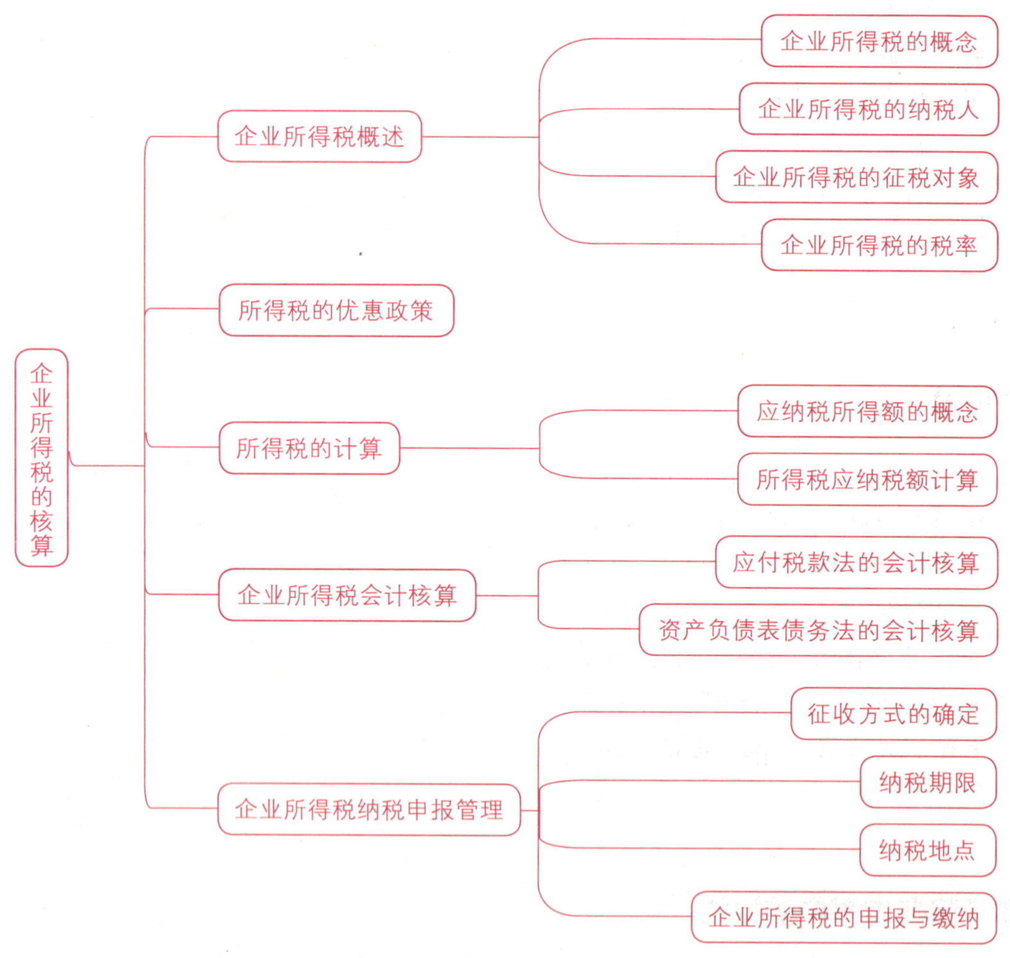

任务 4.1 企业所得税概述

情景列表	情 景 实 例
企业所得税的概念	甲公司于 2021 年 12 月 20 日收到一笔合同预付款，金额为 2 500 000 元，作为预收账款核算。按照适用税法规定，该款项应计入取得当期应纳税所得额计算交纳所得税
企业所得税的税率	某工业企业，2021 年度应纳税所得额 8 500 000 元，从业人数 95 人，资产总额 28 000 000 元。该企业适用于小型微利企业减按 20% 的所得税税率征收企业所得税

企业所得税是指国家对境内企业生产、经营所得和其他所得依法征收的一种税，是国家参与企业利润分配，调节企业盈利水平的一个重要税种。它是规范和处理国家与企业分配关系的重要形式。企业所得税体现了多得多交的原则，即所得多的多纳税、所得少的少纳税、无所得者不纳税。

子任务 4.1.1 企业所得税的概念

1. 企业所得税的概念

企业所得税是对我国境内的企业和其他取得收入的组织的生产经营所得和其他所得征收的一种税。企业所得税有以下几点作用：促进企业改善经营管理活动，提升企业的盈利能力；调节产业结构，促进经济发展；为国家建设筹集财政资金。

2. 遵循法律、法规

企业所得税法是指国家制定的用以调整企业所得税征收与缴纳之间权利及义务关系的法律规范。现行企业所得税法是 2007 年 3 月 16 日第十届全国人民代表大会第五次全体会议通过的《中华人民共和国企业所得税法》（以下简称《企业所得税法》）和 2007 年 11 月 28 日国务院第 197 次常务会议通过的《中华人民共和国企业所得税法实施条例》。

子任务 4.1.2 企业所得税的纳税人

企业所得税的纳税义务人是指在中华人民共和国境内的企业和其他取得收入的组织。《中华人民共和国企业所得税法》第一条规定，除个人独资企业、合伙企业不适用企业所得税法外，凡在我国境内，企业和其他取得收入的组织（以下统称企业）为企业所得税的纳税人，依照本法规定缴纳企业所得税。

企业所得税的纳税人分为居民企业和非居民企业，这是根据企业纳税义务范围的宽窄进行的分类方法，不同的企业在向中国政府缴纳所得税时，纳税义务不同。把企业分为居民企业和非居民企业，是为了更好地保障我国税收管辖权的有效行使。税收管辖权是一国政府在征税方面的主权，是国家主权的重要组成部分。根据国际上的通行做法，我国选择了地域管辖权和居民管辖权的双重管辖权标准，最大限度地维护我国的税收利益。

1. 居民企业

居民企业是指依法在中国境内成立，或者依照外国（地区）法律成立但实际管理机构在中国境内的企业。这里的企业包括国有企业、集体企业、私营企业、联营企业、股份制企业、外商投资企业、外国企业，以及有生产、经营所得和其他所得的其他组织。其中，有生产、经营所得和其他所得的其他组织，是指经国家有关部门批准，依法注册、登记的事业单位、社会团体等组织。由于我国的一些社会团体组织、事业单位在完成国家事业计划的过程中，开展多种经营和有偿服务活动，取得除财政部门各项拨款、财政部和国家价格主管部门批准的各项规费收入以外的经营收入，具有了经营的特点，应当视同企业纳入征税范围。其中，实际管理机构是指对企业的生产经营、人员、账务、财产等实施实质性全面管理和控制的机构。

2. 非居民企业

非居民企业是指依照外国（地区）法律成立且实际管理机构不在中国境内，但在中国境内设立机构、场所的，或者在中国境内未设立机构、场所，但有来源于中国境内所得的企业。

上述所称机构、场所是指在中国境内从事生产经营活动的机构、场所，包括：

（1）管理机构、营业机构、办事机构。

（2）工厂、农场、开采自然资源的场所。

（3）提供劳务的场所。

（4）从事建筑、安装、装配、修理、勘探等工程作业的场所。

（5）其他从事生产经营活动的机构、场所。

非居民企业委托营业代理人在中国境内从事生产经营活动的，包括委托单位或者个人经常代其签订合同，或者储存、交付货物等，该营业代理人视为非居民企业在中国境内设立的机构、场所。

子任务 4.1.3 企业所得税的征税对象

1. 居民企业的征税对象

居民企业应当就其来源于中国境内、境外的所得缴纳企业所得税。包括销售货物所得、提供劳务所得、转让财产所得、股息红利等权益性投资所得、利息所得、租金所得、特许权使用费所得、接受捐赠所得和其他所得。

2. 非居民企业的征税对象

非居民企业在中国境内设立机构、场所的，应当就其所设机构、场所取得的来源于中国境内的所得，以及发生在中国境外但与其所设机构、场所有实际联系的所得，缴纳企业所得税。

非居民企业在中国境内未设立机构、场所的，或者虽设立机构、场所但取得的所得与其所设机构、场所没有实际联系的，应当就其来源于中国境内的所得缴纳企业所得税。

实际联系，是指非居民企业在中国境内设立的机构、场所拥有据以取得所得的股权、债权，以及拥有、管理、控制据以取得所得的财产等。

3. 来源于中国境内、境外所得的确定原则

来源于中国境内、境外的所得，按照以下原则确定：

（1）销售货物所得，按照交易活动发生地确定。

（2）提供劳务所得，按照劳务发生地确定。

（3）转让财产所得，不动产转让所得按照不动产所在地确定，动产转让所得按照转让动产的企业或者机构、场所所在地确定，权益性投资资产转让所得按照被投资企业所在地确定。

（4）股息、红利等权益性投资所得，按照分配所得的企业所在地确定。

（5）利息所得、租金所得、特许权使用费所得，按照负担、支付所得的企业或者机构、场所所在地确定，或者按照负担、支付所得的个人的住所地确定。

（6）其他所得，由国务院财政、税务主管部门确定。

子任务 4.1.4　企业所得税的税率

企业所得税税率是体现国家与企业分配关系的核心要素。税率设计的原则是兼顾国家、企业、职工个人三者利益，既要保证财政收入的稳定增长，又要使企业在发展生产、经营方面有一定的财力保证。既要考虑到企业的实际情况和负担能力，又要维护税率的统一性。

企业所得税实行比例税率。比例税率简便易行，透明度高，不会因征税而改变企业间收入分配比例，有利于促进效率的提高。现行规定是：

（1）基本税率为 25%。适用于居民企业和在中国境内设有机构、场所且所得与机构、场所有关联的非居民企业。

（2）低税率为 20%。适用于在中国境内未设立机构、场所的，或者虽设立机构、场所但取得的所得与其所设机构、场所没有实际联系的非居民企业。但实际征税时适用 10% 的税率。

现行企业所得税基本税率设定为 25%，从世界各国比较而言还是偏低的。据有关资料介绍，全世界上近 160 个实行企业所得税的国家（地区）平均税率为 28.6%，我国周边 18 个国家（地区）的平均税率为 26.7%。现行税率的确定，既考虑了我国财政承受能力，又考虑了企业负担水平。

任务 4.2 所得税的优惠政策

情景列表	情　景　实　例
企业所得税的优惠政策	某企业从事农作物新品种的选育及中药材的种植，免征企业所得税

税收优惠政策是指为了照顾某些纳税人的特殊情况而给予减征或免征所得税款的规定。它是税法原则性和灵活性的相结合的体现，是发挥税收特殊调节作用的重要手段。税法规定的企业所得税的税收优惠方式包括免税、减税、加计扣除、加速折旧、减计收入、税额抵免等。

1. 免征与减征优惠

企业的下列所得，可以免征、减征企业所得税。企业如果从事国家限制和禁止发展的项目，不得享受企业所得税优惠。

（1）从事农、林、牧、渔业项目的所得。企业从事农、林、牧、渔业项目的所得，包括免征和减征两部分。

①企业从事下列项目的所得，免征企业所得税。蔬菜、谷物、薯类、油料、豆类、棉花、麻类、糖料、水果、坚果的种植；农作物新品种的选育；中药材的种植；林木的培育和种植；牲畜、家禽的饲养；林产品的采集；灌溉、农产品初加工、兽医、农技推广、农机作业和维修等农、林、牧、渔服务业项目；远洋捕捞。

②企业从事下列项目的所得，减半征收企业所得税。花卉、茶以及其他饮料作物和香料作物的种植；海水养殖、内陆养殖。

（2）从事国家重点扶持的公共基础设施项目投资经营的所得。企业所得税法所称国家重点扶持的公共基础设施项目，是指《公共基础设施项目企业所得税优惠目录》规定的港口码头、机场、铁路、公路、电力、水利等项目。

企业从事国家重点扶持的公共基础设施项目的投资经营的所得，自项目取得第一笔生产经营收入所属纳税年度起，第 1 年至第 3 年免征企业所得税，第 4 年至第 6 年减半征收企业所得税。

企业承包经营、承包建设和内部自建自用上述的项目，不得享受上述企业所得税优惠。

（3）从事符合条件的环境保护、节能节水项目的所得。环境保护、节能节水项目的所得，自项目取得第一笔生产经营收入所属纳税年度起，第 1 年至第 3 年免征企业所得税，第 4 年至第 6 年减半征收企业所得税。

符合条件的环境保护、节能节水项目，包括公共污水处理、公共垃圾处理、沼气综合开发利用、节能减排技术改造、海水淡化等。项目的具体条件和范围由国务院财政、税务主管部门同国务院有关部门制定，报国务院批准后公布施行。

但是以上规定享受减免税优惠的项目，在减免税期限内转让的，受让方自受让之日起，可以在剩余期限内享受规定的减免税优惠；减免税期限届满后转让的，受让方不得就该项目重复享受减免税优惠。

（4）符合条件的技术转让所得。企业所得税法所称符合条件的技术转让所得免征、减征企业所得税，是指一个纳税年度内，居民企业转让技术所有权所得不超过500万元的部分，免征企业所得税；超过500万元的部分，减半征收企业所得税。

2. 高新技术企业优惠

国家需要重点扶持的高新技术企业减按15%的所得税税率征收企业所得税。

国家需要重点扶持的高新技术企业，是指拥有核心自主知识产权，并同时符合下列六个方面条件的企业：

（1）拥有核心自主知识产权，是指在中国境内（不含港、澳、台地区）注册的企业，近3年内通过自主研发、受让、受赠、并购等方式，或通过5年以上的独占许可方式，对其主要产品（服务）的核心技术拥有自主知识产权。

（2）产品（服务）属于《国家重点支持的高新技术领域》规定的范围。

（3）研究开发费用占销售收入的比例不低于规定比例。是指企业为获得科学技术（不包括人文、社会科学）新知识，创造性运用科学技术新知识，或实质性改进技术、产品（服务）而持续进行了研究开发活动，且近3个会计年度的研究开发费用总额占销售收入总额的比例符合如下要求：

①最近一年销售收入小于5 000万元的企业，比例不低于6%。

②最近一年销售收入在5 000万元至20 000万元的企业，比例不低于4%。

③最近一年销售收入在20 000万元以上的企业，比例不低于3%。

其中，企业在中国境内发生的研究开发费用总额占全部研究开发费用总额的比例不低于60%。企业注册成立时间不足3年的，按实际经营年限计算。

（4）高新技术产品（服务）收入占企业总收入的比例不低于规定比例。是指高新技术产品（服务）收入占企业当年总收入的60%以上。

（5）科技人员占企业职工总数的比例不低于规定比例。是指具有大学专科以上学历的科技人员占企业当年职工总数的30%以上，其中研发人员占企业当年职工总数的10%以上。

（6）高新技术企业认定管理办法规定的其他条件。《国家重点支持的高新技术领域》和高新技术企业认定管理办法由国务院科技、财政、税务主管部门商国务院有关部门制定，报国务院批准后公布施行。

3. 小型微利企业优惠

小型微利企业减按20%的所得税税率征收企业所得税。小型微利企业的条件如下：

（1）工业企业，年度应纳税所得额不超过50万元，从业人数不超过100人，资产总额不超过3 000万元。

（2）其他企业，年度应纳税所得额不超过 50 万元，从业人数不超过 80 人，资产总额不超过 1 000 万元。

上述“从业人数”按企业全年平均从业人数计算，“资产总额”按企业年初和年末的资产总额平均计算。

小型微利企业，是指企业的全部生产经营活动产生的所得均负有我国企业所得税纳税义务的企业。仅就来源于我国所得负有我国纳税义务的非居民企业，不适用上述规定。

4. 加计扣除优惠

加计扣除优惠包括以下两项内容：

（1）研究开发费。研究开发费，是指企业为开发新技术、新产品、新工艺发生的研究开发费用，未形成无形资产计入当期损益的，在按照规定据实扣除的基础上，按照研究开发费用 50%加计扣除；形成无形资产的，按照无形资产成本的 150% 摊销。

从 2008 年 1 月 1 日起，可以加计扣除的研究开发费按下列相关规定执行。

（2）企业安置残疾人员所支付的工资。企业安置残疾人员所支付工资费用的加计扣除，是指企业安置残疾人员的，在按照支付给残疾职工工资据实扣除的基础上，按照支付给残疾职工工资的 100%加计扣除。残疾人员的范围适用《中华人民共和国残疾人保障法》的有关规定。企业安置国家鼓励安置的其他就业人员所支付的工资的加计扣除办法，由国务院另行规定。

5. 应纳税所得额抵扣优惠

创业投资企业采取股权投资方式投资于未上市的中小高新技术企业 2 年以上的，可以按照其投资额的 70% 在股权持有满 2 年的当年抵扣该创业投资企业的应纳税所得额；当年不足抵扣的，可以在以后纳税年度结转抵扣。

公司制创业投资企业采取股权投资方式直接投资于种子期、初创期科技型企业满 2 年（24 个月）的，可以按照投资额的 70% 在股权持有满 2 年的当年抵扣该公司制创业投资企业的应纳税所得额；当年不足抵扣的，可以在以后纳税年度结转抵扣。

有限合伙制创业投资企业采取股权投资方式直接投资于初创科技型企业满 2 年的，该合伙创投企业的法人合伙人可以按照对初创科技型企业投资额的 70% 抵扣法人合伙人从合伙创投企业分得的所得；当年不足抵扣的，可以在以后纳税年度结转抵扣。

有限合伙制创业投资企业采取股权投资方式投资于未上市的中小高新技术企业满 2 年（24 个月）的，其法人合伙人可按照对未上市中小高新技术企业投资额的 70% 抵扣该法人合伙人从该有限合伙制创业投资企业分得的应纳税所得额，当年不足抵扣的，可以在以后纳税年度结转抵扣。

6. 加速折旧优惠

企业的固定资产由于技术进步等原因，确需加速折旧的，可以缩短折旧年限或者采取加速折旧的方法。可采用以上折旧方法的固定资产包括以下两种情况：

（1）由于技术进步，产品更新换代较快的固定资产。

（2）常年处于强震动、高腐蚀状态的固定资产。采取缩短折旧年限方法的，最低折旧年限不得低于规定折旧年限的60%；采取加速折旧方法的，可以采取双倍余额递减法或者年数总和法。

7. 减计收入优惠

减计收入优惠，是指企业综合利用资源，生产符合国家产业政策规定的产品所取得的收入，可以在计算应纳税所得额时减计收入。

综合利用资源，是指企业以《资源综合利用企业所得税优惠目录》规定的资源作为主要原材料，生产国家非限制和禁止并符合国家和行业相关标准的产品取得的收入，减按90%计入收入总额。

上述所称原材料占生产产品材料的比例不得低于《资源综合利用企业所得税优惠目录》规定的标准。

8. 税额抵免优惠

税额抵免，是指企业购置并实际使用《环境保护专用设备企业所得税优惠目录》、《节能节水专用设备企业所得税优惠目录》和《安全生产专用设备企业所得税优惠目录》规定的环境保护、节能节水、安全生产等专用设备的，该专用设备的投资额的10%可以从企业当年的应纳税额中抵免；当年不足抵免的，可以在以后5个纳税年度结转抵免。

享受前款规定的企业所得税优惠的企业，应当实际购置并自身实际投入使用前款规定的专用设备；企业购置上述专用设备在5年内转让、出租的，应当停止享受企业所得税优惠，并补缴已经抵免的企业所得税税款。

企业所得税优惠目录，由国务院财政、税务主管部门同国务院有关部门制定，报国务院批准后公布施行。

企业同时从事适用不同企业所得税待遇的项目的，其优惠项目应当单独计算所得，并合理分摊企业的期间费用；没有单独计算的，不得享受企业所得税优惠。

自2008年1月1日起，停止执行企业购买国产设备投资抵免企业所得税的政策。

9. 民族自治地方的优惠

民族自治地方的自治机关对本民族自治地方的企业应缴纳的企业所得税中属于地方分享的部分，可以决定减征或者免征。自治州、自治县决定减征或者免征的，须报省、自治区、直辖市人民政府批准。

企业所得税法所称民族自治地方，是指依照《中华人民共和国民族区域自治法》的规定，实行民族区域自治的自治区、自治州、自治县。

对民族自治地方内国家限制和禁止行业的企业，不得减征或者免征企业所得税。

民族自治地方在新税法实施前已经按照《财政部国家税务总局海关总署关于西部大开发税收优惠政策问题的通知》（财税［2001］202号）第二条第2款有关减免税规定批准享受减免企业所得税（包括减免中央分享企业所得税的部分）的，自2008年1月1日起计算，对减免税期限在5年以内（含5年）的，继续执行至期满后停止；对减免税期限超过5年的，从第6年起按新税法第二十九条规定执行。

10. 非居民企业优惠

非居民企业减按 10% 的所得税税率征收企业所得税。这里的非居民企业，是指在中国境内未设立机构、场所的，或者虽设立机构、场所但取得的所得与其所设机构、场所没有实际联系的企业。该类非居民企业取得下列所得免征企业所得税。

（1）外国政府向中国政府提供贷款取得的利息所得。

（2）国际金融组织向中国政府和居民企业提供优惠贷款取得的利息所得。

（3）经国务院批准的其他所得。

11. 其他有关行业的优惠

（1）关于鼓励软件产业和集成电路产业发展的优惠政策。

①软件生产企业实行增值税即征即退政策所退还的税款，由企业用于研究开发软件产品和扩大再生产，不作为企业所得税应税收入，不予征收企业所得税。

②我国境内新办软件生产企业经认定后，自获利年度起，第一年和第二年免征企业所得税，第三年至第五年减半征收企业所得税。

③国家规划布局内的重点软件生产企业，如当年未享受免税优惠的，减按 10% 的税率征收企业所得税。

④软件生产企业的职工培训费用，可按实际发生额在计算应纳税所得额时扣除。

⑤企事业单位购进软件，凡符合固定资产或无形资产确认条件的，可以按照固定资产或无形资产进行核算，经主管税务机关核准，其折旧或摊销年限可以适当缩短，最短可为 2 年。

⑥集成电路设计企业视同软件企业，享受上述软件企业的有关企业所得税政策。

⑦集成电路生产企业的生产性设备，经主管税务机关核准，其折旧年限可以适当缩短，最短可为 3 年。

⑧投资额超过 80 亿元人民币或集成电路线宽小于 0.25 微米的集成电路生产企业，可以减按 15% 的税率缴纳企业所得税，其中，经营期在 15 年以上的，从开始获利的年度起，第一年至第五年免征企业所得税，第六年至第十年减半征收企业所得税。

⑨对生产线宽小于 0.8 微米（含）集成电路产品的生产企业，经认定后，自获利年度起，第一年和第二年免征企业所得税，第三年至第五年减半征收企业所得税。

已经享受自获利年度起企业所得税“两免三减半”政策的企业，不再重复执行本条规定。

⑩自 2008 年 1 月 1 日起至 2010 年底，对集成电路生产企业、封装企业的投资者，以其取得的缴纳企业所得税后的利润，直接投资于本企业增加注册资本，或作为资本投资开办其他集成电路生产企业、封装企业，经营期不少于 5 年的，按 40% 的比例退还其再投资部分已缴纳的企业所得税税款。再投资不满 5 年撤出该项投资的，追缴已退的企业所得税税款。

自 2008 年 1 月 1 日起至 2010 年底，对国内外经济组织作为投资者，以其在境内取得的缴纳企业所得税后的利润，作为资本投资于西部地区开办集成电路生产企业、封装企业或软件产品生产企业，经营期不少于 5 年的，按 80% 的比例退还其再投资部分已缴纳的企业所得税税款。再投资不满 5 年撤出该项投资的，追缴已退的企业所得税税款。

（2）关于鼓励证券投资基金发展的优惠政策。

①对证券投资基金从证券市场中取得的收入，包括买卖股票、债券的差价收入，股权的股息、红利收入，债券的利息收入及其他收入，暂不征收企业所得税。

②对投资者从证券投资基金分配中取得的收入，暂不征收企业所得税。

③对证券投资基金管理人运用基金买卖股票、债券的差价收入，暂不征收企业所得税。

任务 4.3 所得税的计算

情景列表	情 景 实 例
年度收入	北京市鼎盛股份有限公司以库存商品与康力公司原材料进行交换。北京市鼎盛股份有限公司库存商品的账面余额为 2 000 000 元，公允价值和计税价格均为 2 200 000 元。康力公司原材料的账面余额为 2 000 000 元，公允价值和计税价格均为 2 200 000 元
各种扣除	北京市鼎盛股份有限公司 2021 年末，实际发放工资薪金 1 500 000 元，发生的福利费支出 250 000 元，职工教育经费 100 000 元，工会会费 25 000 元，发生时分别计入成本费用中
居民企业应纳税额的计算	北京市鼎盛股份有限公司为居民企业，2021 年发生经营业务如下： （1）取得产品销售收入 50 000 000 元。 （2）应结转产品销售成本 35 000 000 元。 （3）发生销售费用 8 700 000 元（其中广告费 8 000 000 元）；管理费用 5 000 000 元（其中业务招待费 300 000 元）；财务费用 600 000 元。 （4）销售税金 1 500 000 元（含增值税 1 200 000 元）。 （5）营业外收入 900 000 元，营业外支出 400 000 元（含通过公益性社会团体向贫困山区捐款 300 000 元，支付税收滞纳金 50 000 元）。 （6）计入成本、费用中的实发工资总额 3 000 000 元、拨缴职工工会经费 70 000 元、发生职工福利费 450 000 元、发生职工教育经费 70 000 元

子任务 4.3.1 应纳税所得额的概念

应纳税所得额是指企业每一纳税年度的收入总额减除不征税收入、免税收入、各项扣除项目以及允许弥补的以前年度亏损后的余额。在我国的税务会计实务中，通常在利润总额的基础上通过纳税调整确定应纳税所得额。其计算公式为

应纳税所得额 = 收入总额－不征税收入－免税收入－各项扣除金额－允许弥补的以前年度亏损

1. 年度收入

（1）销售货物收入，是指企业销售商品、产品、原材料、包装物、低值易耗品以及其

他存货取得的收入。

（2）劳务收入，是指企业从事建筑安装、修理修配、交通运输、仓储租赁、金融保险、邮电通信、咨询经纪、文化体育、科学研究、技术服务、教育培训、餐饮住宿、中介代理、卫生保健、社区服务、旅游、娱乐、加工以及其他劳务服务活动取得的收入。

（3）财产转让收入，是指企业转让固定资产、生物资产、无形资产、股权、债权等财产取得的收入。

（4）股息、红利等权益性投资收益，是指企业因权益性投资从被投资方取得的收入。股息、红利等权益性投资收益，除国务院财政、税务主管部门另有规定外，按照被投资方做出利润分配决定的日期确认收入的实现。

（5）利息收入，是指企业将资金提供他人使用但不构成权益性投资，或者因他人占用企业资金取得的收入，包括存款利息、贷款利息、债券利息、欠款利息等收入。利息收入，按照合同约定的债务人应付利息的日期确认收入的实现。

（6）租金收入，是指企业提供固定资产、包装物或者及其他有形财产人使用权取得的收入。租金收入，按照合同约定的承租人应付租金的日期确认收入的实现。

（7）特许权使用费收入，是指企业提供专利权、非专利技术、商标权、著作权以及其他特许权的使用权而取得的收入。特许权使用费收入，按照合同约定的特许权使用人应付特许权使用费的日期确认收入的实现。

（8）接受捐赠收入，是指企业接受的来自其他企业、组织或者个人无偿给予的货币性资产、非货币性资产。接受捐赠收入，按照实际收到的捐赠资产的日期确认收入的实现。

（9）其他收入，是指企业取得的除以上收入外的其他收入，包括企业资产溢余收入、逾期未退包装物押金收入、确实无法偿付的应付款项、已做坏账损失处理后又收回的应收款项、债务重组收入、补贴收入、违约金收入、汇兑收益等。

【情景 4-1】北京市鼎盛股份有限公司以库存商品与康力公司原材料进行交换。北京市鼎盛股份有限公司库存商品的账面余额为 2 000 000 元，公允价值和计税价格均为 2 200 000 元。康力公司原材料的账面余额为 2 000 000 元，公允价值和计税价格均为 2 200 000 元。北京市鼎盛股份有限公司换入的原材料和康力公司换入的库存商品均作为存货核算。双方均开具了增值税专用发票。假定两家公司均为增值税一般纳税人，适用的增值税税率均为 13%，执行《企业会计准则》。

问题：计算北京市鼎盛股份有限公司上述行为的涉税业务并编制会计分录。

解析：

换入原材料的入账价值 =2 200 000（元）

借：原材料	2 200 000	
应交税费——应交增值税（进项税额）	286 000	
贷：主营业务收入		2 200 000
应交税费——应交增值税（进项税额）		286 000
借：主营业务成本	2 000 000	
贷：库存商品		2 000 000

2. 不征税收入

（1）财政拨款。财政拨款是指各级人民政府对纳入预算管理的事业单位、社会团体等组织拨付的财政资金，但国务院和国务院财政、税务主管部门另有规定的除外。

（2）依法收取并纳入财政管理的行政事业性收费、政府性基金，是指依照法律法规等有关规定，按照国务院规定程序批准，在实施社会公共管理，以及在向公民、法人或者其他组织提供特定公共服务过程中，向特定对象收取并纳入财政管理的费用。政府性基金，是指企业依照法律、行政法规等有关规定，代政府收取的具有专项用途的财政资金。具体规定如下：

①企业按照规定缴纳的、由国务院或财政部批准设立的政府性基金以及由国务院和省、自治区、直辖市人民政府及其财政、价格主管部门批准设立的行政事业性收费，准予在计算应纳税所得额时扣除。

企业缴纳的不符合上述第（1）条审批管理权限设立的基金、收费，不得在计算应纳税所得额时扣除。

②企业收取的各种基金、收费，应计入企业当年收入总额。

③对企业依照法律、法规及国务院有关规定收取并上缴财政的政府性基金和行政事业性收费，准予作为不征税收入，于上缴财政的当年在计算应纳税所得额时从收入总额中减除；未上缴财政的部分，不得从收入总额中减除。

（3）国务院规定的其他不征税收入，是指企业取得的，由国务院财政、税务主管部门规定专项用途并经国务院批准的财政性资金。

财政性资金，是指企业取得的来源于政府及其有关部门的财政补助、补贴、贷款贴息，以及其他各类财政专项资金，包括直接减免的增值税和即征即退、先征后退、先征后返的各种税收。但不包括企业按规定取得的出口退税款。

①企业取得的各类财政性资金，除属于国家投资和资金使用后要求归还本金的以外，均应计入企业当年收入总额。国家投资是指国家以投资者身份投入企业、并按有关规定相应增加企业实收资本（股本）的直接投资。

②对企业取得的由国务院财政、税务主管部门规定专项用途并经国务院批准的财政性资金，准予作为不征税收入，在计算应纳税所得额时从收入总额中减除。

③纳入预算管理的事业单位、社会团体等组织按照核定的预算和经费报领关系收到的由财政部门或上级单位拨入的财政补助收入，准予作为不征税收入，在计算应纳税所得额时从收入总额中减除，但国务院和国务院财政、税务主管部门另有规定的除外。

注意

企业的不征税收入用于支出所形成的费用，不得在计算应纳税所得额时扣除；企业的不征税收入用于支出所形成的资产，其计算的折旧、摊销不得在计算应纳税所得额时扣除。

3. 免税收入

（1）国债利息收入。为鼓励企业积极购买国债，支援国家建设项目，税法规定，企业因购买国债所得的利息收入，免征企业所得税。

（2）符合条件的居民企业之间的股息、红利等权益性收益。是指导居民企业直接投资于其他居民企业取得的投资收益。

（3）在中国境内设立机构、场所的非居民企业从居民企业取得与该机构、场所有实际联系的股息、红利等权益性投资收益。该收益都不包括连续持有居民企业公开发行并上市流通的股票不足 12 个月取得的投资收益。

（4）符合条件的非营利组织的收入。符合条件的非营利组织是指：

①依法履行非营利组织登记手续。

②从事公益性或者非营利性活动。

③取得的收入除用于与该组织有关的、合理的支出外，全部用于登记核定或者章程规定的公益性或者非营利性事业。

④财产及其孳生息不用于分配。

⑤按照登记核定或者章程规定，该组织注销后的剩余财产用于公益性或者非营利性目的，或者由登记管理机关转赠予与该组织性质、宗旨相同的组织，并向社会公告。

⑥投入人对投入该组织的财产不保留或者享有任何财产权利。

⑦工作人员工资福利开支控制在规定的比例内，不变相分配该组织的财产。

⑧国务院财政、税务主管部门规定的其他条件。

《企业所得税法》第二十六条第 4 项所称符合条件的非营利组织的收入，不包括非营利组织从事营利性活动取得的收入，但国务院财政、税务主管部门另有规定的除外。

4. 各种扣除

在计算应纳税所得额时允许从收入中扣除的项目，是指企业实际发生的与取得收入有关的、合理的支出，包括成本、费用、税金、损失和其他支出。

（1）工资、薪金支出。

（2）企业发生的合理的工资、薪金支出准予据实扣除。工资、薪金支出是企业每一纳税年度支付给本企业任职或与其有雇佣关系的员工的所有现金或非现金形式的劳动报酬，包括基本工资、资金、津贴、补贴、年终加薪、加班工资，以及与任职或者是受雇有关的其他支出。

“合理工资、薪金”，是指企业按照股东大会、董事会、薪酬委员会或相关管理机构制定的工资薪金制度规定实际发放给员工的工资、薪金。税务机关在对工资、薪金进行合理性确认时，可按以下原则掌握：

①企业制定了较为规范的员工工资薪金制度。

②企业所制定的工资薪金制度符合行业及地区水平。

③企业在一定时期所发放的工资薪金是相对固定的，工资薪金的调整是有序进行的。

④企业对实际发放的工资薪金，已依法履行了代扣代缴个人所得税义务。

⑤有关工资薪金的安排，不以减少或逃避税款为目的。

（3）职工福利费、工会经费、职工教育经费。

企业发生的职工福利费、工会经费、职工教育经费按标准扣除，未超过标准的按实际数扣除，超过标准的只能按标准扣除。

①企业发生的职工福利费支出，不超过工资薪金总额 14% 的部分准予扣除。

企业职工福利费，包括以下内容：

- 尚未实行分离办社会职能的企业，其内设福利部门所发生的设备、设施和人员费用，包括职工食堂、职工浴室、理发室、医务所、托儿所、疗养院等集体福利部门的设备、设施及维修保养费用和福利部门工作人员的工资薪金、社会保险费、住房公积金、劳务费等。
- 为职工卫生保健、生活、住房、交通等所发放的各项补贴和非货币性福利，包括企业向职工发放的因公外地就医费用、未实行医疗统筹企业职工医疗费用、职工供养直系亲属医疗补贴、供暖费补贴、职工防暑降温费、职工困难补贴、救济费、职工食堂经费补贴、职工交通补贴等。
- 按照其他规定发生的其他职工福利费，包括丧葬补助费、抚恤费、安家费、探亲假路费等。

注意

企业发生的职工福利费，应该单独设置账册，进行准确核算。没有单独设置账册准确核算的，税务机关应责令企业在规定的期限内进行改正。逾期仍未改正的，税务机关可对企业发生的职工福利费进行合理的核定。

②企业拨缴的工会经费，不超过工资薪金总额 2% 的部分准予扣除。

③除国务院财政、税务主管部门另有规定外，企业发生的职工教育经费支出，不超过工资薪金总额 8% 的部分准予扣除，超过部分准予结转以后纳税年度扣除。

上述计算职工福利费、工会经费、职工教育经费的“工资薪金总额”，是指企业按照①所述实际发放的工资薪金总和，不包括企业的职工福利费、职工教育经费、工会经费以及养老保险费、医疗保险费、失业保险费、工伤保险费、生育保险费等社会保险费和住房公积金。属于国有性质的企业，其工资薪金，不得超过政府有关部门给予的限定数额；超过部分，不得计入企业工资薪金总额，也不得在计算企业应纳税所得额时扣除。

【情景 4-2】北京市鼎盛股份有限公司 2021 年末，实际发放工资薪金 1 500 000 元，发生的福利费支出 250 000 元，职工教育经费 100 000 元，工会会费 25 000 元，发生时分别计入成本费用中。

问题：该企业职工福利费、职工教育经费和工会经费该如何进行纳税调整？

解析：按照企业所得税法规定，允许税前扣除的福利费是：

$$1\ 500\ 000 \times 14\% = 210\ 000\text{（元）}$$

职工教育经费是：

$$1\ 500\ 000 \times 8\% = 120\ 000\text{（元）}$$

工会经费是：

$$1\ 500\ 000 \times 2\%=30\ 000$$（元）

实际支出大于规定限额的按限额扣除，实际支出小于限额的，按实际支出数扣除。因此，应调增应纳税所得额 40 000 元。

（4）社会保险费。

①企业依照国务院有关主管部门或者省级人民政府规定的范围和标准为职工缴纳的“五险一金”，即基本养老保险费、基本医疗保险费、失业保险费、工伤保险费、生育保险费等基本社会保险费和住房公积金，准予扣除。

②企业为投资者或者职工支付的补充养老保险费、补充医疗保险费，分别在不超过职工工资总额 5% 标准以内的部分，准予扣除。企业依照国家有关规定为特殊工种职工支付的人身安全保险费和符合国务院财政、税务主管部门规定可以扣除的商业保险费准予扣除。

③企业参加财产保险，按照规定缴纳的保险费，准予扣除。企业为投资者或者职工支付的商业保险费，不得扣除。

（5）利息费用。企业在生产、经营活动中发生的利息费用，按下列规定扣除：

①非金融企业向金融企业借款的利息支出、金融企业的各项存款利息支出和同业拆借利息支出、企业经批准发行债券的利息支出可据实扣除。

②非金融企业向非金融企业借款的利息支出，不超过按照金融企业同期同类贷款利率计算的数额的部分可据实扣除，超过部分不许扣除。

其中，所谓金融机构，是指各类银行、保险公司及经中国人民银行批准从事金融业务的非银行金融机构。包括国家专业银行、区域性银行、股份制银行、外资银行、中外合资银行以及其他综合性银行；还包括全国性保险企业、区域性保险企业、股份制保险企业、中外合资保险企业以及其他专业性保险企业；城市、农村信用社、各类财务公司，以及其他从事信托投资、租赁等业务的专业和综合性非银行金融机构。非金融机构，是指除上述金融机构以外的所有企业、事业单位以及社会团体等企业或组织。

【情景 4-3】北京市鼎盛股份有限公司 2021 年度的利润总额是 1 600 000 元，财务费用 320 000 元，其中向非金融机构借款 3 000 000 元，利率为 8%，同期同类银行贷款利率为 5%。

问题：该企业利息支出应如何进行纳税调整？

解析：根据税法规定，税前可以扣除的利息支出是：

$$3\ 000\ 000 \times 5\%=150\ 000$$（元）

所以应调增应纳税所得额：

$$3\ 000\ 000 \times 8\% - 150\ 000=90\ 000$$（元）

（6）借款费用。

①企业在生产经营活动中发生的合理的不需要资本化的借款费用，准予扣除。

②企业为购置、建造固定资产、无形资产和经过 12 个月以上的建造才能达到预定可销售状态的存货发生的借款的，在有关资产购置、建造期间发生的合理的借款费用，应予以资本化，作为资本性支出计入有关资产的成本；有关资产交付使用后发生的借款利息，

可在发生当期扣除。

③企业通过发行债券、取得贷款、吸收保户储金等方式融资而发生的合理的费用支出。符合资本化条件的，应计入相关资本成本；不符合资本化条件的，应作为财务费用，准予在企业所得税前据实扣除。

（7）汇兑损失。企业在货币交易中，以及纳税年度终了时将人民币以外的货币性资产、负债按照期末人民币汇率中间价折算为人民币时产生的汇兑损失，除已经计入有关资产成本以及与向所有者进行利润分配相关的部分外，准予扣除。

（8）业务招待费。企业发生的与其生产、经营业务有关的业务招待费支出，按照发生额的60%扣除，但最高不得超过当年销售（营业）收入的5‰。

【情景4-4】北京市鼎盛股份有限公司2021年账户资料显示当年实现的主营业务收入70 000 000元，其他业务收入2 800 000元；管理费用中列支业务招待费500 000元。

问题：北京市鼎盛股份有限公司业务招待费支出该如何进行纳税调整？

解析：根据《企业所得税法》规定，则

业务招待费最高扣除额 =（70 000 000 + 2 800 000）× 5‰ =364 000（元）

其实际发生额的60%=500 000 × 60%=300 000（元）

比较上述两个判断标准，2021年准予税前扣除的业务招待费为300 000元，因此，对实际发生额大于扣除限额的差额200 000元（500 000 — 300 000）应调增应纳税所得额。

（9）广告费和业务宣传费。企业发生的符合条件的广告费和业务宣传费支出，除国务院财政、税务主管部门另有规定外，不超过当年销售（营业）收入15%的部分，准予扣除；超过部分，准予结转以后纳税年度扣除。销售（营业）收入是指营业收入（包括主营业务收入、其他业务收入）和视同销售收入。

企业申报扣除的广告费支出应与赞助支出严格区分。企业申报扣除的广告费支出，必须符合下列条件：广告是通过工商部门批准的专门机构制作的；已实际支付费用，并已取得相应发票；通过一定的媒体传播。

【情景4-5】接【情景4-4】资料，北京市鼎盛股份有限公司2021年账户资料显示销售费用中实际列支的广告费和业务宣传费15 000 000元。

问题：鼎盛公司广告费和业务宣传费支出该如何进行纳税调整？

解析：根据《企业所得税法》规定，则

广告费和和业务宣传费税前扣除限额 =（70 000 000 + 2 800 000）× 15%=10 920 000（元）

实际发生额为15 000 000元超过了税前扣除限额，其差额4 080 000元应调增应纳税所得额。

（10）环境保护专项资金。企业依照法律、行政法规有关规定提取的用于环境保护、生态恢复等方面的专项资金，准予扣除。上述专项资金提取后改变用途的，不得扣除。

（11）租赁费。企业根据生产经营需要租入固定资产支付的租赁费，按照以下方法扣除：

①以经营租赁方式租入固定资产发生的租赁费支出，按照租赁期限均匀扣除。经营性租赁是指所有权不转移的租赁。

②以融资租赁方式租入固定资产发生的租赁费支出，按照规定构成融资租入固定资产价值的部分应当提取折旧费用，分期扣除。融资租赁是指在实质上转移与一项资产所有权有关的全部风险和报酬的一种租赁。

（12）劳动保护费。企业发生的合理的劳动保护支出，准予扣除。

（13）公益性捐赠支出。公益性捐赠，是指企业通过公益性社会团体或者县级以上人民政府及其部门，用于《中华人民共和国公益事业捐赠法》内定的公益事业的捐赠。

企业发生的公益性捐赠支出，不超过年度利润总额 12% 的部分，准予扣除。年度利润总额，是指企业依照国家统一会计制度的规定计算的年度会计利润。

【情景 4-6】北京市鼎盛股份有限公司 2021 年度“营业外支出”科目记载的捐赠支出 550 000 元，其中，通过中国希望工程基金会向失学儿童捐赠 300 000 元；通过民政部门向贫困地区捐赠 200 000 元；向某中学直接捐赠 50 000 元。该年度公司实现利润总额 3 500 000 元。

问题：北京市鼎盛股份有限公司捐赠支出该如何纳税调整？

解析：企业所得税法规定，直接捐赠不得税前扣除，应调增应纳税所得额 50 000 元。

捐赠扣除限额 =3 500 000 × 12%=420 000（元）

小于实际公益性捐赠额 500 000 元，公益性捐赠超过限额 80 000 元应调增应纳税所得额。

（14）有关资产的费用。企业转让各类固定资产发生的费用，允许扣除。企业按规定计算的固定资产折旧费、无形资产和递延资产的摊销费，准予扣除。

（15）总机构分摊的费用。非居民企业在中国境内设立的机构、场所，就其中国境外总机构发生的与该机构、场所生产经营有关的费用，能够提供总机构出具的费用汇集范围、定额、分配依据和方法等证明文件，并合理分摊的，准予扣除。

（16）资产损失。企业当期发生的固定资产和流动资产盘亏、毁损净损失，由其提供清查盘存资料经主管理税务机关审核后，准予扣除；企业因存货盘亏、毁损、报废等原因不得从销项税金中抵扣的进项税金，应视同企业财产损失，准予与存货损失一起在所得税前按规定扣除。

（17）其他项目。依照有关法律、行政法规和国家有关税法规定准予扣除的其他项目。如会员费、合理的会议费、差旅费、违约金、诉讼费等。

子任务 4.3.2 所得税应纳税额计算

1. 居民企业应纳税额的计算

居民企业应缴纳所得税额等于应纳税所得额乘以适用税率，其计算公式为

应纳税额 = 应纳税所得额 × 适用税率－减免税额－抵免税额

根据计算公式可以看出，应纳税额的多少，取决于应纳税所得额和适用税率两个因素。在实际过程中，应纳税所得额的计算一般有两种方法。

（1）直接计算法。在直接计算法下，企业每一纳税年度的收入总额减除不征税收入、

免税收入、各项扣除以及允许弥补的以前年度亏损后的余额为应纳税所得额。计算公式与前述相同，即

应纳税所得额 = 收入总额—不征税收入—免税收入—各项扣除金额—允许弥补的以前年度亏损

（2）间接计算法。在间接计算法下，是在会计利润总额的基础上加或减按照税法规定调整的项目金额后，即为应纳税所得额。其计算公式为

应纳税所得额 = 会计利润总额 ± 纳税调整项目金额

纳税调整项目金额包括两方面的内容：一是税收规定范围与会计规定不一致的应予以调整的金额；二是税法规定扣除标准与会计规定不一致的应予以调整的金额。

【情景 4-7】北京市鼎盛股份有限公司为居民企业，2021 年发生经营业务如下：

（1）取得产品销售收入 50 000 000 元。

（2）应结转产品销售成本 35 000 000 元。

（3）发生销售费用 8 700 000 元（其中广告费 8 000 000 元）；管理费用 5 000 000 元（其中业务招待费 300 000 元）；财务费用 600 000 元。

（4）销售税金 1 500 000 元（含增值税 1 200 000 元）。

（5）营业外收入 900 000 元，营业外支出 400 000 元（含通过公益性社会团体向贫困山区捐款 300 000 元，支付税收滞纳金 50 000 元）。

（6）计入成本、费用中的实发工资总额 3 000 000 元、拨缴职工工会经费 70 000 元、发生职工福利费 450 000 元、发生职工教育经费 70 000 元。

问题：计算该企业 2021 年度实际应纳的企业所得税。

解析：

（1）会计利润总额 =50 000 000 + 900 000 — 35 000 000 — 8 700 000 — 5 000 000 — 600 000 — 300 000 — 400 000=900 000（元）

（2）广告费和业务宣传费调增所得额 =8 000 000 — 50 000 000 × 15%=8 000 000 — 7 500 000=500 000（元）

（3）业务招待费调增所得额 =300 000 — 300 000 × 60% =300 000 — 180 000=120 000（元）

50 000 000 × 5%=250 000（元）>300 000 × 60%=180 000（元）

（4）捐赠支出应调增所得额 =300 000 — 900 000 × 12%=192 000（元）

（5）工会经费应调增所得额 =70 000 — 3000 000 × 2%=10 000（元）

（6）职工福利费应调增所得额 =450 000 — 3000 000 × 14%=30 000（元）

（7）职工教育经费扣除限额 =3 000 000 × 8%=240 000（元）

实际发生额小于扣除限额，不作纳税调整。

（8）应纳税所得额 =900 000 + 500 000 + 120 000 + 192 000 + 50 000 + 10 000 + 30 000=1 802 000（元）

（9）2021 年应缴企业所得税 =1 802 000 × 25%=450 500（元）

【情景 4-8】北京市鼎盛股份有限公司为居民企业，2021 年度发生经营业务如下：

全年取得产品销售收入 55 000 000 元，发生产品销售成本 38 000 000 元；其他业务收入 6 000 000 元，其他业务成本 7 000 000 元；取得购买国债的利息收入 300 000 元；缴

纳非增值税销售税金及附加 2 000 000 元；发生的管理费用 7 500 000 元，其中新技术的研究开发费用 500 000 元、业务招待费用 600 000 元；发生财务费用 1 000 000 元；取得直接投资其他居民企业的权益性收益 320 000 元（已在投资方所在地按 15% 的税率缴纳了所得税）；取得营业外收入 1 000 000 元，发生营业外支出 2 200 000 元（其中含公益捐赠 360 000 元）

问题：计算该企业 2021 年应纳的企业所得税。

解析：

（1）利润总额 =55 000 000 + 6 000 000 + 300 000 + 320 000 + 1 000 000 − 38 000 000 − 7 000 000 − 2 000 000 − 7 500 000 − 1 000 000 − 2 200 000=4 920 000（元）

（2）国债利息收入免征企业所得税，应调减所得额 300 000 元。

（3）技术开发费调减所得额 =500 000 × 75%=375 000（元）

（4）按实际发生业务招待费的 60% 计算 =600 000 × 60%=360 000（元）

按销售（营业）收入的 5‰计算 =（55 000 000 + 6 000 000）× 5‰ =305 000（元）

按照规定税前扣除限额应 305 000 元。

实际应调增应纳税所得额 =600 000 − 305 000=295 000（元）

（5）取得直接投资其他居民企业的权益性收益属于免税收入，应调减应纳税所得额 32 000 元。

（6）捐赠扣除标准 =4 920 000 × 12%=590 400（元）

实际捐赠额 360 000 元小于扣除标准 590 400 元，可按实捐数扣除，不做纳税调整。

（7）应纳税所得额 =4 920 000 − 300 000 − 375 000 + 295 000 − 320 000=4 220 000（元）

（8）该企业 2021 年应缴纳企业所得税 =4 220 000 × 25%=1 055 000（元）

【情景 4-9】北京市鼎盛股份有限公司，职工人 80 人，资产总额 26 000 000 元。2021 年度生产经营业务如下：

（1）取得产品销售收入 20 000 000 元、国债利息收入 200 000 元；

（2）与产品销售收入配比的成本 12 000 000 元；

（3）发生销售费用 2 500 000 元、管理费用 3 500 000 元（其中业务招待费 260 000 元、新产品研发费用 1 400 000 元）；

（4）向非金融企业借款 2 000 000 元，支付年利息费用 160 000 元（注：金融企业同期同类借款年利息率为 6%）；

（5）企业所得税前准许扣除的税金及附加 300 000 元；

（6）10 月购进符合《环境保护专用设备企业所得税优惠目录》的专用设备，取得增值税专用发票注明金额 380 000 元、增值税进项税额 49 000 元，该设备当月投入使用；

（7）计入成本、费用中的实发工资总额 2 000 000 元、拨缴职工工会经费 40 000 元、发生职工福利费 320 000 元、发生职工教育经费 100 000 元。

问题：计算该企业 2021 年度应纳税所得额。

解析：

（1）会计利润总额 =20 000 000 + 2 000 000 − 12 000 000 − 2 500 000 − 3 500 000 − 160 000 − 300 000=1 740 000（元）

（2）国债利息收入免征企业所得税，应调减所得额 200 000 元。

（3）业务招待费应调增所得额 =260 000 — 100 000=160 000（元）

260 000 × 60% =156 000（元）>20 000 000 × 5‰ =100 000（元）

（4）新产品研发费用应调减所得额 =1 400 000 × 75%=1 050 000（元）

（5）利息费用支出应调增所得额 =160 000 — 2 000 000 × 6%=40 000（元）

（6）工会经费应调增所得额 =40 000 — 2 000 000 × 2%=0（元）

（7）职工福利费应调增所得额 =320 000 — 2000 00 × 14%=40 000（元）

（8）职工教育经费扣除限额 =2 000 000 × 8%=160 000（元）

职工教育经费实际发生额小于扣除限额，不用作纳税调整。

（9）应纳税所得额 =1740 000 — 200 000 ＋ 160 000-1050 000 ＋ 40 000 ＋ 40 000=730 000（元）

2. 境外所得抵扣税额的计算

（1）基本政策。企业已在境外缴纳的所得税税额，可以从其当期应纳税额中抵免，抵免限额为该项所得依照本法规定计算的应纳税额：超过抵免限额的部分，可以在以后 5 个年度内，用每年度抵免当年应抵免税额后的余额进行抵补。可抵扣的情况有以下几种：

①居民企业来源于中国境外的应税所得。

②非居民企业在中国境内设立机构、场所，取得发生在中国境外但与该机构、场所没有实际联系的应税所得。

③居民企业从直接或者间接控制的外国企业分得的来源于中国境外的股息、红利等权益性投资收益，外国企业在境外实际缴纳的所得税税额中属于该项所得负担的部分，可以作为该居民企业的可抵免所得税税额，在税法规定的抵免限额内抵免。

企业按照税法规定抵免企业所得税税额时，应当提供中国境外税务机关出具的税款所属年度的有关纳税凭证。

（2）抵免限额的计算。抵免限额，是指企业来源于中国境外的所得，依照企业所得税法和企业所得税实施条例的规定计算的应纳税额。除国务院财政、税务主管部门另有规定外，该抵免限额应当分国（地区）不分项计算，其计算公式如下：

抵免限额 = 中国境内、境外所得依照企业所得税法和本条例的规定计算的应纳税总额 × 来源于某国（地区）的应纳税所得额 ÷ 中国境内、境外应纳税所得总额

①公式中的应纳税所得额是税前利润，若从国外分回的是税后利润，需换算为税前利润，换算方法为

所得额 =（分回利润＋国外已纳税款）

= 分回利润 ÷（1 —某外国所得税税率）

②公式中计算应纳税总额时的税率均为 25% 法定税率，即抵免限额的计算是分国不分项，则

抵免限额 = 来源于某国（地区）的应纳税所得额 × 25%

如果抵免限额小于实纳税额，扣除抵免限额；如果抵免限额大于实纳税额，则将国外的已纳税额全部扣除。

3. 居民企业核定征收应纳税额的计算

为了加强企业所得税征收管理，规范核定征收企业所得税工作，保障国家税款及时足额入库，维护纳税人合法权益，根据《中华人民共和国企业所得税法》及其实施条例、《中华人民共和国税收征收管理法》及其实施细则的有关规定，核定征收企业所得税的有关规定如下：

（1）核定征收企业所得税的范围。核定征收办法适用于居民企业纳税人，纳税人具有下列情形之一的，要核定征收企业所得税。

①依照法律、行政法规的规定可以不设置账簿的。

②依照法律、行政法规的规定应当设置但未设置账簿的。

③擅自销毁账簿或者拒不提供纳税资料的。

④虽设置账簿，但账目混乱或者成本资料、收入凭证、费用凭证残缺不全，难以查账的。

⑤发生纳税义务，未按照规定的期限办理纳税申报，经税务机关责令限期申报，逾期仍不申报的。

⑥申报的计税依据明显偏低，又无正当理由的。

特殊行业、特殊类型的纳税人和一定规模以上的纳税人不适用核定征收办法。上述特定纳税人由国家税务总局另行明确。

根据国家税务总局公告 2012 年第 27 号规定，自 2012 年 1 月 1 日起，专门从事股权（股票）投资业务的企业，不得核定征收企业所得税。

对依法按核定应税所得率方式核定征收企业所得税的企业，取得的转让股权（股票）收入等转让财产收入，应全额计入应税收入额，按照主营项目（业务）确定适用的应税所得率计算征税；若主营项目（业务）发生变化，应在当年汇算清缴时，按照变化后的主营项目（业务）重新确定适用的应税所得率计算征税。

（2）核定征收的办法。税务机关应根据纳税人具体情况，对核定征收企业所得税的纳税人，核定应税所得率或者核定应纳所得税额。

①具有下列情形之一的，核定其应税所得率：

- 能正确核算（查实）收入总额，但不能正确核算（查实）成本费用总额的。
- 能正确核算（查实）成本费用总额，但不能正确核算（查实）收入总额的。
- 通过合理方法，能计算和推定纳税人收入总额或成本费用总额的。

纳税人不属于以上情形的，核定其应纳所得税额。

②税务机关采用下列方法核定征收企业所得税：

- 参照当地同类行业或者类似行业中经营规模和收入水平相近的纳税人的税负水平核定。
- 按照应税收入额或成本费用支出额定率核定。
- 按照耗用的原材料、燃料、动力等推算或测算核定。
- 按照其他合理方法核定。

采用前款所列一种方法不足以正确核定应纳税所得额或应纳税额的，可以同时采用两种以上的方法核定。采用两种以上方法测算的应纳税额不一致时，可按测算的应纳税额从高核定。

采用应税所得率方式核定征收企业所得税的，应纳所得税额计算公式为

应纳所得税额 = 应纳税所得额 × 适用税率

应纳税所得额 = 应税收入额 × 应税所得率

或

应纳所得税额 = 成本（费用）支出额 ÷（1 —应税所得率）× 应税所得率

实行应税所得率方式核定征收企业所得税的纳税人，经营多业的，无论其经营项目是否单独核算，均由税务机关根据其主营项目确定适用的应税所得率。

主营项目应为纳税人所有经营项目中，收入总额或者成本（费用）支出额或者耗用原材料、燃料、动力数量所占比重最大的项目。

应税所得率的幅度标准如表 4-1 所示。

表 4-1　应税所得率的幅度标准

单位：%

行业	应税所得率
农、林、牧、渔业	3-10
制造业	5-15
批发和零售贸易业	4-15
交通运输业	7-15
建筑业	8-20
饮食业	8-25
娱乐业	15-30
其他行业	10-30

纳税人的生产经营范围、主营业务发生重大变化，或者应纳税所得额或应纳税额增减变化达到 20% 的，应及时向税务机关申报调整已确定的应纳税额或应税所得率。

3. 核定征收企业所得税的管理

（1）主管税务机关应及时向纳税人送达《企业所得税核定征收鉴定表》，及时完成对其核定征收企业所得税的鉴定工作。

纳税人应在收到《企业所得税核定征收鉴定表》后 10 个工作日内，填好该表并报送主管税务机关。《企业所得税核定征收鉴定表》一式三联，主管税务机关和县税务机关各执一联，另一联送达纳税人执行。主管税务机关还可根据实际工作需要，适当增加联次备用。

纳税人收到《企业所得税核定征收鉴定表》后，未在规定期限内填列、报送的，税务机关视同纳税人已经报送，按上述程序进行复核认定。

（2）纳税人实行核定应税所得率方式的，按下列规定申报纳税：

①主管税务机关根据纳税人应纳税额的大小确定纳税人按月或者按季预缴，年终汇算

清缴。预缴方法一经确定，一个纳税年度内不得改变。

②纳税人应依照确定的应税所得率计算纳税期间实际应缴纳的税额，进行预缴。按实际数额预缴有困难的，经主管税务机关同意，可按上一年度应纳税额的 1/12 或 1/4 预缴，或者按经主管税务机关认可的其他方法预缴。

③纳税人预缴税款或年终进行汇算清缴时，应按规定填写《中华人民共和国企业所得税月（季）度预缴纳税申报表（B 类）》，在规定的纳税申报时限内报送主管税务机关。

（3）纳税人实行核定应纳所得税额方式的，按下列规定申报纳税：

①纳税人在应纳所得税额尚未确定之前，可暂按上年度应纳所得税额的 1/12 或 1/4 预缴，或者按经主管税务机关认可的其他方法，按月或按季分期预缴。

②在应纳所得税额确定以后，减除当年已预缴的所得税额，余额按剩余月份或季度均分，以此确定以后各月或各季的应纳税额，由纳税人按月或按季填写《中华人民共和国企业所得税月（季）度预缴纳税申报表（B 类）》，在规定的纳税申报期限内进行纳税申报。

③纳税人年度终了后，在规定的时限内按照实际经营额或实际应纳税额向税务机关申报纳税。申报额超过核定经营额或应纳税额的，按申报额缴纳税款；申报额低于核定经营额或应纳税额的，按核定经营额或应纳税额缴纳税款。

（4）对违反核定征收规定的行为，按照《中华人民共和国税收征收管理法》及其实施细则的有关规定处理。

4. 非居民企业应纳税额的计算

对于在中国境内未设立机构、场所的，或者虽设立机构、场所但取得的所得与其所设机构、场所没有实际联系的非居民企业的所得，按照下列方法计算应纳税所得额：

（1）股息、红利等权益性投资收益和利息、租金、特许权使用费所得，以收入全额为应纳税所得额。营业税改征增值税试点中的非居民企业，应以不含增值税的收入全额作为应纳税所得额。

（2）转让财产所得，以收入全额减除财产净值后的余额为应纳税所得额。财产净值是指财产的计税基础减除已经按照规定扣除的折旧、折耗、摊销、准备金等后的余额。

《企业所得税法》第十九条第二项规定的转让财产所得包含转让股权等权益性投资资产（以下称股权）所得。股权转让收入减除股权净值后的余额为股权转让所得应纳税所得额。

股权转让收入是指股权转让人转让股权所收取的对价，包括货币形式和非货币形式的各种收入。

股权净值是指取得该股权的计税基础。股权的计税基础是股权转让人投资入股时向中国居民企业实际支付的出资成本，或购买该项股权时向该股权的原转让人实际支付的股权受让成本。股权在持有期间发生减值或者增值，按照国务院财政、税务主管部门规定可以确认损益的，股权净值应进行相应调整。企业在计算股权转让所得时，不得扣除被投资企业未分配利润等股东留存收益中按该项股权所可能分配的金额。

多次投资或收购的同项股权被部分转让的，从该项股权全部成本中按照转让比例计算确定被转让股权对应的成本。

（3）其他所得，参照前两项规定的方法计算应纳税所得额。

（4）扣缴企业所得税应纳税额计算。其计算公式为

扣缴企业所得税应纳税额＝应纳税所得额 × 实际征收率

①扣缴义务人扣缴企业所得税的，应当按照扣缴义务发生之日人民币汇率中间价折合成人民币，计算非居民企业应纳税所得额。扣缴义务发生之日为相关款项实际支付或者到期应支付之日。

②取得收入的非居民企业在主管税务机关责令限期缴纳税款前自行申报缴纳应源泉扣缴税款的，应当按照填开税收缴款书之日前一日人民币汇率中间价折合成人民币，计算非居民企业应纳税所得额。

③主管税务机关责令取得收入的非居民企业限期缴纳应源泉扣缴税款的，应当按照主管税务机关作出限期缴税决定之日前一日人民币汇率中间价折合成人民币，计算非居民企业应纳税所得额。

5. 非居民企业所得税核定征收办法

非居民企业因会计账簿不健全，资料残缺难以查账，或者其他原因不能准确计算并据实申报其应纳税所得额的，税务机关有权采取以下方法核定其应纳税所得额。

（1）按收入总额核定应纳税所得额：适用于能够正确核算收入或通过合理方法推定收入总额，但不能正确核算成本费用的非居民企业。其计算公式为

应纳税所得额＝收入总额 × 经税务机关核定的利润率

（2）按成本费用核定应纳税所得额：适用于能够正确核算成本费用，但不能正确核算收入总额的非居民企业。其计算公式为

应纳税所得额＝成本费用总额 ÷（1 —经税务机关核定的利润率）× 经税务机关核定的利润率

（3）按经费支出换算收入核定应纳税所得额：适用于能够正确核算经费支出总额，但不能正确核算收入总额和成本费用的非居民企业。其计算公式为

应纳税所得额＝经费支出总额 ÷（1 —经税务机关核定的利润率）× 经税务机关核定的利润率

（4）税务机关可按照以下标准确定非居民企业的利润率：

①从事承包工程作业、设计和咨询劳务的，利润率为 15% ~ 30%。

②从事管理服务的，利润率为 30% ~ 50%。

③从事其他劳务或劳务以外经营活动的，利润率不低于 15%。

税务机关有根据认为非居民企业的实际利润率明显高于上述标准的，可以按照比上述标准更高的利润率核定其应纳税所得额。

（5）非居民企业与中国居民企业签订机器设备或货物销售合同，同时提供设备安装、装配、技术培训、指导、监督服务等劳务，其销售货物合同中未列明提供上述劳务服务收费金额，或者计价不合理的，主管税务机关可以根据实际情况，参照相同或相近业务的计价标准核定劳务收入。无参照标准的，以不低于销售货物合同总价款的 10% 为原则，确定非居民企业的劳务收入。

6. 房地产开发企业所得税预缴税款的处理

（1）房地产开发企业按当年实际利润据实分季（或月）预缴企业所得税的，对开发建造的住地商业用房以及其他建筑物、用着物、配套设施等开发产品，在未完工前采取得的预售收入，按照规定的预计利润率分季（或月）计算出预计利润额，计入利润总额预缴，开发产品完工、结算计税成本后按照实际利润再行调整。

（2）房地产开发企业按当年实际利润据实预缴企业所得税的，对开发、建造的住宅、商业用房以及其他建筑物、附着物、配套设施等开发产品，在未完工前采取预售方式销售取得的预收收入，按照规定的预计利润率分季（或月）计算出预计利润额，填报在《中华人民共和国企业所得税月（季）度预缴纳税申报表（A 类）》(国税函 [2008]44 号文件附件 1）第 4 行“利润总额”内。

（3）房地产开发企业对经济适用房项目的预售收入进行初始纳税申报时，必须附送有关部门批准经济适用房项目开发、销售的文件以及其他相关证明材料。凡不符合规定或未附送有关部门的批准文件以及其他相关证明材料的，一律按销售非经济适用房的规定执行。

任务 4.4 企业所得税会计核算

情景列表	情　景　实　例
应付税款法的会计核算	某生产企业 2021 年度的生产经营情况如下： 产品销售收入 5 000 000 元，产品销售成本 3 000 000 元，产品销售费用 400 000 元，发生管理费用 350 000 元（其中业务招待费 50 000 元），当年出租固定资产取得收入 400 000 元，购买国债取得利息收入 100 000 元，准许税前扣除的有关税费 300 000 元，经批准向企业职工集资 1 000 000 元，支付年息 150 000 元，同期银行贷款利率为 10%，经过县级人民政府向南方遭受雪灾地区捐款 200 000 元

子任务 4.4.1 应付税款法的会计核算

应付税款法是指企业不确认时间性差异对所得税的影响金额，将当期计算的应交所得税确认为所得税费用的方法。在这种情况下，当期所得税费用等于当期应交的所得税。该核算方法的特点是，本期所得税费用为按照本期应税所得与适用的所得税率计算的应交所得税，即本期从净利润中扣除的所得税费用等于本期应交的所得税。时间性差异产生的影响所得税的金额均在本期确认所得税费用，或在本期抵减所得税费用，在会计报表中不反映为一项负债或一项资产。例如：按照我国税法规定，企业固定资产一般应按直线法提取折旧。但会计准则对企业的固定资产采用什么方法提取折旧由企业自行确定。在这种情况下，按直线法提取折旧额计算的应税所得和采用加速折旧法提取折旧资计算的税前会计利润之间必然产生一个差额。在采用应付税款法进行处理时，应按税法规定，就存在的差额对本期税前会计利润进行调整，将其调整为应税所得，按照应税所得计算的本期应交所得税，作为本期的所得税费用。

根据实际应缴的所得税额：

借：所得税费用

  贷：应交税费——应交所得税

实际上交所得税时：

借：应交税费——应交所得税

  贷：银行存款

在应付税款法下，本期发生的暂时性差异不单独核算，与本期发生的永久性差异同样处理。也就是说，不管税前会计利润是多少，在计算缴纳所得税时均应按税法规定对税前会计利润进行调整，将其调整为应税所得，再按应税所得计算出本期应交的所得税，作为本期所得税费用，即本期所得税费用等于本期应交所得税。

【情景 4-10】北京市鼎盛股份有限公司 2021 年度的生产经营情况如下：产品销售收入 5 000 000 元，产品销售成本 3 000 000 元，产品销售费用 400 000 元，发生管理费用 350 000 元（其中业务招待费 50 000 元），当年出租固定资产取得收入 400 000 元，购买国债取得利息收入 100 000 元，准许税前扣除的有关税费 300 000 元，经批准向企业职工集资 1 000 000 元，支付年息 150 000 元，同期银行贷款利率为 10%，经过县级人民政府向南方遭受雪灾地区捐款 200 000 元。

问题：按应付税款法进行会计核算。

解析：税法规定业务招待费的扣除限额为实际发生额的 60%，同时不得超过营业收入的 5‰，计算业务招待费的扣除限额：

$$50\,000 \times 60\% = 30\,000\text{（元）}$$

$$(5\,000\,000 + 400\,000) \times 5‰ = 27\,000\text{（元）}$$

30 000 元 > 27 000 元，所以业务招待费的扣除金额为 27 000 元，应调增 50 000 − 27 000= 23 000（元）

国债利息收入免税，应调减 100 000 元。

利息支出的扣除限额为 =1 000 000 × 10%=100 000(元)，应调增 150 000 − 100 000=50 000(元)

捐赠的扣除限额为会计利润的 12%。

会计利润 =5 000 000 − 3 000 000 − 400 000 − 350 000 + 400 000 + 100 000 − 300 000 − 150 000 − 200 000

=1 100 000（元）

$$\text{捐赠的扣除限额} = 1\,100\,000 \times 12\% = 132\,000\text{（元）}$$

实际捐赠 200 000 元，超过了扣除限额，应调增 200 000 － 132 000=68 000（元）

该企业 2021 年度应纳税所得额 =1 100 000 ＋ 23 000 － 100 000 ＋ 50 000 ＋ 68 000=1 141 000（元）

该企业 2021 年度应纳企业所得税 =1 141 000 × 25%=285 250（元）

借：所得税费用　　285 250

　　贷：应交税费——应交所得税　　285 250

子任务 4.4.2 资产负债表债务法的会计核算

资产是由于资本投资而形成的财产，对于资本性支出以及无形资产受让、开办、开发费用，不允许作为成本、费用从纳税人的收入总额中做一次性扣除，只能采取分次计提折旧或分次摊销的方式予以扣除。即纳税人经营活动中使用的固定资产的折旧费用、无形资产和长期待摊费用的摊销费用可以扣除。税法规定，纳入税务处理范围的资产形式主要有固定资产、生物资产、无形资产、长期待摊费用、投资资产、存货等，均以历史成本为计税基础。历史成本是指企业取得该项资产时实际发生的支出。企业持有各项资产期间资产增值或者减值，除国务院财政、税务主管部门规定可以确认损益外，不得调整该资产的计税基础。

1. 固定资产的税务处理

固定资产，是指企业为生产产品、提供劳务、出租或者经营管理而持有的、使用时间超过 12 个月的非货币性资产，包括房屋、建筑物、机器、机械、运输工具以及其他与生产经营活动有关的设备、器具、工具等。

（1）固定资产计税基础。收外购的固定资产，以购买价款和支付的相关税费以及直接归属于使该资产达到预定用途发生的其他支出为计税基础。

①外购的固定资产，以购买价款和支付的相关税费以及直接归属于使该资产达到预定用途发生的其他支出为计税基础。

②自行建造的固定资产，以竣工结算前发生的支出为计税基础。

③融资租入的固定资产，以租赁合同约定的付款总额和承租人在签订租赁合同过程中发生的相关费用为计税基础，租赁合同来约定付款总额的，以该资产的公允价值和承租人在签订租赁合同过程中发生的相关费用为计税基础。

④盘盈的固定资产，以同类固定资产的重置完全价值为计税基础。

⑤通过捐赠、投资、非货币性资产交换、债务重组等方式取得的固定资产，以该资产的公允价值和支付的相关税费为计税基础。

⑥改建的固定资产，除已足额提取折旧的固定资产和租入的固定资产以外的其他固定资产，以改建过程中发生的改建支出增加计税基础。

（2）固定资产折旧的范围。在计算应纳税所得额时，企业按照规定计算的固定资产折旧，准予扣除。下列固定资产不得计算折旧扣除：

①房屋、建筑物以外未投入使用的固定资产。

②以经营租赁方式租入的固定资产。

③以融资租赁方式租出的固定资产。

④已足额提取折旧仍继续使用的固定资产。

⑤与经营活动无关的固定资产。

⑥单独估价作为固定资产入账的土地。

⑦其他不得计算折旧扣除的固定资产。

（3）固定资产折旧的计提方法。

①企业应当自固定资产投入使用月份的次月起计算折旧；停止使用的固定资产，应当自停止使用月份的次月起停止计算折旧。

②企业应当根据固定资产的性质和使用情况，合理确定固定资产的预计净残值。固定资产的预计净残值一经确定，不得变更。

③固定资产按照直线法计算的折旧，准予扣除。

（4）固定资产折旧的计提年限。除国务院财政、税务主管部门另有规定外，固定资产计算折旧的最低年限如下：

①房屋、建筑物，为20年。

②飞机、火车、轮船、机器、机械和其他生产设备，为10年。

③与生产经营活动有关的器具、工具、家具等，为5年。

④飞机、火车、轮船以外的运输工具，为4年。

⑤电子设备，为3年。

从事开采石油、天然气等矿产资源的企业，在开始商业性生产前发生的费用和有关固定资产的折耗、折旧方法，由国务院财政、税务主管部门另行规定。

（5）固定资产折旧的处理。

①企业固定资产会计折旧年限如果短于税法规定的最低折旧年限，其按会计折旧年限计提的折旧高于按税法规定的最低折旧年限计提的折旧部分，应调增当期应纳税所得额；企业固定资产会计折旧年限已期满且会计折旧已提足，但税法规定的最低折旧年限尚未到期且税收折旧尚未足额扣除，其未足额扣除的部分准予在剩余的税收折旧年限继续按规定扣除。

②企业固定资产会计折旧年限如果长于税法规定的最低折旧年限，其折旧应按会计折旧年限计算扣除，税法另有规定除外。

③企业按会计规定提取的固定资产减值准备，不得税前扣除，其折旧仍按税法确定的固定资产计税基础计算扣除。

④企业按税法规定实行加速折旧的，其按加速折旧办法计算的折旧额可全额在税前扣除。

⑤石油天然气开采企业在计提油气资产折耗（折旧）时，由于会计与税法规定计算方法不同导致的折耗（折旧）差异，应按税法规定进行纳税调整。

（6）固定资产改扩建的税务处理。自2011年7月1日起，企业对房屋、建筑物固定资产在未足额提入重置后的固定资产计税成本，并在该固定资产投入使用后的次月起，按照税法规定的折旧年限，一并计提折旧；如属于提升功能、增加面积的，该固定资产的改扩建支出，并入该固定资产计税基础，并从改扩建完工投入使用后的次月起，重新按税法规定的该固定资产折旧年限计提折旧，如该改扩建后的固定资产尚可使用的年限低于税法规定的最低年限的，可以按尚可使用的年限计提折旧。

2. 生物资产的税务处理

生物资产是指有生命的动物和植物。生物资产分为消耗性生物资产、生产性生物资产和公益性生物资产。消耗性生物资产，是指为出售而持有的或在将来收获为农产品的生物资产，包括生长中的农田作物、蔬菜、用材林以及存栏待售的牲畜等。生产性生物资产，是为产出农产品、提供劳务或出租等目的而持有的生物资产，包括经济林、薪炭林、产畜和役畜等。公益性生物资产，是指以防护、环境保护为主要目的生物资产，包括防风固沙林、水土保持林和水源涵养林等。

（1）生物资产的计税基础。生产性生物资产按照以下方法确定计税基础。

①外购的生产性生物资产，以购买价款和支付的相关税费为计税基础。

②通过捐赠、投资、非货币性资产交换、债务重组等方式取得的生产性生物资产，以该资产的公允价值和支付的相关税费为计税基础。

（2）生物资产的折旧方法和折旧年限。生产性生物资产按照直线法计算的折旧，准予扣除。企业应当自生产性生物资产投入使用月份的次月起计算折旧；停止使用的生产性生物资产，应当自停止使用月份的次月起停止计算折旧。

企业应当根据生产性生物资产的性质和使用情况，合理确定生产性生物资产的预计净残值。生产性生物资产的预计净残值一经确定，不得变更。

生产性生物资产计算折旧的最低年限如下：

①林木类生产性生物资产，为 10 年。

②畜类生产性生物资产，为 3 年。

3. 无形资产的税务处理

无形资产，是指企业长期使用、但没有实物形态的资产，包括专利权、商标权、著作权、土地使用权、非专利技术、商誉等。

（1）无形资产的计税基础。无形资产按照以下方法确定计税基础。

①外购的无形资产，以购买价款和支付的相关税费以及直接归属于使该资产达到预定用途发生的其他支出为计税基础。

②自行开发的无形资产，以开发过程中该资产符合资本化条件后至达到预定用途前发生的支出为计税基础。

③通过捐赠、投资、非货币性资产交换、债务重组等方式取得的无形资产，以该资产的公允价值和支付的相关税费为计税基础。

（2）无形资产摊销的范围。在计算应纳税所得额时，企业按照规定计算的无形资产摊销费用，准予扣除。

下列无形资产不得计算摊销费用扣除：

①自行开发的支出已在计算应纳税所得额时扣除的无形资产。

②自创商誉。

③与经营活动无关的无形资产。

④其他不得计算摊销费用扣除的无形资产。

（3）无形资产的摊销方法及年限。无形资产的摊销，采取直线法计算。无形资产的摊销年限不得低于10年。作为投资或者受让的无形资产，有关法律规定或者合同约定了使用年限的，可以按照规定或者约定的使用年限分期摊销。外购商誉的支出，在企业整体转让或者清算时，准予扣除。

4. 长期待摊费用的税务处理

长期待摊费用，是指企业发生的应在1个年度以上或几个年度进行摊销的费用。在计算应纳税所得额时，企业发生的下列支出作为长期待摊费用，按照规定摊销的，准予扣除。

（1）已足额提取折旧的固定资产的改建支出。

（2）租入固定资产的改建支出。

（3）固定资产的大修理支出。

（4）其他应当作为长期待摊费用的支出。

企业的固定资产修理支出可在发生当期直接扣除。企业的固定资产改良支出，如果有关固定资产尚未提足折旧，可增加固定资产价值；如有关固定资产已提足折旧，可作为长期待摊费用，在规定的期间内平均摊销。

固定资产的改建支出，是指改变房屋或者建筑物结构、延长使用年限等发生的支出。已足额提取折旧的固定资产的改建支出，按照固定资产预计尚可使用年限分期摊销；租入固定资产的改建支出，按照合同约定的剩余租赁期限分期摊销；改建的固定资产延长使用年限的，除已足额提取折旧的固定资产、租入固定资产的改建支出外，其他的固定资产发生改建支出，应当适当延长折旧年限。

大修理支出，按照固定资产尚可使用年限分期摊销。

《企业所得税法》所指固定资产的大修理支出，是指同时符合下列条件的支出：

①修理支出达到取得固定资产时的计税基础50%以上。

②修理后固定资产的使用年限延长2年以上。

其他应当作为长期待摊费用的支出，自支出发生月份的次月起，分期摊销，摊销年限不得低于3年。

5. 存货的税务处理

存货是指企业持有以备出售的产品或者商品、处在生产过程中的在产品、在生产或者提供劳务过程中耗用的材料和物料等。

（1）存货的计税基础。存货按照以下方法确定成本：

①通过支付现金方式取得的存货，以购买价款和支付的相关税费为成本。

②通过支付现金以外的方式取得的存货，以该存货的公允价值和支付的相关税费为成本。

③生产性生物资产收获的农产品，以产出或者采收过程中发生的材料费、人工费和分摊的间接费用等必要支出为成本。

（2）存货的成本计算方法。企业使用或者销售的存货的成本计算方法，可以在先进先出法、加权平均法、个别计价法中选用一种。计价方法一经选用，不得随意变更。

企业转让上述存货资产，在计算企业应纳税所得额时，资产的净值允许扣除。其中，资产的净值是指有关资产、财产的计税基础减除已经按照规定扣除的折旧、折耗、摊销、准备金等后的余额。

除国务院财政、税务主管部门另有规定外，企业在重组过程中，应当在交易发生时确认有关资产的转让所得或者损失，相关资产应当按照交易价格重新确定计税基础。

6. 投资资产的税务处理

投资资产，是指企业对外进行权益性投资和债权性投资而形成的资产。

（1）投资资产的成本。投资资产按以下方法确定投资成本。

①通过支付现金方式取得的投资资产，以购买价款为成本。

②通过支付现金以外的方式取得的投资资产，以该资产的公允价值和支付的相关税费为成本。

（2）投资资产成本的扣除方法。企业对外投资期间，投资资产的成本在计算应纳税所得额时不得扣除，企业在转让或者处置投资资产时，投资资产的成本准予扣除。

（3）投资企业撤回或减少投资的税务处理。自 2011 年 7 月 1 日起，投资企业从被投资企业撤回或减少投资，其取得的资产中，相当于初始出资的部分，应确认为投资收回；相当于被投资企业累计未分配利润和累计盈余公积按减少实收资本比例计算的部分，应确认为股息所得；其余部分确认为投资资产转让所得。

被投资企业发生的经营亏损，由被投资企业按规定结转弥补；投资企业不得调整减低其投资成本，也不得将其确认为投资损失。

（4）非货币性资产投资的税务处理。非货币性资产，是指现金、银行存款、应收账款、应收票据以及准备持有至到期的债券投资等货币性资产以外的资产。

①居民企业（以下简称企业）以非货币性资产对外投资确认的非货币性资产转让所得，可在不超过 5 年期限内，分期均匀计入相应年度的应纳税所得额，按规定计算缴纳企业所得税。

②企业以非货币性资产对外投资，应对非货币性资产进行评估并按评估后的公允价值扣除计税基础后的余额，计算确认非货币性资产转让所得。

企业以非货币性资产对外投资，应于投资协议生效并办理股权登记手续时，确认非货币性资产转让收入的实现。

③企业以非货币性资产对外投资而取得被投资企业的股权，应以非货币性资产的原计税成本为计税基础，加上每年确认的非货币性资产转让所得，逐年进行调整。

被投资企业取得非货币性资产的计税基础，应按非货币性资产的公允价值确定。

④企业在对外投资 5 年内转让上述股权或投资收回的，应停止执行递延纳税政策，并

就递延期内尚未确认的非货币性资产转让所得，在转让股权或投资收回当年的企业所得税年度汇算清缴时，一次性计算缴纳企业所得税；企业在计算股权转让所得时，可按本通知第三条第一款规定将股权的计税基础一次调整到位。

企业在对外投资5年内注销的，应停止执行递延纳税政策，并就递延期内尚未确认的非货币性资产转让所得，在注销当年的企业所得税年度汇算清缴时，一次性计算缴纳企业所得税。

⑤非货币性资产投资，限于以非货币性资产出资设立新的居民企业，或将非货币性资产注入现存的居民企业。

⑥企业发生非货币性资产投资，符合《财政部国家税务总局关于企业重组业务企业所得税处理若干问题的通知》(财税[2009]59号）等文件规定的特殊性税务处理条件的，也可选择按特殊性税务处理规定执行。

7. 税法规定与会计规定差异的处理

税法规定与会计规定差异的处理，是指企业在财务会计核算中与税法规定不一致的，应当依照税法规定予以调整。即企业在平时进行会计核算时，可以按会计制度的有关规定进行会计核算，但在申报纳税时，对税法规定和会计制度规定有差异的，要按税法规定进行纳税调整。

根据《企业所得税法》第二十一条规定，对企业依据财务会计制度规定，并实际在财务会计处理上已确认的支出，凡没有超过《企业所得税法》和有关税收法规规定的税前扣除范围和标准的，可按企业实际会计处理确认的支出，在企业所得税前扣除，计算其应纳税所得额。

（1）企业不能提供完整、准确的收入及成本、费用凭证，不能正确计算应纳税所得额的，由税务机关核定其应纳税所得额。

（2）企业依法清算时，以其清算终了后的清算所得为应纳税所得额，按规定缴纳企业所得税。所谓清算所得，是指企业的全部资产可变现价值或者交易价格减除资产净值、清算费用以及相关税费等后的余额。

投资方企业从被清算企业分得的剩余资产，其中相当于从被清算企业累计未分配利润和累计盈余公积中应当分得的部分，应当确认为股息所得；剩余资产减除上述股息所得后的余额，超过或者低于投资成本的部分，应当确认为投资资产转让所得或者损失。

（3）企业应纳税所得额是根据税收法规计算出来的，它在数额上与依据财务会计制度计算的利润总额往往不一致。因此，税法规定：对企业按照有关财务会计规定计算的利润总额，要按照税法的规定进行必要调整后，才能作为应纳税所得额计算缴纳所得税。

（4）自2011年7月1日起，企业当年度实际发生的相关成本、费用，由于各种原因未能及时取得该成本、费用的有效凭证，企业在预缴季度所得税时，可暂按账面发生金额进行核算；但在汇算清缴时，应补充提供该成本、费用的有效凭证。

任务 4.5 企业所得税纳税申报管理

情景列表	情 景 实 例
纳税期限	北京市鼎盛股份有限公司应当自年度终了之日起 5 个月内，无论盈利或亏损，均应向税务机关报送年度企业所得税纳税申报表、财务会计报告和其他有关资料并汇算清缴，结清应缴应退税款
纳税地点	北京市鼎盛股份有限公司企业所得税由纳税人向其所在地主管税务机关缴纳。居民企业以企业登记注册地为纳税地点，但登记注册地在境外的，以实际管理机构所在地为纳税地点

子任务 4.5.1 征收方式的确定

企业在每年第一季度应填列“企业所得税征收方式鉴定表”一式三份，报主管税务机关审核。①～⑤项均合格的，实行纳税人自行申报、税务机关查账方式征收；若①、④、⑤项中有一项不合格或②、③项均不合格，实行定额征收；若②、③项中有一项合格、一项不合格的，实行核定应税所得率办法征收。征收方式确定后，在一个纳税年度内一般不得变更。

资料

企业所得税核定征收鉴定表的格式请扫描右侧二维码。

子任务 4.5.2 纳税期限

纳税年度一般为公历年度，即公历 1 月 1 日至 12 月 31 日为一个纳税年度；纳税人在一个纳税年度的中间开业，或由于合并、关闭等原因使该纳税年度的实际经营期不足 12 个月的，以其实际经营期为一个纳税年度；纳税人破产清算时，以清算期为一个纳税年度。

纳税人应当在月份或季度终了后 15 日内，向其所在地主管税务机关报送预缴所得税申报表，预缴税款。企业应当自年度终了之日起 5 个月内，无论盈利或亏损，均应向税务机关报送年度企业所得税纳税申报表、财务会计报告和其他有关资料并汇算清缴，结清应缴应退税款。少预缴的所得税额，应在下一年度内补缴；多预缴的所得税额，在下一年度内抵缴；抵缴后仍有结余，或下一年度发生亏损的，应及时办理退库。

企业在年度中间终止经营活动的，应当自实际经营终止之日起 60 日内，向税务机关办理当期企业所得税汇算清缴。

扣缴义务人每次代扣的税款，应当自代扣之日起 7 日内缴入国库，并向所在地的税务机关报送扣缴企业所得税报告表。

纳税人预缴企业所得税时，应按纳税期限的实际数预缴。按实际数预缴有困难的，可按上一年度应纳税所得额的1/12或1/4，或经当地税务机关认可的其他方法预缴企业所得税。预缴方法一经确定，不得随意改变。

企业进行清算时，应当在办理注销工商登记之前，办理所得税申报。企业若在年度中间合并、分立、终止时，应当在停止生产经营之日起60日内，向当地税务机关办理当期所得税汇算清缴。

子任务 4.5.3 纳税地点

企业所得税由纳税人向其所在地主管税务机关缴纳。居民企业以企业登记注册地为纳税地点，但登记注册地在境外的，以实际管理机构所在地为纳税地点；居民企业在中国境内设立不具有法人资格的营业机构的，应当汇总计算并交纳企业所得税。

非居民企业在中国境内设立机构、场所取得的所得，以及发生在中国境外但与其所设机构、场所有实际联系的所得，应当以机构、场所所在地为纳税地点；非居民企业在中国境内未设立机构、场所，或者虽设立机构、场所，或者虽设立机构、场所但取得的所得与其所设机构、场所没有实际联系的，以扣缴义务人所在地为纳税地点；非居民企业在中国境内设立两个或者两个以上机构、场所的，经税务机关审核批准，可以选择由其主要机构、场所汇总缴纳企业所得税。

除国务院另有规定外，企业之间不得合并缴纳企业所得税。

子任务 4.5.4 企业所得税的申报与缴纳

新的企业所得税法于2008年1月1日开始实施，国家税务总局印发了企业所得税季（月）度预缴纳税申报表和企业所得税年度纳税申报表。

1. 企业所得税预缴的纳税申报表

实行查账征收的居民纳税人以及在中国境内设立机构的非居民纳税人在月（季）度预缴企业所得税时应填制《企业所得税预缴纳税申报表》(A类)；实行核定征收管理办法（包括核定应税所得率和核定税额征收方式）缴纳企业所得税的纳税人在月（季）度申报缴纳企业所得税时应填制《企业所得税预缴纳税申报表》(B类)。

2. 企业所得税年度纳税申报表

查账征收企业所得税的纳税人在年度汇算清缴时，无论盈利或亏损，都必须在规定的期限内进行纳税申报，填写企业基础信息表、企业所得税纳税申报表主表及其有关附表。

自2015年1月1日修订后实行的企业所得税年度纳税申报表共有41张，除了1张基础信息表和1张主表外，还有附表39张，即6张收入费用明细表、15张纳税调整表、1张亏损弥补表、11张税收优惠表、4张境外所得抵免表、2张汇总纳税表。其中作为主表的附表15张，作为附表的附表24张。

3. 企业所得税的缴纳

纳税人在向税务机关报送企业所得税月（季）度预缴纳税申报表或年度纳税申报表后，

应在规定期限内向税务机关指定为代理金库的银行缴纳税款，缴纳税款时，应开具税收缴款书。税收缴款书共六联，纳税人缴纳税款后，以经国库经收处收款签章后的“收据联”作为完税凭证，证明纳税义务完成，并据此作为会计核算的依据。

项目小结

企业所得税的纳税人是我国境内的企业和其他取得收入的组织。它的征税对象是居民企业来源于中国境内、境外的所得；非居民企业在中国境内设立机构、场所的，为其所设机构、场所取得的来源于中国境内的所得以及发生在中国境外但与其所设机构、场所没有实际联系的所得；非居民企业在中国境内未设立机构、场所的，或者虽设立机构、场所但取得的所得与其所设机构、场所没有实际联系的，为其来源于中国境内的所得。

项目训练

【资料】

某机械制造企业 2021 年实现税前收入总额 2 000 万元（其中包括产品销售收入 1 800 万元、购买国库券利息收入 100 万元），发生各项成本费用共计 1 000 万元，其中包括：合理的工资薪金总额 200 万元、业务招待费 100 万元，职工福利费 50 万元，职工教育经费 2 万元，工会经费 10 万元，税收滞纳金 10 万元，提取的各项准备金支出 100 万元。另外，企业当年购置环境保护专用设备 500 万元，购置完毕即投入使用。

【要求】

计算这家企业当年应纳的企业所得税额是多少？(假定企业以前年度无未弥补亏损)

项目 5 个人所得税的核算

应知应会

- 了解个人所得税的概念及范围。
- 掌握个人所得税的纳税人和征税对象。
- 掌握各项个人所得税应纳税额的计算。
- 了解自行申报和代扣代缴两种个人所得税的申报方式。
- 熟悉代扣代缴个人所得税涉税业务的会计核算。

关键词

- 个人所得税（individual income tax）;
- 征税对象（tax object）;
- 稿酬所得（income from remuneration）;
- 比例税率（proportional tax rate）;
- 劳务报酬（remuneration for services rendered）;
- 专项扣除（special deduction）;
- 代扣代缴（withholding）;
- 核定征收（approved collection）。

本项目在本书中的地位

个人所得税的征收，不仅为国家积累资金、调节收入，缓解社会分配不公，而且在社会安定团结等方面都起到了积极的作用。在经济体制改革进一步深化和商品经济迅速发展的形式下，我国公民收入渠道增多，收入水平显着提高，个人所得税法与时俱进的修改、完善，更有利于减轻中低收入者的税赋负担，促进消费和拉动内需。

业务综述

本项目主要介绍以下内容：

- 个人所得税的税率；
- 居民个人综合所得应纳税额的计算；
- 财产转让所得应纳税额的计算；
- 个体工商户生产、经营所得个人所得税的会计核算；
- 代扣代缴个人所得税的会计核算；
- 企业支付稿酬代扣代缴个人所得税的会计核算；
- 自行申报纳税期限。

项目导图

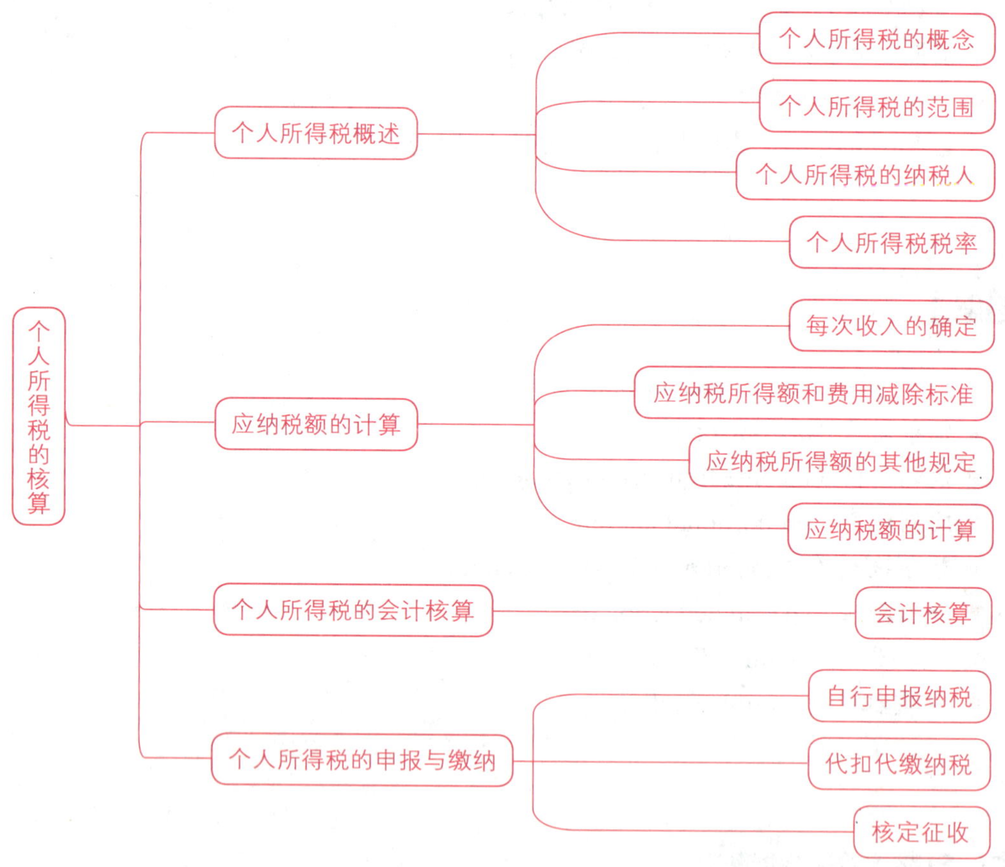

任务 5.1 个人所得税概述

情景列表	情 景 实 例
个人所得税的概念	北京市鼎盛股份有限公司刘某月工资 8 500 元，每月需缴纳个人所得税
个人所得税的税率	北京市鼎盛股份有限公司张某年底工资为 90 000 元，缴纳个人所得税适用税率为 3%

子任务 5.1.1 个人所得税的概念

1. 个人所得税的概念

个人所得税是以自然人取得的各类应税所得为征税对象而征收的一种所得税，是政府利用税收对个人收入进行调节的一种手段。个人所得税的征税对象不仅包括个人，还包括具有自然人性质的企业。

个人所得税是世界各国普遍征收的一个税种，最早产生于 18 世纪的英国。很多国家个人所得税在全部税收收入中所占比重超过了其他税种，成为政府重要的财政收入。

2. 遵循法律、法规

个人所得税法是指国家制定的用以调整个人所得税征收与缴纳之间权利及义务关系的法律规范。个人所得税的基本规范是 1980 年 9 月 10 日第五届全国人民代表大会第三次会议制定的《中华人民共和国个人所得税法》(以下简称《个人所得税法》)，多年来通过了七次修改，目前适用的是 2018 年 8 月 31 日，由第十三届全国人民代表大会常务委员会第五次会议修改通过并公布的，自 2019 年 1 月 1 日起施行。

个人所得税是主要以自然人取得的各类应税所得为征税对象而征收的一种所得税，是政府利用税收对个人收入进行调节的一种手段。个人所得税的纳税人不仅包括个人还包括具有自然人性质的企业。从世界范围看个人所得税的税制模式有三种：分类征收制、综合征收制与混合征收制。分类征收制，就是将纳税人不同来源、性质的所得项目，分别规定不同的税率征税；综合征收制，是对纳税人全年的各项所得加以汇总，就其总额进行征税；混合征收制，是对纳税人不同来源、性质的所得先分别按照不同的税率征税，然后将全年的各项所得进行汇总征税。三种不同的征收模式各有其优缺点。目前，我国个人所得税已初步建立分类与综合相结合的征收模式，即混合征收制。其在组织财政收入、提高公民纳税意识，尤其在调节个人收入分配差距方面具有重要作用。

子任务 5.1.2 个人所得税的范围

居民个人取得下列第一项至第四项所得（以下称综合所得），按纳税年度合并计算个人所得税；非居民个人取得下列第一项至第四项所得，按月或者按次分项计算个人所得税。纳税人取得下列第五项至第九项所得，分别计算个人所得税。

1. 工资、薪金所得

工资、薪金所得，是指个人因任职或者受雇而取得的工资、薪金、奖金、年终加薪、劳动分红、津贴、补贴以及与任职或者受雇有关的其他所得。

（1）工资、薪金所得涵盖范围。一般来说，工资、薪金所得属于非独立个人劳动所得。所谓非独立个人劳动，是指个人所从事的是由他人指定、安排并接受管理的劳动，工作或服务于公司、工厂、行政事业单位的人员（私营企业主除外）均为非独立劳动者。他们从上述单位取得的劳动报酬，是以工资、薪金的形式体现的。在这类报酬中，工资和薪金的收入主体略有差异。通常情况下，把直接从事生产、经营或服务的劳动者（工人）的收入称为工资，即所谓“蓝领阶层”所得；而将从事社会公职或管理活动的劳动者（公职人员）的收入称为薪金，即所谓“白领阶层”所得。但实际立法过程中，各国都从简便易行的角度考虑，将工资、薪金合并为一个项目计征个人所得税。

除工资、薪金以外，奖金、年终加薪、劳动分红、津贴、补贴也被确定为工资、薪金范畴。其中，年终加薪、劳动分红不分种类和取得情况，一律按工资、薪金所得课税。奖金是指所有具有工资性质的奖金，免税奖金的范围在税法中另有规定。此外，还有一些所得的发放被视为取得工资、薪金所得的情形。例如，公司职工取得的用于购买企业国有股权的劳动分红，按“工资、薪金所得”项目计征个人所得税；出租汽车经营单位对出租车驾驶员采取单车承包或承租方式运营，出租车驾驶员从事客货营运取得的收入，按工资、薪金所得征税。

（2）个人取得的津贴、补贴，不计入工资、薪金所得的项目。根据我国目前个人收入的构成情况，规定对于一些不属于工资、薪金性质的补贴、津贴或者不属于纳税人本人工资、薪金所得项目的收入，不予征税。这些项目包括：

①独生子女补贴。

②执行公务员工资制度未纳入基本工资总额的补贴、津贴差额和家属成员的副食品补贴。

③托儿补助费。

④差旅费津贴、误餐补助。其中，误餐补助是指按照财政规定，个人因公在城区、郊区工作，不能在工作单位或返回就餐的，根据实际误餐顿数，按规定的标准领取的误餐费。

单位以误餐补助名义发给职工的补助、津贴不能包括在内。

⑤外国来华留学生，领取的生活津贴费、奖学金，不属于工资、薪金范畴，不征收个人所得税。

（3）军队干部取得的补贴、津贴中有 8 项不计入工资、薪金所得项目征税，即：

①政府特殊津贴；

②福利补助；

③夫妻分居补助费；

④随军家属无工作生活困难补助；

⑤独生子女保健费；

⑥子女保教补助费；

⑦机关在职军以上干部公勤费（保姆费）；

⑧军粮差价补贴。

（4）军队干部取得的暂不征税的补贴、津贴。

①军人职业津贴；

②军队设立的艰苦地区补助；

③专业性补助；

④基层军官岗位津贴；

⑤伙食补贴。

2. 劳务报酬所得

劳务报酬所得，指个人独立从事各种非雇用的各种劳务所取得的所得。内容如下：

（1）设计，指按照客户的要求，代为制定工程、工艺等各类设计业务。

（2）装潢，指接受委托，对物体进行装饰、修饰，使之美观或具有特定用途的作业。

（3）安装，指按照客户要求，对各种机器、设备的装配、安置，以及与机器、设备相连的附属设施的装设和被安装机器设备的绝缘、防腐、保温、油漆等工程作业。

（4）制图，指受托按实物或设想物体的形象，依体积、面积、距离等，用一定比例绘制成平面图、立体图、透视图等的业务。

（5）化验，指受托用物理或化学的方法，检验物质的成分和性质等业务。

（6）测试，指利用仪器仪表或其他手段代客对物品的性能和质量进行检测试验的业务。

（7）医疗，指从事各种病情诊断、治疗等医护业务。

（8）法律，指受托担任辩护律师、法律顾问，撰写辩护词、起诉书等法律文书的业务。

（9）会计，指受托从事会计核算的业务。

（10）咨询，指对客户提出的政治、经济、科技、法律、会计、文化等方面的问题进行解答、说明的业务。

（11）讲学，指应邀（聘）进行讲课、作报告、介绍情况等业务。

（12）翻译，指受托从事中、外语言或文字的翻译（包括笔译和口译）的业务。

（13）审稿，指对文字作品或图形作品进行审查、核对的业务。

（14）书画，指按客户要求，或自行从事书法、绘画、题词等业务。

（15）雕刻，指代客镌刻图章、牌匾、碑、玉器、雕塑等业务。

（16）影视，指应邀或应聘在电影、电视节目中出任演员，或担任导演、音响、化妆、道具、制作、摄影等与拍摄影视节目有关的业务。

（17）录音，指用录音器械代客录制各种音响带的业务，或者应邀演讲、演唱、采访而被录音的服务。

（18）录像，指用录像器械代客录制各种图像、节目的业务，或者应邀表演、采访被录像的业务。

（19）演出，指参加戏剧、音乐、舞蹈、曲艺等文艺演出活动的业务。

（20）表演，指从事杂技、体育、武术、健美、时装、气功以及其他技巧性表演活动的业务。

（21）广告，指利用图书、报纸、杂志、广播、电视、电影、招贴、路牌、橱窗、霓虹灯、灯箱、墙面及其他载体，为介绍商品、经营服务项目、文体节目或通告、声明等事项，所做的宣传和提供相关服务的业务。

（22）展览，指举办或参加书画展、影展、盆景展、邮展、个人收藏品展、花鸟虫鱼展等各种展示活动的业务。

（23）技术服务，指利用一技之长而进行技术指导、提供技术帮助的业务。

（24）介绍服务，指介绍供求双方商谈，或者介绍产品、经营服务项目等服务的业务。

（25）经纪服务，指经纪人通过居间介绍，促成各种交易和提供劳务等服务的业务。

（26）代办服务，指代委托人办理受托范围内的各项事宜的业务。

（27）其他劳务，指上述列举的26项劳务项目之外的各种劳务。

自2004年1月20日起，对商品营销活动中，企业和单位对其营销业绩突出的非雇员以培训班、研讨会、工作考察等名义组织旅游活动，通过免收差旅费、旅游费对个人实行的营销业绩奖励（包括实物、有价证券等），应根据所发生费用的全额作为该营销人员当期的劳务收入，按照“劳务报酬所得”项目征收个人所得税，并由提供上述费用的企业和单位代扣代缴。

在实际操作过程中，还可能出现难以判定一项所得是属于工资、薪金所得，还是属于劳务报酬所得的情况。这两者的区别在于：工资、薪金所得是属于非独立个人劳务活动，即在机关、团体、学校、部队、企业、事业单位及其他组织中任职、受雇而得到的报酬；而劳务报酬所得，则是个人独立从事各种技艺、提供各项劳务取得的报酬。

个人由于担任董事职务所取得的董事费收入，属于劳务报酬所得性质，按照劳务报酬所得项目征收个人所得税，但仅适用于个人担任公司董事、监事，且不在公司任职、受雇的情形。个人在公司（包括关联公司）任职、受雇，同时兼任董事、监事的，应将董事费、监事费与个人工资收入合并，统一按工资、薪金所得项目缴纳个人所得税。

3. 稿酬所得

稿酬所得，是指个人因其作品以图书、报刊形式出版、发表而取得的所得。将稿酬所得独立划归一个征税项目，而对不以图书、报刊形式出版、发表的翻译、审稿、书画所得归为劳务报酬所得，主要是考虑了出版、发表作品的特殊性。第一，它是一种依靠较高智力创作的精神产品；第二，它具有普遍性；第三，它与社会主义精神文明和物质文明密切相关；第四，它的报酬相对偏低。因此，稿酬所得应当与一般劳务报酬相区别，并给予适当优惠照顾。

4. 特许权使用费所得

特许权使用费所得，是指个人提供专利权、商标权、著作权、非专利技术以及其他特许权的使用权取得的所得。提供著作权的使用权取得的所得，不包括稿酬所得。

专利权，是由国家专利主管机关依法授予专利申请人或其权利继承人在一定期间内实施其发明创造的专有权。对于专利权，许多国家只将提供他人使用取得的所得，列入特许权使用费，而将转让专利权所得列为资本利得税的征税对象。我国没有开征资本利得税，故将个人提供和转让专利权取得的所得，都列入特许权使用费所得征收个人所得税。

商标权，即商标注册人享有的商标专用权。著作权，即版权，是作者依法对文学、艺术和科学作品享有的专有权。个人提供或转让商标权、著作权、专有技术或技术秘密、技术诀窍取得的所得，应当依法缴纳个人所得税。

5. 经营所得

经营所得，是指：

（1）个体工商户从事生产、经营活动取得的所得，个人独资企业投资人、合伙企业的个人合伙人来源于境内注册的个人独资企业、合伙企业生产、经营的所得。个体工商户以业主为个人所得税纳税义务人。

（2）个人依法从事办学、医疗、咨询以及其他有偿服务活动取得的所得。

（3）个人对企业、事业单位承包经营、承租经营以及转包、转租取得的所得。对企事业单位的承包经营、承租经营所得，是指个人承包经营或承租经营以及转包，转租取得的所得。承包项目可分多种，如生产经营、采购、销售、建筑安装等各种承包。转包包括全部转包或部分转包。

（4）个人从事其他生产、经营活动取得的所得。例如，个人因从事彩票代销业务而取得的所得；或者从事个体出租车运营的出租车驾驶员取得的收入，都应按照“经营所得”项目计征个人所得税。这里所说的从事个体出租车运营，包括：出租车属个人所有，但挂靠出租汽车经营单位或企事业单位，驾驶员向挂靠单位缴纳管理费的，或出租汽车经营单位将出租车所有权转移给驾驶员的。

个体工商户和从事生产、经营的个人，取得与生产、经营活动无关的其他各项应税所得，应分别按照其他应税项目的有关规定，计算征收个人所得税。如取得银行存款的利息所得、对外投资取得的股息所得，应按“股息、利息、红利”税目的规定单独计征个人所得税。个人独资企业、合伙企业的个人投资者以企业资金为本人、家庭成员及其相关人员支付与企业生产经营无关的消费性支出及购买汽车、住房等财产性支出，视为企业对个人投资者利润分配，并入投资者个人的生产经营所得，依照“经营所得”项目计征个人所得税。

6. 利息、股息、红利所得

利息、股息、红利所得，是指个人拥有债权、股权而取得的利息、股息、红利所得。利息，是指个人拥有债权而取得的利息，包括存款利息、贷款利息和各种债券的利息。按税法规定，个人取得的利息所得，除国债和国家发行的金融债券利息外，应当依法缴纳个人所得税。股息、红利，是指个人拥有股权取得的股息、红利。按照一定的比率对每股发给的息金叫股息；公司、企业应分配的利润，按股份分配的叫红利。股息、红利所得，除另有规定外，都应当缴纳个人所得税。

除个人独资企业、合伙企业以外的其他企业的个人投资者，以企业资金为本人、家庭成员及其相关人员支付与企业生产经营无关的消费性支出及购买汽车、住房等财产性支出，视为企业对个人投资者的红利分配，依照“利息、股息、红利所得”项目计征个人所得税。企业的上述支出不允许在所得税前扣除。

纳税年度内个人投资者从其投资企业（个人独资企业、合伙企业除外）借款，在该纳税年度终了后既不归还又未用于企业生产经营的，其未归还的借款可视为企业对个人投资者的红利分配，依照“利息、股息、红利所得”项目计征个人所得税。

7. 财产租赁所得

财产租赁所得，是指个人出租不动产、机器设备、车船以及其他财产取得的所得。

个人取得的财产转租收入，属于“财产租赁所得”的征税范围，由财产转租人缴纳个人所得税。

8. 财产转让所得

财产转让所得，是指个人转让有价证券、股权、合伙企业中的财产份额、不动产、机器设备、车船以及其他财产取得的所得。

在现实生活中，个人进行的财产转让主要是个人财产所有权的转让。财产转让实际上是一种买卖行为，当事人双方通过签订、履行财产转让合同，形成财产买卖的法律关系，使出让财产的个人从对方取得价款（收入）或其他经济利益。财产转让所得因其性质的特殊性，需要单独列举项目征税。对个人取得的各项财产转让所得，除股票转让所得外，都要征收个人所得税。具体规定为：

（1）股票转让所得。根据《个人所得税法实施条例》规定，对股票转让所得征收个人所得税的办法，由国务院另行规定，并报全国人民代表大会常务委员会备案。鉴于我国证券市场发育还不成熟，股份制改革仍需完善，对股票转让所得的计算、征税办法和纳税期限的确认等都需要做深入的调查研究后，结合国际通行的做法，作出符合我国实际的规定。因此国务院决定，对股票转让所得暂不征收个人所得税。

（2）量化资产股份转让。集体所有制企业在改制为股份合作制企业时，对职工个人以股份形式取得的拥有所有权的企业量化资产，暂缓征收个人所得税；待个人将股份转让时，就其转让收入额，减除个人取得该股份时实际支付的费用支出和合理转让费用后的余额，按“财产转让所得”项目计征个人所得税。

9. 偶然所得

偶然所得，是指个人得奖、中奖、中彩以及其他偶然性质的所得。得奖是指参加各种有奖竞赛活动，取得名次得到的奖金；中奖、中彩是指参加各种有奖活动，如有奖销售、有奖储蓄或者购买彩票，经过规定程序，抽中、摇中号码而取得的奖金。

偶然所得应缴纳的个人所得税税款，一律由发奖单位或机构代扣代缴。

个人取得的所得，难以界定应纳税所得项目的，由国务院税务主管部门确定。

子任务 5.1.3 个人所得税的纳税人

个人所得税的纳税义务人，包括中国公民、个体工商业户、个人独资企业、合伙企业投资者、在中国有所得的外籍人员（包括无国籍人员，下同）和香港、澳门、台湾同胞。上述纳税义务人依据住所和居住时间两个标准，区分为居民个人和非居民个人，分别承担不同的纳税义务。

1. 居民个人

居民个人负有无限纳税义务。其所取得的应纳税所得，无论是来源于中国境内还是中国境外任何地方，都要在中国缴纳个人所得税。根据《个人所得税法》规定，居民个人是指在中国境内有住所，或者无住所而一个纳税年度在中国境内居住累计满 183 天的个人。

在中国境内有住所的个人，是指因户籍、家庭、经济利益关系，而在中国境内习惯性居住的个人。这里所说的习惯性居住，是判定纳税义务人属于居民个人还是非居民个人的一个重要依据。它是指个人因学习、工作、探亲等原因消除之后，没有理由在其他地方继续居留时，所要回到的地方，而不是指实际居住或在某一个特定时期内的居住地。一个纳税人因学习、工作、探亲、旅游等原因，原来是在中国境外居住，但是在这些原因消除之后，如果必须回到中国境内居住的，则中国为该人的习惯性居住地。尽管该纳税义务人在一个纳税年度内，甚至连续几个纳税年度，都未在中国境内居住过 1 天，她仍然是中国的居民个人，应就其来自全球的纳税年度所得，向中国缴纳个人所得税。

一个纳税年度在境内居住累计满 183 天，是指在一个纳税年度（即公历 1 月 1 日起至 12 月 31 日止，下同）内，在中国境内居住累计满 183 日。在计算居住天数时，按其一个纳税年度内在境内的实际居住时间确定，取消了原有的临时离境规定。即境内无住所的某人在一个纳税年度内无论出境多少次，只要在我国境内累计住满 183 天，就可判定为我国的居民个人。综上可知，个人所得税的居民个人包括以下两类：

（1）在中国境内定居的中国公民和外国侨民。但不包括虽具有中国国籍，却并没有在中国大陆定居，而是侨居海外的华侨和居住在香港、澳门和台湾地区的同胞。

（2）从公历 1 月 1 日起至 12 月 31 日止，在中国境内累计居住满 183 天的外国人、海外侨胞和香港、澳门和台湾地区的同胞。例如，一个外籍人员从 2019 年 10 月起到中国境内的公司任职，在 2020 年纳税年度内，虽然曾多次离境回国，但由于该外籍个人在我国境内的居住停留时间累计达 206 天，已经超过了一个纳税年度内在境内累计居住满 183 天的标准。因此，该纳税义务人应为居民个人。

现行税法中关于“中国境内”的概念，是指中国大陆地区，目前还不包括香港、澳门和台湾地区。

2. 非居民个人

非居民个人，是指不符合居民个人判定标准（条件）的纳税义务人，非居民个人，承担有限纳税义务，即仅就其来源于中国境内的所得，向中国缴纳个人所得税。《个人所得税法》规定，非居民个人是“在中国境内无住所又不居住，或者无住所而一个纳税年度内在境内居住累计不满 183 天的个人”。也就是说，非居民个人，是指习惯性居住地不在中国境内，而且不在中国居住；或者在一个纳税年度内，在中国境内居住累计不满 183 天的个人。在现实生活中，习惯性居住地不在中国境内的个人，只有外籍人员、华侨或香港、澳门和台湾地区的同胞。因此，非居民个人，实际上只能是在一个纳税年度中，没有在中国境内居住，或者在中国境内居住天数累计不满 183 天的外籍人员、华侨或香港、澳门和台湾地区的同胞。

自 2019 年 1 月 1 日起，无住所个人一个纳税年度内在中国境内累计居住天数，按照个人在中国境内累计停留的天数计算。在中国境内停留的当天满 24 小时的，计入中国境内居住天数，在中国境内停留的当天不足 24 小时的，不计入中国境内居住天数。

子任务 5.1.4 个人所得税税率

我国个人所得税采用比例税率和超额累进税率两种形式。其中，工资薪金所得、个体工商户生产经营所得、个人独资企业和合伙企业生产经营所得，以及企事业单位承包承租所得适用超额累进税率，其他所得适用比例税率。

1. 综合所得适用税率

综合所得适用七级超额累进税率，税率为 3% ~ 45%，如表 5-1 所示。

居民个人每一纳税年度内取得综合所得包括：工资、薪金所得，劳务报酬所得，稿酬所得和特许权使用费所得。

表 5-1 综合所得个人所得税税率表

级数	全年应纳税所得额	税率 /%
1	不超过 36 000 元的	3
2	超过 36 000 元至 144 000 元的部分	10
3	超过 144 000 元至 300 000 元的部分	20
4	超过 300 000 元至 420 000 元的部分	25
5	超过 420 000 元至 660 000 元的部分	30
6	超过 660 000 元至 960 000 元的部分	35
7	超过 960 000 元的部分	45

注①：本表所称全年应纳税所得额是指依照税法的规定，居民个人取得综合所得以每一纳税年度收入额减除费用六万元以及专项扣除、专项附加扣除和依法确定的其他扣除后的余额。

注②：非居民个人取得工资、薪金所得，劳务报酬所得，稿酬所得和特许权使用费所得，依照本表按月换算后计算应纳税额。

2. 经营所得适用税率

经营所得适用五级超额累进税率，税率为5%~35%，如表5-2所示。

表5-2 经营所得个人所得税税率表

级数	全年应纳税所得额	税率/%
1	不超过30 000元的	5
2	超过30 000至90 000部分	10
3	超过90 000元至300 000元的部分	20
4	超过300 000元至500 000元的部分	30
5	超过500 000元的部分	35

注：本表所称全年应纳税所得额是指依照个人所得税法规定，以每一纳税年度的收入总额减除成本、费用以及损失后的余额。

这里值得注意的是，由于目前实行承包（租）经营的形式较多，分配方式也不相同，因此，承包、承租人按照承包、承租经营合同（协议）规定取得所得的适用税率也不一致。

（1）承包、承租人对企业经营成果不拥有所有权，仅是按合同（协议）规定取得一定所得的，其所得按“工资、薪金”所得项目征税，纳入年度综合所得适用3%～45%的七级超额累进税率。

（2）承包、承租人按合同（协议）的规定只向发包、出租方缴纳一定费用后，企业经营成果归其所有的，承包、承租人取得的所得，按对企事业单位的承包经营、承租经营所得项目，适用5%～35%的五级超额累进税率征税。

3. 稿酬所得适用税率

稿酬所得，适用比例税率，税率为20%，并按应纳税额减征30%。故其实际税率为14%。

4. 劳务报酬所得适用税率

劳务报酬所得，适用比例税率，税率为20%。对劳务报酬所得一次收入畸高的，可以实行加成征收，具体办法由国务院规定。

5. 特许权使用费所得，利息、股息、红利所得，财产租赁所得，财产转让所得，偶然所得和其他所得适用税率

特许权使用费所得，利息、股息、红利所得，财产租赁所得，财产转让所得，偶然所得和其他所得，适用比例税率，税率为20%。从2007年8月15日起，居民储蓄利息税率调为5%，自2008年10月9日起暂免征收储蓄存款利息的个人所得税。对个人出租住房取得的所得减按10%的税率征收个人所得税。

任务 5.2 应纳税额的计算

情景列表	情 景 实 例
居民个人综合所得应纳税额的计算	北京市鼎盛股份有限公司职工王佳为中国公民。2021 年工资收入为 185 000 元，“四险一金”为 11 000 元，其他资料如下： （1）育有 2 个 3 周以上的孩子。 （2）2021 年参加并通过了会计师专业资格考试。 （3）发生的首套住房贷款利息支出 14 000 元。经夫妻双方约定，由王某扣除。 （4）王某有一个哥哥，约定由王某承担养老费
财产转让所得应纳税额的计算	某个人建房一幢，造价 320 000 元，支付其他费用 46 000 元。该个人建成后将房屋出售，售价 500 000 元，在售房过程中按规定支付交易费等相关税费 30 000 元

子任务 5.2.1 每次收入的确定

《个人所得税法》对纳税义务人的征税方法有三种：一是按年计征，如经营所得，居民个人取得的综合所得；二是按月计征，如非居民个人取得的工资、薪金所得；三是按次计征，如利息、股息、红利所得，财产租赁所得，偶然所得和非居民个人取得的劳务所得，稿酬所得，特许权使用费所得等 6 项所得。在按次征收情况下，由于扣除费用依据每次应纳税所得额的大小，分别规定了定额和定率两种标准。因此，无论是从正确贯彻税法的立法精神、维护纳税义务人的合法权益方面来看，还是从避免税收漏洞、防止税款流失、保证国家税收收入方面来看，如何准确划分“次”，都是十分重要的。前述 6 个项目的“次”，《个人所得税法实施条例》中作出了明确规定。具体是：

（1）非居民个人取得劳务报酬所得、稿酬所得、特许权使用费所得，根据不同所得项目的特点，分别规定为：

①属于一次性收入的，以取得该项收入为一次。就劳务报酬所得来看，从事设计、安装、装潢、制图、化验、测试等劳务，往往是接受客户的委托，按照客户的要求，完成一次劳务后取得收入。因此，是属于只有一次性收入，应以每次提供劳务取得的收入为一次。

如果一次性劳务报酬收入以分月支付方式取得的，就适用同一事项连续取得收入，以 1 个月内取得的收入为一次的规定。

就稿酬来看，以每次出版、发表取得的收入为一次，不论出版单位是预付还是分笔支付稿酬，或者加印该作品后再付稿酬，均应合并其稿酬所得按一次计征个人所得税。具体又可细分为：同一作品再版取得的所得，应视作另一次稿酬所得计征个人所得税。同一作品先在报刊上连载，然后再出版，或先出版，再在报刊上连载的，应视为两次稿酬所得征税。即连载作为出版作为另一次。同一作品在报刊上连载取得收入的，以连载完成后取得的所有收入合并为一次，计征个人所得税。同一作品在出版和发表时，以预付稿酬或分次支付稿酬等形式取得的稿酬收入，应合并计算为一次。同一作品出版、发表后，因添加印数而追加稿酬的，应与以前出版、发表时取得的稿酬合并计算为一次，计征个人所得税。在两处或两处以上出版、发表或再版同一作品而取得稿酬所得，则可分别各处取得的所得或再版所得按分次所得计征个人所得税。作者去世后，对取得其遗作稿酬的个人，按稿酬所得征收个人所得税。

就特许权使用费来看，以某项使用权的一次转让所取得的收入为一次。一个非居民个人，可能不仅拥有一项特许权利，每一项特许权的使用权也可能不止一次地向我国境内提供。因此，对特许权使用费所得的“次”的界定，明确为每一项使用权的每次转让所取得的收入为一次。如果该次转让取得的收入是分笔支付的，则应将各笔收入相加为一次的收入，计征个人所得税。

②属于同一事项连续取得收入的，以 1 个月内取得的收入为一次。例如，某外籍歌手（非居民个人）与一卡拉 OK 厅签约，在一定时期内每天到卡拉 OK 厅演唱一次，每次演出后付酬 800 元。在计算其劳务报酬所得时，应视为同一事项的连续性收入，以其 1 个月内取得的收入为一次计征个人所得税，而不能以每天取得的收入为一次。

（2）财产租赁所得，以 1 个月内取得的收入为一次。

（3）利息、股息、红利所得，以支付利息、股息、红利时取得的收入为一次。

（4）偶然所得，以每次收入为一次。

子任务 5.2.2 应纳税所得额和费用减除标准

（1）居民个人取得综合所得，以每年收入额减除费用 60 000 元以及专项扣除、专项附加扣除和依法确定的其他扣除后的余额，为应纳税所得额。

①专项扣除，包括居民个人按照国家规定的范围和标准缴纳的基本养老保险、基本医疗保险、失业保险等社会保险费和住房公积金等。

②专项附加扣除，包括子女教育、继续教育、大病医疗、住房贷款利息或者住房租金、赡养老人等支出，具体范围、标准和实施步骤由国务院确定，并报全国人民代表大会常务委员会备案。

③依法确定的其他扣除，包括个人缴付符合国家规定的企业年金、职业年金，个人购买符合国家规定的商业健康保险、税收递延型商业养老保险的支出，以及国务院规定可以扣除的其他项目。

④专项扣除、专项附加扣除和依法确定的其他扣除，以居民个人一个纳税年度的应纳税所得额为限额；一个纳税年度扣除不完的，不结转以后年度扣除。

（2）非居民个人的工资、薪金所得，以每月收入额减除费用 5 000 元后的余额为应纳税所得额；劳务报酬所得、稿酬所得、特许权使用费所得，以每次收入额为应纳税所得额。

（3）经营所得，以每一纳税年度的收入总额减除成本、费用以及损失后的余额，为应纳税所得额。

所称成本、费用，是指生产、经营活动中发生的各项直接支出和分配计入成本的间接费用以及销售费用、管理费用、财务费用；所称损失，是指生产、经营活动中发生的固定资产和存货的盘亏、毁损、报废损失，转让财产损失，坏账损失，自然灾害等不可抗力因素造成的损失以及其他损失。

取得经营所得的个人，没有综合所得的，计算其每一纳税年度的应纳税所得额时，应当减除费用 60 000 元、专项扣除、专项附加扣除以及依法确定的其他扣除。专项附加扣除在办理汇算清缴时减除。

在个人税收递延型商业养老保险试点区域内，取得个体工商户生产经营所得、对企事业单位的承包承租经营所得的个体工商户业主、个人独资企业投资者、合伙企业自然人合伙人和承包承租经营者，其缴纳的税收递延型商业养老保险保费准予在申报扣除当年计算应纳税所得额时予以限额据实扣除，扣除限额按照不超过当年应税收入的 6% 和 12 000 元孰低的办法确定。

从事生产、经营活动，未提供完整、准确的纳税资料，不能正确计算应纳税所得额的，由主管税务机关核定应纳税所得额或者应纳税额。

个人独资企业的投资者以全部生产经营所得为应纳税所得额；合伙企业的投资者按照合伙企业的全部生产经营所得和合伙协议约定的分配比例，确定应纳税所得额，合伙协议没有约定分配比例的，以全部生产经营所得和合伙人数量平均计算每个投资者的应纳税所得额。

提示

上述所称生产经营所得，包括企业分配给投资者个人的所得和企业当年留存的所得（利润）。

对个体工商户业主、个人独资企业和合伙企业自然人投资者的生产经营所得依法计征个人所得税时，个体工商户业主、个人独资企业和合伙企业是自然人投资者本人的费用扣除标准统一确定为 60 000 元 / 年（5 000 元 / 月）。

对企事业单位的承包经营、承租经营所得，以每一纳税年度的收入总额，减除必要费用后的余额，为应纳税所得额。每一纳税年度的收入总额，是指纳税义务人按照承包经营、承租经营合同规定分得的经营利润和工资、薪金性质的所得；所说的减除必要费用，是指按年减除 60 000 元。

（4）财产租赁所得，每次收入不超过 4 000 元的，减除费用 800 元；4 000 元以上的，减除 20% 的费用，其余额为应纳税所得额。

（5）财产转让所得，以转让财产的收入额减除财产原值和合理费用后的余额，为应纳税所得额。财产原值，是指：

①有价证券，为买入价以及买入时按照规定缴纳的有关费用。

②建筑物，为建造费或者购进价格以及其他有关费用。

③土地使用权，为取得土地使用权所支付的金额、开发土地的费用以及其他有关费用。

④机器设备、车船，为购进价格、运输费、安装费以及其他有关费用。

⑤其他财产，参照以上方法确定。纳税义务人未提供完整、准确的财产原值凭证，不能正确计算财产原值的，由主管税务机关核定其财产原值。合理费用，是指卖出财产时按照规定支付的有关费用。

（6）利息、股息、红利所得和偶然所得，以每次收入额为应纳税所得额。

（7）专项附加扣除标准。专项附加扣除是本次税法修订引入新的费用扣除标准，遵循公平合理、利于民生、简便易行的原则，目前包含了子女教育、继续教育、大病医疗、住房贷款利息或者住房租金、赡养老人等6项支出，并将根据教育、医疗、住房、养老等民生支出变化情况，适时调整专项附加扣除的范围和标准。取得综合所得和经营所得的居民个人可以享受专项附加扣除。

①子女教育。纳税人年满3岁的子女接受学前教育和学历教育的相关支出，按照每个子女每月1 000元（每年12 000元）的标准定额扣除。

学前教育包括年满3岁至小学入学前教育；学历教育包括义务教育（小学、初中教育）、高中阶段教育（普通高中、中等职业、技工教育）、高等教育（大学专科、大学本科、硕士研究生、博士研究生教育）。

父母可以选择由其中一方按扣除标准的100%扣除，也可以选择由双方分别按扣除标准的50%扣除，具体扣除方式在一个纳税年度内不能变更。

纳税人子女在中国境外接受教育的，纳税人应当留存境外学校录取通知书、留学签证等相关教育的证明资料备查。

②继续教育。纳税人在中国境内接受学历（学位）继续教育的支出，在学历（学位）教育期间按照每月400元（每年4 800元）定额扣除。同一学历（学位）继续教育的扣除期限不能超过48个月（4年）。纳税人接受技能人员职业资格继续教育、专业技术人员职业资格继续教育支出，在取得相关证书的当年，按照3 600元定额扣除。

个人接受本科及以下学历（学位）继续教育，符合税法规定扣除条件的，可以选择由其父母扣除，也可以选择由本人扣除。

纳税人接受既能人员职业资格继续教育、专业技术人员职业资格继续教育的，应当留存相关证书等资料备查。

③大病医疗。在一个纳税年度内，纳税人发生的与基本医保相关的医药费用支出，扣除医保报销后个人负担（指医保目录范围内的自付部分）累计超过15 000元的部分，由纳税人在办理年度汇算清缴时，在80 000元限额内据实扣除。

纳税人发生的医药费用支出可以选择由本人或者其配偶扣除；未成年子女发生的医药费用支出可以选择由其父母一方扣除。纳税人及其配偶、未成年子女发生的医药费用支出，应按前述规定分别计算扣除额。

纳税人应当留存医药服务收费及医保报销相关票据原件（或复印件）等资料备查。医疗保障部门应当向患者提供在医疗保障信息系统记录的本人年度医药费用信息查询服务。

④住房贷款利息。纳税人本人或配偶，单独或共同使用商业银行或住房公积金个人住房贷款，为本人或其配偶购买中国境内住房，发生的首套住房贷款利息支出，在实际发生贷款利息的年度，按照每月 1 000 元（每年 12 000 元）的标准定额扣除，扣除期限最长不超过 240 个月（20 年）。纳税人只能享受一套首套住房贷款利息扣除。

所称首套住房贷款是指购买住房享受首套住房贷款利率的住房贷款。

经夫妻双方约定，可以选择由其中一方扣除，具体扣除方式在确定后，一个纳税年度内不得变更。

夫妻双方婚前分别购买住房发生的首套住房贷款，其贷款利息支出，婚后可以选择其中一套购买的住房，由购买方按扣除标准的 100% 扣除，也可以由夫妻双方对各自购买的住房分别按扣除标准的 50% 扣除，具体扣除方式在一个纳税年度内不能变更。

纳税人应当留存住房贷款合同、贷款还款支出凭证备查。

⑤住房租金。纳税人在主要工作城市没有自有住房而发生的住房租金支出，可以按照以下标准定额扣除：直辖市、省会（首府）城市、计划单列市以及国务院确定的其他城市，扣除标准为每月 1 500 元（每年 18 000 元）。除上述所列城市外，市辖区户籍人口超过 1 000 000 的城市，扣除标准为每月 1 100 元（每年 13 200 元）；市辖区户籍人口不超过 1 000 000 的城市，扣除标准为每月 800 元（每年 9 600 元）。

市辖区户籍人口，以国家统计局公布的数据为准。

所称主要工作城市是指纳税人任职受雇的直辖市、计划单列市、副省级城市、地级市（地区、州、盟）全部行政区域范围；纳税人无任职受雇单位的，为受理其综合所得汇算清缴的税务机关所在城市。

夫妻双方主要工作城市相同的，只能由一方扣除住房租金支出。

住房租金支出由签订租赁住房合同的承租人扣除。

纳税人及其配偶在一个纳税年度内不得同时分别享受住房贷款利息专项附加扣除和住房租金专项附加扣除。

纳税人应当留存住房租赁合同、协议等有关资料备查。

⑥赡养老人。纳税人赡养一位及以上被赡养人的赡养支出，统一按以下标准等额扣除：纳税人为独生子女的，按照每月 2 000 元（每年 24 000 元）的标准定额扣除；纳税人为非独生子女的，由其与兄弟姐妹分摊每月 2 000 元（每年 24 000 元）的扣除额度，每人分摊的额度最高不得超过每月 1 000 元（每年 12 000 元）。可以由赡养人均摊或者约定分摊，也可以由被赡养人指定分摊。约定或者指定分摊的须签订书面分摊协议，指定分摊优于约定分摊。具体分摊方式和额度在一个纳税年度内不得变更。

所称被赡养人是指年满 60 岁的父母，以及子女均已去世的年满 60 岁的祖父母、外祖父母。

子任务 5.2.3 应纳税所得额的其他规定

（1）劳务报酬所得、稿酬所得、特许权使用费所得以收入减除20%的费用后的余额为收入额。稿酬所得的收入额减按70%计算。个人兼有不同的劳务报酬所得，应当分别减除费用，计算缴纳个人所得税。

（2）个人将其所得对教育、扶贫、济困等公益慈善事业进行捐赠，捐赠额未超过纳税人申报的应纳税所得额30%的部分，可以从其应纳税所得额中扣除；国务院规定对公益慈善事业捐赠实行全额税前扣除的，从其规定。

所称个人将其所得对教育、扶贫、济困等公益慈善事业进行捐赠，是指个人将其所得通过中国境内的公益性社会组织、国家机关向教育、扶贫、济困等公益慈善事业的捐赠；所称应纳税所得额，是指计算扣除捐赠额之前的应纳税所得额。

（3）个人所得的形式，包括现金、实物、有价证券和其他形式的经济利益；所得为实物的，应当按照取得的凭证上所注明的价格计算应纳税所得额，无凭证的实物或者凭证上所注明的价格明显偏低的，参照市场价格核定应纳税所得额；所得为有价证券的，根据票面价格和市场价格核定应纳税所得额；所得为其他形式的经济利益的，参照市场价格核定应纳税所得额。

（4）居民个人从中国境外取得的所得，可以从其应纳税额中抵免已在境外缴纳的个人所得税税额，但抵免额不得超过该纳税人境外所得依照本法规定计算的应纳税额。

（5）所得为人民币以外货币的，按照办理纳税申报或者扣缴申报的上一月最后一日人民币汇率中间价，折合成人民币计算应纳税所得额。年度终了后办理汇算清缴的，对已经按月、按季或者按次预缴税款的人民币以外货币所得，不再重新折算；对应当补缴税款的所得部分，按照上一纳税年度最后一日人民币汇率中间价，折合成人民币计算应纳税所得额。

（6）对个人从事技术转让、提供劳务等过程中所支付的中介费，如能提供有效、合法凭证的，允许从其所得中扣除。

子任务 5.2.4 应纳税额的计算

依照税法规定的适用税率和费用扣除标准，各项所得的应纳税额，应分别计算如下：

1. 居民个人综合所得应纳税额的计算

首先，工资、薪金所得全额计入收入额；而劳务报酬所得、特许权使用费所得的收入额为实际取得劳务报酬、特许权使用费收入的80%；此外，稿酬所得的收入额在扣除20%费用基础上，再减按70%计算，即稿酬所得的收入额为实际取得稿酬收入的56%。

其次，居民个人的综合所得，以每一纳税年度的收入额减除费用60 000元以及专项扣除、专项附加扣除和依法确定的其他扣除后的余额，为应纳税所得额。

居民个人综合所得应纳税额的计算公式为

应纳税额 =∑（每一级数的全年应纳税所得额 × 对应级数的适用税率）

=∑ [每一级数（全年收入额— 60 000 元—专项扣除—享受的专项附加扣除—享受的其他扣除）× 对应级数的适用税率]

这里需要说明的是，由于居民个人的全年综合所得在计算应纳个人所得税额时，适用的是超额累进税率，所以计算比较烦琐。运用速算扣除数计算法，可以简化计算过程。速算扣除数是指在采用超额累进税率征税的情况下，根据超额累进税率表中划分的应纳税所得额级距和税率，先用全额累进方法计算出税额，再减去用超额累进方法计算的应征税额以后的差额。当超额累进税率表中的级距和税率确定以后，各级速算扣除数也固定不变，成为计算应纳税额时的常数。虽然税法中没有提供含有速算扣除数的税率表，但我们可以利用上述原理整理出包含有速算扣除数的居民综合所得个人所得税税率表，如表 5-3 所示。

表 5-3　综合所得个人所得税税率表（含速算扣除数）

级数	全年应纳税所得额	税率 /%	速算扣除数 / 元
1	不超过 36 000 元的	3	0
2	超过 36 000 元至 144000 元的部分	10	2 520
3	超过 144 000 元至 300 000 元的部分	20	16 920
4	超过 300 000 元至 420 000 元的部分	25	31 920
5	超过 420 000 元至 660 000 元的部分	30	52 920
6	超过 660 000 元至 960 000 元的部分	35	85 920
7	超过 960 000 元的部分	45	181920

这样，居民个人综合所得应纳税额的计算公式应为

应纳税额 = 全年应纳税所得额 × 适用税率—速算扣除数

=（全年收入额— 60 000 元—社保、住房公积金费用—享受的专项附加扣除—享受的其他扣除）× 适用税率—速算扣除数

【情景 5-1】北京市鼎盛股份有限公司职工王佳为中国公民。2021 年全年工资收入为 185 000 元，“四险一金”为 11 000 元，其他资料如下：

（1）育有 2 个 3 周以上的孩子。

（2）2021 年参加并通过了会计师专业资格考试。

（3）发生的首套住房贷款利息支出 14 000 元。经夫妻双方约定，由王某扣除。

（4）王某有一个哥哥，约定由王某承担养老费。

问题：计算当年应纳个人所得税税额为多少?

全年应纳税所得额 =185 000 — 11 000 — 2 × 12 000 — 3 600 — 12 000 — 24 000 — 60 000

=50 400（元）

应纳个人所得税 =50 400 × 10% — 2 520=2 520（元）

2. 非居民个人取得工资、薪金所得，劳务报酬所得，稿酬所得和特许权使用费所得应纳税额的计算

首先需要明确的是：同居民个人取得的劳务报酬所得、稿酬所得和特许权使用费所得一样，非居民个人取得的这些项目的所得同样适用劳务报酬所得、稿酬所得、特许权使用费所得以收入减除 20% 的费用后的余额为收入额；稿酬所得的收入额减按 70% 计算的规定。

非居民个人的工资、薪金所得，以每月收入额减除费用五千元后的余额为应纳税所得额；劳务报酬所得、稿酬所得、特许权使用费所得，以每次收入额为应纳税所得额。

前面提到，非居民个人取得工资、薪金所得，劳务报酬所得，稿酬所得和特许权使用费所得，依照按月换算后计算应纳税额。因此，非居民个人从我国境内取得这些所得时，适用的税率表，如表 5-4 所示。

表 5-4　非居民个人工资、薪金所得，劳务报酬所得，稿酬所得，特许权使用费所得适用税率表

级数	全年应纳税所得额	税率 /%	速算扣除数 / 元
1	不超过 3 000 元的	3	0
2	超过 3 000 元至 12 000 元的部分	10	210
3	超过 12 000 元至 25 000 元的部分	20	1 410
4	超过 25 000 元至 35 000 元的部分	25	2 660
5	超过 35 000 元至 55 000 元的部分	30	4 410
6	超过 55 000 元至 80 000 元的部分	35	7 160
7	超过 80 000 元的部分	45	15 160

【情景 5-2】假定某外商投资企业中工作的美国作家（假设为非居民纳税人），2021 年 2 月取得由该企业发放的含税工资收入 15 000 元人民币，此外还从别处取得劳务报酬 5 000 元人民币。请计算当月其应纳个人所得税税额。

（1）该非居民个人当月工资、薪资所得应纳税额 =（15 000 — 5 000）×10% — 210=790（元）

（2）该非居民个人当月劳务报酬所得应纳税额 =5 000×（1 — 20%）×10% — 210=190（元）

3. 经营所得应纳税额的计算

经营所得应纳税额的计算公式为

应纳税额 = 全年应纳税所得额 × 适用税率—速算扣除数

或

应纳税额 =（全年收入总额—成本、费用以及损失）× 适用税率—速算扣除数

同居民个人综合所得应纳税额的计算一样，利用税法中给出的经营所得税率表，换算得到包含速算扣除数的经营所得适用税率表，如表 5-5 所示。

表 5-5　经营所得个人所得税税率表（含速算扣除数）

级数	全年应纳税所得额	税率 /%	速算扣除数 / 元
1	不超过 30 000 元的	5	0
2	超过 30 000 元至 90 000 元的部分	10	1 500
3	超过 90 000 元至 300 000 元的部分	20	10 500
4	超过 300 000 元至 500 000 元的部分	30	40 500
5	超过 500 000 元的部分	35	65 500

（1）个体工商户应纳税额的计算。个体工商户应纳税所得额的计算，以权责发生制为原则，属于当期的收入和费用，不论款项是否收付，均作为当期的收入和费用；不属于当期的收入和费用，即使款项已经在当期收付，均不作为当期收入和费用。财政部、国家税务总局另有规定的除外。基本规定如下：

①计税基本规定。个体工商户的生产、经营所得，以每一纳税年度的收入总额，减除成本、费用、税金、损失、其他支出以及允许弥补的以前年度亏损后的余额，为应纳税所得额。

个体工商户从事生产经营以及与生产经营有关的活动（以下简称生产经营）取得的货币形式和非货币形式的各项收入，为收入总额。包括：销售货物收入、提供劳务收入、转让财产收入、利息收入、租金收入、接受捐赠收入、其他收入。

上述所称其他收入包括个体工商户资产溢余收入、逾期一年以上的未退包装物押金收入、确实无法偿付的应付款项、已作坏账损失处理后又收回的应收款项、债务重组收入、补贴收入、违约金收入、汇兑收益等。

成本，是指个体工商户在生产经营活动中发生的销售成本、销货成本、业务支出以及其他耗费。

费用，是指个体工商户在生产经营活动中发生的销售费用、管理费用和财务费用，已经计入成本的有关费用除外。

税金，是指个体工商户在生产经营活动中发生的除个人所得税和允许抵扣的增值税以外的各项税金及其附加。

损失，是指个体工商户在生产经营活动中发生的固定资产和存货的盘亏、毁损、报废损失，转让财产损失，坏账损失，自然灾害等不可抗力因素造成的损失以及其他损失。

个体工商户发生的损失，减除责任人赔偿和保险赔款后的余额，参照财政部、国家税务总局有关企业资产损失税前扣除的规定扣除。

个体工商户已经作为损失处理的资产，在以后纳税年度又全部收回或者部分收回时，应当计入收回当期的收入。

其他支出，是指除成本、费用、税金、损失外，个体工商户在生产经营活动中发生的与生产经营活动有关的、合理的支出。

个体工商户发生的支出应当区分收益性支出和资本性支出。收益性支出在发生当期直接扣除；资本性支出应当分期扣除或者计入有关资产成本，不得在发生当期直接扣除。

上述所称支出，是指与取得收入直接相关的支出。

除税收法律法规另有规定外，个体工商户实际发生的成本、费用、税金、损失和其他支出，不得重复扣除。

个体工商户下列支出不得扣除：个人所得税税款；税收滞纳金；罚金、罚款和被没收财物的损失；不符合扣除规定的捐赠支出；赞助支出；用于个人和家庭的支出；与取得生产经营收入无关的其他支出；国家税务总局规定不准扣除的支出。

个体工商户生产经营活动中，应当分别核算生产经营费用和个人、家庭费用。对于生产经营与个人、家庭生活混用难以分清的费用，其40%视为与生产经营有关费用，其40%视为与生产经营有关费用，准予扣除。

个体工商户纳税年度发生的亏损，准予向以后年度结转，用以后年度的生产经营所得弥补，但结转年限最长不得超过五年。

个体工商户使用或者销售存货，按照规定计算的存货成本，准予在计算应纳税所得额时扣除。

个体工商户转让资产，该项资产的净值，准予在计算应纳税所得额时扣除。

《个人所得税法》所称亏损，是指个体工商户依照本办法规定计算的应纳税所得额小于0的数额。

个体工商户与企业联营而分得的利润，按利息、股息、红利所得项目征收个人所得税。

个体工商户和从事生产、经营的个人，取得与生产、经营活动无关的各项应税所得，应按规定分别计算征收个人所得税。

②扣除项目及标准。

个体工商户实际支付给从业人员的、合理的工资薪金支出，准予扣除。

个体工商户业主的费用扣除标准，确定为60 000元/年。

个体工商户业主的工资薪金支出不得税前扣除。

个体工商户按照国务院有关主管部门或者省级人民政府规定的范围和标准为其业主和从业人员缴纳的基本养老保险费、基本医疗保险费、失业保险费、生育保险费、工伤保险费和住房公积金，准予扣除。

个体工商户为从业人员缴纳的补充养老保险费、补充医疗保险费，分别在不超过从业人员工资总额5%标准内的部分据实扫除；超过部分，不得扣除。

个体工商户业主本人缴纳的补充养老保险费、补充医疗保险费，以当地（地级市）上年度社会平均工资的3倍为计算基数，分别在不超过该计算基数5%标准内的部分据实扣除；超过部分，不得扣除。

除个体工商户依照国家有关规定为特殊工种从业人员支付的人身安全保险费和财政部、国家税务总局规定可以扣除的其他商业保险费外，个体工商户业主本人或者为从业人员支付的商业保险费，不得扣除。

个体工商户在生产经营活动中发生的合理的不需要资本化的借款费用，准予扣除。

个体工商户为购置、建造固定资产、无形资产和经过12个月以上的建造才能达到预定可销售状态的存货发生借款的，在有关资产购置、建造期间发生的合理的借款费用，应当作为资本性支出计入有关资产的成本，并依照个人所得税法的规定扣除。

个体工商户在生产经营活动中发生的下列利息支出，准予扣除：向金融企业借款的利息支出；向非金融企业和个人借款的利息支出，不超过按照金融企业同期同类贷款利率计算的数额的部分。

个体工商户在货币交易中，以及纳税年度终时将人民币以外的货币性资产、负债按照期末即期人民币汇率中间价折算为人民币时产生的汇兑损失，除已经计入有关资产成本部分外，准予扣除。

工资薪金总额是指允许在当期税前扣除的工资薪金支出数额。

职工教育经费的实际发生数额超出规定比例当期不能扣除的数额，准予在以后纳税年度结转扣除。

个体工商户业主本人向当地工会组织缴纳的工会经费、实际发生的职工福利费支出、职工教育经费支出，以当地（地级市）上年度社会平均工资的 3 倍为计算基数，在工资薪金总额的 2%、14%、8% 的标准内据实扣除。

个体工商户发生的与生产经营活动有关的业务招待费，按照实际发生额的 60% 扣除，但最高不得超过当年销售（营业）收入的 5‰。

业主自申请营业执照之日起至开始生产经营之日止所发生的业务招待费，按照实际发生额的 60% 计入个体工商户的开办费。

个体工商户每一纳税年度发生的与其生产经营活动直接相关的广告费和业务宣传费不超过当年销售（营业）收入 15% 的部分，可以据实扣除；超过部分，准予在以后纳税年度结转扣除。

个体工商户代其从业人员或者他人负担的税款，不得税前扣除。

个体工商户按照规定缴纳的摊位费、行政性收费、协会会费等，按实际发生数额扣除。

个体工商户根据生产经营活动的需要租入固定资产支付的租赁费，按照以下方法扣除：以经营租赁方式租入固定资产发生的租赁费支出，按照租赁期限均匀扣除；以融资租赁方式租入固定资产发生的租赁费支出，按照规定构成融资租入固定资产价值的部分应当提取折旧费用，分期扣除。

个体工商户参加财产保险，按照规定缴纳的保险费，准予扣除。

个体工商户发生的合理的劳动保护支出，准予扣除。

个体工商户自申请营业执照之日起至开始生产经营之止所发生符合本办法规定的费用，除为取得固定资产、无形资产的支出，以及应计入资产价值的汇兑损益、利息支出外，作为开办费，个体工商户可以选择在开始生产经营的当年一次性扣除，也可自生产经营月份起在不短于 3 年期限内摊销扣除，但一经选定，不得改变。开始生产经营之日为个体工商户取得第一笔销售（营业）收入的日期。

个体工商户通过公益性社会团体或者县级以上人民政府及其部门，用于《中华人民共和国公益事业捐赠法》规定的公益事业的捐赠，捐赠额不超过其应纳税所得额 30% 的部分可以据实扣除。财政部、国家税务总局规定可以全额在税前扣除的捐赠支出项目，按有关规定执行。公益性社会团体的认定，按照财政部、国家税务总局、民政部有关规定执行。

个体工商户直接对受益人的捐赠不得扣除。

《个人所得税法》所称赞助支出，是指个体工商户发生的与生产经营活动无关的各种非广告性质支出。

个体工商户研究开发新产品、新技术、新工艺所发生的开发费用，以及研究开发新产品、新技术而购置单台价值在10万元以下的测试仪器和试验性装置的购置费准予直接扣除；单台价值在10万元以上（含10万元）的测试仪器和试验性装置，按固定资产管理，不得在当期直接扣除。

【情景5-3】昌达运输公司系个体工商户，账证健全，2021年12月取得经营收入为320 000元，准许扣除当月成本、费用（不含主业工资）及相关税金共计250 000元。1~11月累计应纳税所得额80 000元（未扣除业主费用减除标准），1~11月累计已预缴个人所得税11 600元。除经营所得外，业主本人没有其他收入，且2021年全年均享受赡养老人一项专项附加扣除。不考虑专项扣除和符合税法规定的其他扣除，请计算该个体工商户就2021年度汇算清缴时应申请的个人所得税退税额。

纳税人取得经营所得，按年计算个人所得税，由纳税人在月度或季度终了后15日内，向经营管理所在地主管税务机关办理预缴纳税申报；在取得所得的次年3月31日前，向经营管理所在地主管税务机关办理汇算清缴。因此，按照税收法律、法规和文件规定，先计算全年应纳税所得额，再计算全年应纳税额。并根据全年应纳税额和当年已预缴税额计算出当年度应补（退）税额。

全年应纳税所得额=320 000 − 250 000 + 80 000 − 60 000 − 24 000=66 000（元）

全年应缴纳个人所得税=66 000 × 10% − 1 500=5 100（元）

该个体工商户2021年度应申请的个人所得税退税额=11 600 − 5 100=6 500（元）

（2）个人独资企业和合伙企业应纳税额的计算。对个人独资企业和合伙企业生产经营所得，其个人所得税应纳税额的计算有以下两种方法。

第一种：查账征税。

①自2019年1月1日起，个人独资企业和合伙企业投资者的生产经营所得依法计征个人所得税时，个人独资企业和合伙企业投资者本人的费用扣除标准统一确定为60 000元/年，即5 000元/月。投资者的工资不得在税前扣除。

②投资者及其家庭发生的生活费用不允许在税前扣除。投资者及其家庭发生的生活费用与企业生产经营费用混合在一起，并且难以划分的，全部视为投资者个人及其家庭发生的生活费用，不允许在税前扣除。

③企业生产经营和投资者及其家庭生活共用的固定资产，难以划分的，由主管税务机关根据企业的生产经营类型、规模等具体情况，核定准予在税前扣除的折旧费用的数额或比例。

④企业向其从业人员实际支付的合理的工资、薪金支出，允许在税前据实扣除。

⑤企业拨缴的工会经费、发生的职工福利费、职工教育经费支出分别在工资薪金总额2%、14%、8% 的标准内据实扣除。

⑥每一纳税年度发生的广告费和业务宣传费用不超过当年销售（营业）收入 15% 的部分，可据实扣除；超过部分，准予在下一纳税年度结转扣除。

⑦每一纳税年度发生的与其生产经营业务直接相关的业务招待费支出，按照发生额的60% 扣除，但最高不得超过当年销售（营业）收入的 5‰。

⑧企业计提的各种准备金不得扣除。

⑨投资者兴办两个或两个以上企业，并且企业性质全部是独资的，年度终了后，汇算清缴时，应纳税款的计算按以下方法进行：汇总其投资兴办的所有企业的经营所得作为应纳税所得额，以此确定适用税率，计算出全年经营所得的应纳税额，再根据每个企业的经营所得占所有企业经营所得的比例，分别计算出每个企业的应纳税额和应补缴税额。计算公式为

应纳税所得额 =∑ 各个企业的经营所得

应纳税额 = 应纳税所得额 × 税率—速算扣除数

本企业应纳税额 = 应纳税额 × 本企业的经营所得 ÷∑ 各个企业的经营所得

本企业应补缴的税额 = 本企业应纳税额—本企业预缴的税额

⑩投资者兴办两个或两个以上企业的，根据前述规定准予扣除的个人费用，由投资者选择在其中一个企业的生产经营所得中扣除。

⑪ 企业的年度亏损，允许用本企业下一年度的生产经营所得弥补，下一年度所得不足弥补的，允许逐年弥补，但最长不得超过 5 年。

投资者兴办两个或两个以上企业的，企业的年度经营亏损不能跨企业弥补。

⑫ 投资者来源于中国境外的生产经营所得，已在境外缴纳所得税的，可以按照个人所得税法的有关规定计算扣除已在境外缴纳的所得税。

第二种：核定征收。

核定征收方式，包括定额征收、核定应税所得率征收以及其他合理的征收方式。

①符合下列情形之一的，主管税务机关应采取核定征收方式征收个人所得税。

- 企业依照国家有关规定应当设置但未设置账簿的。
- 企业虽设置账簿，但账目混乱或者成本资料、收入凭证、费用凭证残缺不全，难以查账的。
- 纳税人发生纳税义务，未按照规定的期限办理纳税申报，经税务机关责令限期申报，逾期仍不申报的。

②实行核定应税所得率征收方式的，应纳所得税额的计算公式为

应纳所得税额 = 应纳税所得额 × 适用税率

应纳税所得额 = 收入总额 × 应税所得率

= 成本费用支出额 ÷（1 —应税所得率）× 应税所得率

应税所得税率应按规定的标准执行，如表 5-6 所示。

表 5-6 个人所得税核定征收应税所得税率表

行业	应税所得率 /%
工业、交通运输业、商业	5—20
建筑业、房地产开发业	7—20
饮食服务业	7—25
娱乐业	20—40
其他行业	10—30

企业多业经营的，无论其经营项目是否单独核算，均应根据其主营项目确定其适用的应税所得税率。

③实行核定征税的投资者，不能享受个人所得税的优惠政策。

④实行查账征税方式的个人独资企业和合伙企业改为核定征税方式后，在查账征税方式下认定的年度经营亏损未弥补完的部分，不得再继续弥补。

⑤个体工商户、个人独资企业和合伙企业因在纳税年度中间开业、合并、注销及其他原因，导致该纳税年度的实际经营期不足 1 年的，对个体工商户业主、个人独资企业投资者与合伙企业自然人和合伙人的生产经营所得计算个人所得税时，以其实际经营期为 1 个纳税年度。投资者本人的费用扣除标准，应按照其实际经营月份数，以每月 5 000 元的减除标准确定。计算公式为

应纳税所得额 = 该年度收入总额－成本、费用及损失－当年投资者本人的费用扣除额

当年投资者本人的费用扣除额 = 月减除费用（5 000 元 / 月）× 当年实际经营月份数

应纳税额 = 应纳税所得额 × 税率－速算扣除数

此外，无论是查账征收的，还是核定征税的个人独资企业和合伙企业，税法规定：

①个人独资企业和合伙企业对外投资分回的利息或者股息、红利，不并入企业的收入，而应单独作为投资者个人取得的利息、股息、红利所得，按“利息、股息、红利所得”应税项目计算缴纳个人所得税。以合伙企业名义对外投资分回利息或者股息、红利的，应按个人独资企业的投资者以全部生产经营所得为应纳税所得额；合伙企业的投资者按照合伙企业的全部生产经营所得和合伙协议约定的分配比例确定应纳税所得额，合伙协议没有约定分配比例的，以全部生产经营所得和合伙人数量平均计算每个投资者的应纳税所得额的规定，确定各个投资者的利息、股息、红利所得，分别按“利息、股息、红利所得”应税项目计算缴纳个人所得税。

②残疾人员投资兴办或参与投资兴办个人独资企业和合伙企业的，残疾人员取得的经营所得，符合各省、自治区、直辖市人民政府规定的减征个人所得税条件的，经本人申请、主管税务机关审核批准，可按各省、自治区、直辖市人民政府规定减征的范围和幅度，减免个人所得税。

③企业进行清算时，投资者应当在注销工商登记之前，向主管税务机关结清有关税务事宜。企业的清算所得应当视为年度生产经营所得，由投资者依法缴纳个人所得税。

所称清算所得，是指企业清算时的全部资产或者财产的公允价值扣除各项清算费用、

损失、负债、以前年度留存的利润后，超过实缴资本的部分。

④企业在纳税年度的中间开业，或者由于合并、关闭等原因，使该纳税年度的实际经营期不足12个月的，应当以其实际经营期为一个纳税年度。

4. 财产租赁所得应纳税额的计算

（1）应纳税所得额。财产租赁所得一般以个人每次取得的收入，定额或定率减除规定费用后的余额为应纳税所得额。每次收入不超过4 000元，定额减除费用800元；每次收入在4 000元以上，定率减除20%的费用。财产租赁所得以1个月内取得的收入为一次。

在确定财产租赁的应纳税所得额时，纳税人在出租财产过程中缴纳的税金和教育费附加，可持完税（缴款）凭证，从其财产租赁收入中扣除。准予扣除的项目除了规定费用和有关税费外，还准予扣除能够提供有效、准确凭证，证明由纳税人负担的该出租财产实际开支的修缮费用。允许扣除的修缮费用，以每次800元为限。一次扣除不完的，准予在下一次继续扣除，直到扣完为止。

个人出租财产取得的财产租赁收入，在计算缴纳个人所得税时，应依次扣除以下费用：

①财产租赁过程中缴纳的税金和国家能源交通重点建设基金、国家预算调节基金、教育费附加。

②由纳税人负担的该出租财产实际开支的修缮费用。

③税法规定的费用扣除标准。

应纳税所得额的计算公式为

- 每次（月）收入不超过4 000元的，则

应纳税所得额＝每次（月）收入额－准予扣除项目－修缮费用（800元为限）－800元

- 每次（月）收入超过4 000元的，则

应纳税所得额＝[每次（月）收入额－准予扣除项目－修缮费用（800元为限）]×（1－20%）

（2）个人房屋转租应纳税额的计算。个人将承租房屋转租取得的租金收入，属于个人所得税应税所得，应按“财产租赁所得”项目计算缴纳个人所得税。具体规定为：

①取得转租收入的个人向房屋出租方支付的租金，凭房屋租赁合同和合法支付凭据允许在计算个人所得税时，从该项转租收入中扣除。

②有关财产租赁所得个人所得税前扣除税费的扣除次序调整为：

- 财产租赁过程中缴纳的税费。
- 向出租方支付的租金。
- 由纳税人负担的租赁财产实际开支的修缮费用。
- 税法规定的费用扣除标准。

（3）应纳税额的计算方法。财产租赁所得适用20%的比例税率。但对个人按市场价格出租的居民住房取得的所得，自2001年1月1日起暂减按10%的税率征收个人所得税。其应纳税额的计算公式为

应纳税额＝应纳税所得额×适用税率

【情景5-4】杨某于2021年1月将其自有的面积为150平方米的公寓按市场价出租给

张某。杨某每月取得租金收入 5 500 元，全年租金收入 66 000 元。

问题：计算杨某全年租金收入应缴纳的个人所得税（不考虑其他税费）。

解析：财产租赁收入以每月内取得的收入为一次，按市场价出租给个人居住适用 10% 的税率，因此，杨某每月及全年应纳税额为

每月应纳税额 =5 500×（1 — 20%）×10%=440（元）

全年应纳税额 =440×12=5 280（元）

5. 财产转让所得应纳税额的计算

（1）一般情况下财产转让所得应纳税额的计算。财产转让所得应纳税额的计算公式为

应纳税额 = 应纳税所得额 × 适用税率 =（收入总额—财产原值—合理税费）×20%

【情景 5-5】某个人建房一幢，造价 320 000 元，支付其他费用 46 000 元。该个人建成后将房屋出售，售价 500 000 元，在售房过程中按规定支付交易费等相关税费 30 000 元。

问题：计算其应纳个人所得税额。

解析：

应纳税所得额 = 财产转让收入—财产原值—合理费用

=500 000 — 320 000 — 46 000 — 30 000

=104 000（元）

应纳税额 =104 000×20%=20 800（元）

（2）个人住房转让所得应纳税额的计算。自 2006 年 8 月 1 日起，个人转让住房所得应纳个人所得税的计算具体规定如下：

①以实际成交价格为转让收入。纳税人申报的住房成交价格明显低于市场价格且无正当理由的，征收机关依法有权根据有关信息核定其转让收入，但必须保证各税种计税价格一致。

②纳税人可凭原购房合同、发票等有效凭证，经税务机关审核后，允许从其转让收入中减除房屋原值、转让住房过程中缴纳的税金及有关合理费用。

● 房屋原值具体为：

商品房：购置该房屋时实际支付的房价款及缴纳的相关税费。

自建住房：实际发生的建造费用及建造和取得产权时实际缴纳的相关税费。

经济适用房（含集资合作建房、安居工程住房）：原购房人实际支付的房价款及相关税费，以及按规定缴纳的土地出让金。

已购公有住房：原购公有住房标准面积按当地经济适用房价格计算的房价款，加上原购公有住房超标准面积实际支付的房价款以及按规定向财政部门（或原产权单位）缴纳的所得收益及相关税费。已购公有住房是指城镇职工根据国家和县级（含县级）以上人民政府有关城镇住房制度改革政策规定，按照成本价（或标准价）购买的公有住房。经济适用房价格按县级（含县级）以上地方人民政府规定的标准确定。

城镇拆迁安置住房，其原值分别为：房屋拆迁取得货币补偿后购置房屋的，为购置该房屋实际支付的房价款及缴纳的相关税费；房屋拆迁采取产权调换方式的，所调换房屋原

值为《房屋拆迁补偿安置协议》注明的价款及缴纳的相关税费；房屋拆迁采取产权调换方式，被拆迁人除取得所调换房屋，又取得部分货币补偿的，所调换房屋原值为《房屋拆迁补偿安置协议》注明的价款和缴纳的相关税费，减去货币补偿后的余额；房屋拆迁采取产权调换方式，被拆迁人取得所调换房屋，又支付部分货币的，所调换房屋原值为《房屋拆迁补偿安置协议》注明的价款，加上所支付的货币及缴纳的相关税费。

● 转让住房过程中缴纳的税金是指纳税人在转让住房时实际缴纳的城市维护建设税、教育费附加、土地增值税、印花税等税金。

● 合理费用是指纳税人按照规定实际支付的住房装修费用、住房贷款利息、手续费、公证费等费用。其中：住房装修费用方面，纳税人能提供实际支付装修费用的税务统一发票，并且发票上所列付款人姓名与转让房屋产权人一致的，经税务机关审核，其转让的住房在转让前实际发生的装修费用，可在以下规定比例内扣除：已购公有住房、经济适用房，最高扣除限额为房屋原值的 15%；商品房及其他住房，最高扣除限额为房屋原值的 10%。纳税人原购房为装修房，即合同注明房价款中含有装修费（铺装了地板，装配了洁具、厨具等）的，不得再重复扣除装修费用。住房贷款利息方面，纳税人出售以按揭贷款方式购置的住房，其向贷款银行实际支付的住房贷款利息，凭贷款银行出具的有效证明据实扣除。

● 纳税人按照有关规定实际支付的手续费、公证费等，凭有关部门出具的有效证明据实扣除。

③纳税人未提供完整、准确的房屋原值凭证，不能正确计算房屋原值和应纳税额的，税务机关可根据《税收征收管理法》第三十五条的规定，对其实行核定征税，即按纳税人住房转让收入的一定比例核定应纳个人所得税额。具体比例由省级地方税务局或者省级地方税务局授权的地市级地方税务局根据纳税人出售住房的所处区域、地理位置、建造时间、房屋类型、住房平均价格水平等因素，在住房转让收入 1% ~ 3% 的幅度内确定。

④关于个人转让离婚析产房屋的征税问题。

● 通过离婚析产的方式分割房屋产权是夫妻双方对共同共有财产的处置，个人因离婚办理房屋产权过户手续，不征收个人所得税。

● 个人转让离婚析产房屋所取得的收入，允许扣除其相应的财产原值和合理费用后，余额按照规定的税率缴纳个人所得税；其相应的财产原值，为房屋初次购置全部原值和相关税费之和乘以转让者占房屋所有权的比例。

● 个人转让离婚析产房屋所取得的收入，符合家庭生活自用五年以上唯一住房的，可以申请免征个人所得税，其购置时间按照个人购买住房以取得的房屋产权证或契税完税证明上注明的时间作为其购买房屋的时间执行。对于纳税人申报时，同时出具房屋产权证和契税完税证明且二者所注明的时间不一致的，按照“孰先”的原则确定购买房屋的时间。即房屋产权证上注明的时间早于契税完税证明上注明的时间的，以房屋产权证注明的时间为购买房屋的时间；契税完税证明上注明的时间早于房屋产权证上注明的时间的，以契税完税证明上注明的时间为购买房屋的时间。

（3）个人转让股权应纳税额的计算。为加强股权转让所得个人所得税征收管理，规范税务机关、纳税人和扣缴义务人征纳行为，维护纳税人合法权益，自 2015 年 1 月 1 日起，按照国家税务总局发布的《股权转让所得个人所得税管理办法（试行）》计算个人转让股权应纳税额。

①基本概念。股权是指自然人股东（以下简称个人）投资于在中国境内成立的企业或组织（以下统称被投资企业，不包括个人独资企业和合伙企业）的股权或股份。

股权转让是指个人将股权转让给其他个人或法人的行为，包括以下情形：

- 出售股权。
- 公司回购股权。
- 发行人首次公开发行新股时，被投资企业股东将其持有的股份以公开发行方式一并向投资者发售。
- 股权被司法或行政机关强制过户。
- 以股权对外投资或进行其他非货币性交易。
- 以股权抵偿债务。
- 其他股权转移行为。

个人转让股权，以股权转让收入减除股权原值和合理费用后的余额为应纳税所得额，按“财产转让所得”缴纳个人所得税。合理费用是指股权转让时按照规定支付的有关税费。

个人股权转让所得个人所得税，以股权转让方为纳税人，以受让方为扣缴义务人。

扣缴义务人应于股权转让相关协议签订后 5 个工作日内，将股权转让的有关情况报告主管税务机关。

被投资企业应当详细记录股东持有本企业股权的相关成本，如实向税务机关提供与股权转让有关的信息，协助税务机关依法执行公务。

②股权转让收入的确认。

股权转让收入，是指转让方因股权转让而获得的现金、实物、有价证券和其他形式的经济利益。

转让方取得与股权转让相关的各种款项，包括违约金、补偿金以及其他名目的款项、资产、权益等，均应当并入股权转让收入。

纳税人按照合同约定，在满足约定条件后取得的后续收入，应当作为股权转让收入。

股权转让收入应当按照公平交易原则确定。

符合下列情形之一的，主管税务机关可以核定股权转让收入：

- 申报的股权转让收入明显偏低且无正当理由的。
- 未按照规定期限办理纳税申报，经税务机关责令限期申报，逾期仍不申报的。
- 转让方无法提供或拒不提供股权转让收入的有关资料。
- 其他应核定股权转让收入的情形。

符合下列情形之一，视为股权转让收入明显偏低：

- 申报的股权转让收入低于股权对应的净资产份额的。其中，被投资企业拥有土地使用权、房屋、房地产企业未销售房产、知识产权、探矿权、采矿权、股权等资产的，申报的股权转让收入低于股权对应的净资产公允价值份额的。

● 申报的股权转让收入低于初始投资成本或低于取得该股权所支付的价款及相关税费的。

● 申报的股权转让收入低于相同或类似条件下同一企业同一股东或其他股东股权转让收入的。

● 申报的股权转让收入低于相同或类似条件下同类行业的企业股权转让收入的。

● 不具合理性的无偿让渡股权或股份。

● 主管税务机关认定的其他情形。

符合下列条件之一的股权转让收入明显偏低，视为有正当理由：

● 能出具有效文件，证明被投资企业因国家政策调整，生产经营受到重大影响，导致低价转让股权。

● 继承或将股权转让给其能提供具有法律效力身份关系证明的配偶、父母、子女、祖父母、外祖父母、孙子女、外孙子女、兄弟姐妹以及对转让人承担直接抚养或者赡养义务的抚养人或者赡养人。

● 相关法律、政府文件或企业章程规定，并有相关资料充分证明转让价格合理且真实的本企业员工持有的不能对外转让股权的内部转让。

● 股权转让双方能够提供有效证据证明其合理性的其他合理情形。

主管税务机关应依次按照下列方法核定股权转让收入：

● 净资产核定法。

股权转让收入按照每股净资产或股权对应的净资产份额核定。被投资企业的土地使用权、房屋、房地产企业未销售房产、知识产权、探矿权、采矿权、股权等资产占企业总资产比例超过 20% 的，主管税务机关可参照纳税人提供的具有法定资质的中介机构出具的资产评估报告核定股权转让收入。

6 个月内再次发生股权转让且被投资企业净资产未发生重大变化的，主管税务机关可参照上一次股权转让时被投资企业的资产评估报告核定此次股权转让收入。

● 类比法。

参照相同或类似条件下同一企业同一股东或其他股东股权转让收入核定；参照相同或类似条件下同类行业企业股权转让收入核定。

● 其他合理方法。

主管税务机关采用以上方法核定股权转让收入存在困难的，可以采取其他合理方法核定。

③股权原值的确认。个人转让股权的原值依照以下方法确认：

● 以现金出资方式取得的股权，按照实际支付的价款与取得股权直接相关的合理税费之和确认股权原值。

● 以非货币性资产出资方式取得的股权，按照税务机关认可或核定的投资入股时非货币性资产价格与取得股权直接相关的合理税费之和确认股权原值。

● 通过无偿让渡方式取得股权，具备“继承或将股权转让给其能提供具有法律效力身份关系证明的配偶、父母、子女、祖父母、外祖父母、孙子女、外孙子女、兄弟姐妹以及对转让人承担直接抚养或者赡养义务的抚养人或者赡养人”情形的，按取得股权发生的合理税费与原持有人的股权原值之和确认股权原值。

● 被投资企业以资本公积、盈余公积、未分配利润转增股本，个人股东已依法缴纳个人所得税的，以转增额和相关税费之和确认其新转增股本的股权原值。

● 除以上情形外，由主管税务机关按照避免重复征收个人所得税的原则合理确认股权原值。

股权转让人已被主管税务机关核定股权转让收入并依法征收个人所得税的，该股权受让人的股权原值以取得股权时发生的合理税费与股权转让人被主管税务机关核定的股权转让收入之和确认。

个人转让股权未提供完整、准确的股权原值凭证，不能正确计算股权原值的，由主管税务机关核定其股权原值。

对个人多次取得同一被投资企业股权的，转让部分股权时，采用“加权平均法”确定其股权原值。

④个人转让债券类债权时原值的确定。转让债券类债权，采用“加权平均法”确定其应予减除的财产原值和合理费用。即以纳税人购进的同一种类债券买入价和买进过程中缴纳的税费总和，除以纳税人购进的该种类债券数量之和，乘以纳税人卖出的该种类债券数量，再加上卖出的该种类债券过程中缴纳的税费。用公式表示为

$$\text{一次卖出某一种类债券允许扣除的买入价和费用}=\frac{\text{纳税人购进的该种类债券买入价和买进过程中交纳的税费总和}}{\text{纳税人购进的该种类债券总数量}}\times\text{一次卖出的该种类债券的数量}+\text{卖出该种类债券过程中缴纳的税费}$$

6. 利息、股息、红利所得和偶然所得应纳税额的计算

利息、股息、红利所得和偶然所得应纳税额的计算公式为

$$\text{应纳税额}=\text{应纳税所得额}\times\text{适用税率}=\text{每次收入额}\times 20\%$$

7. 应纳税额计算中的特殊问题

（1）对个人取得全年一次性奖金等计算征收个人所得税的方法。全年一次性奖金是指行政机关、企事业单位等扣缴义务人根据其全年经济效益和对雇员全年工作业绩的综合考核情况，向雇员发放的一次性奖金。一次性奖金也包括年终加薪、实行年薪制和绩效工资办法的单位根据考核情况兑现的年薪和绩效工资。

居民个人取得全年一次性奖金，在 2021 年 12 月 31 日前，可选择不并入当年综合所得，按以下计税办法，由扣缴义务人发放时代扣代缴：

①先将雇员当月内取得的全年一次性奖金，除以 12 个月，按其商数确定适用税率和速算扣除数，如表 5-7 所示。

表 5-7　按月换算后的综合所得税率表

级数	月应纳税所得额	税率 /%	速算扣除数 / 元
1	不超过 3 000 元的	3	0
2	超过 3 000 元至 12 000 元的部分	10	210
3	超过 12 000 元至 25 000 元的部分	20	1 410

（续表）

级数	月应纳税所得额	税率 /%	速算扣除数 / 元
4	超过 25 000 元至 35 000 元的部分	25	2 660
5	超过 35 000 元至 55 000 元的部分	30	4 410
6	超过 55 000 元至 80 000 元的部分	35	7 160
7	超过 80 000 元的部分	45	15 160

如果在发放年终一次性奖金的当月，雇员当月工资薪金所得低于税法规定的费用扣除额，应将全年一次性奖金减除“雇员当月工资薪金所得与费用扣除额的差额”后的余额，按上述办法确定全年一次性奖金的适用税率和速算扣除数。

②将雇员个人当月内取得的全年一次性奖金，按上述第①条确定的适用税率和速算扣除数计算征税，其计算公式为

如果雇员当月工资薪金所得高于（或等于）税法规定的费用扣除额的，其计算公式为

应纳税额 = 雇员当月取得全年一次性奖金 × 适用税率－速算扣除数

如果雇员当月工资薪金所得低于税法规定的费用扣除额的，适用公式为

应纳税额＝（雇员当月取得全年一次性奖金－雇员当月工资薪金所得与费用扣除额的差额）× 适用税率－速算扣除数

③在一个纳税年度内，对每一个纳税人，该计税办法只允许采用一次。

④实行年薪制和绩效工资的单位。个人取得年终兑现的年薪和绩效工资按上述第②条、第③条规定执行。

⑤雇员取得除全年一次性奖金以外的其他各种名目奖金，如半年奖、季度奖、加班奖、先进奖、考勤奖等，一律与当月工资、薪金收入合并，按税法规定缴纳个人所得税。

【情景 5-6】假定中国居民个人王某 2021 年在我国境内 1~12 月每月的税后工资为 3 500 元，12 月 31 日又一次性领取年终含税奖金 60 000 元。请计算王某取得年终奖金应缴纳的个人所得税。

年终奖金适用的税率和速算扣除数为：

12 个月分摊后，每月的奖金 =60 000 ÷ 12=5 000（元），根据工资、薪资七级超额累进税率的规定，适用的税率和速算扣除数分别为 10%、210 元。

年终奖应缴纳个人所得税为：

应纳税额 = 年终奖金收入 × 适用税率－速算扣除数 =60 000 × 10% － 210=6 000 － 210=5 790（元）

（2）特定行业职工取得的工资、薪金所得的计税方法。为了照顾采掘业、远洋运输业、远洋捕捞业因季节、产量等因素的影响，职工的工资、薪金收入呈现较大幅度波动的实际情况，对这三个特定行业的职工取得的工资、薪金所得，可按月预缴，年度终了后 30 日内，合计其全年工资、薪金所得，再按 12 个月平均并计算实际应纳的税款，多退少补。用公式表示为

应纳所得税额＝［（全年工资、薪金收入 ÷ 12 －费用扣除标准）× 税率－速算扣除数］× 12

（3）关于个人取得公务交通、通信补贴收入征税问题。个人因公务用车和通信制度改

革而取得的公务用车、通信补贴收入，扣除一定标准的公务费用后，按照“工资、薪金”所得项目计征个人所得税。按月发放的，并入当月“工资、薪金”所得计征个人所得税；不按月发放的，分解到所属月份并与该月份“工资、薪金”所得合并后计征个人所得税。

公务费用扣除标准，由省级地方税务局根据纳税人公务交通、通讯费用实际发生情况调查测算，报经省级人民政府批准后确定，并报国家税务总局备案。

（4）在外商投资企业、外国企业和外国驻华机构工作的中方人员取得的工资、薪金所得的征税问题。

在外商投资企业、外国企业和外国驻华机构工作的中方人员取得的工资、薪金收入，凡是由雇佣单位和派遣单位分别支付的，支付单位应按税法规定代扣代缴个人所得税。同时，按税法规定，纳税义务人应以每月全部工资、薪金收入减除规定费用后的余额为应纳税所得额。为了有利于征管，对雇佣单位和派遣单位分别支付工资、薪金的，采取由支付者中的一方减除费用的方法，即只由雇佣单位在支付工资、薪金时，按税法规定减除费用，计算扣缴个人所得税；派遣单位支付的工资、薪金不再减除费用，以支付金额直接确定适用税率，计算扣缴个人所得税。

上述纳税义务人，应持两处支付单位提供的原始明细工资、薪金单（书）和完税凭证原件，选择并固定到一地税务机关申报每月工资、薪金收入，汇算清缴其工资、薪金收入的个人所得税，多退少补。具体申报期限，由各省、自治区、直辖市税务机关确定。

对外商投资企业、外国企业和外国驻华机构发放给中方工作人员的工资、薪金所得，应全额征税。但对可以提供有效合同或有关凭证，能够证明其工资、薪金所得的一部分按照有关规定上缴派遣（介绍）单位的，可扣除其实际上缴的部分按其余额计征个人所得税。

任务 5.3 个人所得税的会计核算

情景列表	情　景　实　例
代扣代缴个人所得税的会计核算	北京市鼎盛股份有限公司给李某发放月工资 6 600 元，计算企业代扣个人所得税税额及进行的会计核算
企业支付稿酬代扣代缴个人所得税的会计核算	作家张某 2021 年 5 月出版一部小说，取得稿酬 48 000 元
企业支付特许权使用费代扣代缴个人所得税的会计核算	某企业购入王某的一项非专利技术的使用权。合同约定使用费 35 000 元，个税由王某承担

子任务 5.3.1 会计核算

1. 代扣代缴个人所得税的会计核算

现行会计准则并未对代扣代缴税款核算作出规定，但在实际工作中，一般可在“应交税费”总账下设置“代扣个人所得税”明细账进行核算。同时，根据所代扣代缴的具体项目不同，将代扣的税额冲减“应付职工薪酬”“应付账款”和“其他应付款”等科目。

（1）支付工资、薪金代扣代缴个人所得税的会计核算。企业作为个人所得税的扣缴义务人，支付工资、薪金时应按规定扣缴职工应缴纳的个人所得税。代扣个人所得税时，应借记“应付职工薪酬”科目，贷记“应交税费——代扣个人所得税”科目；实际扣缴税款时，借记“应交税费——代扣个人所得税”科目，贷记“银行存款”科目。

任职单位在计算代扣代缴的个人所得税时，应按每个职工分别计算，会计处理时可按所有职工代扣税款合计金额编制会计分录。

【情景 5-7】北京市鼎盛股份有限公司职员李某 2021 年全年取得工资、薪金收入 180 000 元。当地规定的社会保险和住房公积金个人缴存比例为：基本养老保险 8%，基本医疗保险 2%，失业保险 0.5% ，住房公积金 12%。社保部门核定的李某 2021 年社会保险费的缴费工资基数为 10 000 元。李某正在偿还首套住房贷款及利息；李某为独生女，其独生子正就读大学 3 年级；李某父母均已年过 60 岁。李某夫妻约定由李某扣除贷款利息和子女教育费。

问题：计算李某 2021 年应缴纳的个人所得税税额，并编制会计分录。

解析：

①全年减除费用 60 000 元。

②专项扣除 = 10 000 ×（ 8% + 2% + 0.5% + 12% ）× 12=27 000（元）

③专项附加扣除：

子女教育每年扣除 12 000 元住房贷款利息每年扣除 12 000 元赡养老人每年扣除 24 000 元

专项附加扣除合计 = 12 000 + 12 000 + 24 000 = 48 000（元）

④扣除项合计 =60 000 + 27 000 + 48 000 = 135 000（元）

⑤应纳税所得额 = 180 000 − 135 000 = 45 000（元）

⑥应纳个人所得税额 =36 000 × 3% −（ 45 000 − 36 000 ）× 10% = 1 980（元）

借：应付职工薪酬——工资	180 000
——基本养老保险	800
——基本医疗保险	200
——失业保险	50
——住房公积金	1 200
贷：银行存款	180 270
应交税费——代扣个人所得税	1 980

（2）支付劳务报酬、特许权使用费代扣代缴个人所得税的会计核算。企业扣缴时借记“管理费用”“销售费用”等科目，贷记“应交税费——代扣个人所得税”“库存现金”等

科目；代缴个人所得税时，借记“应交税费——代扣个人所得税”科目，贷记“银行存款”科目。

【情景 5-8】北京市鼎盛股份有限公司支付胡教授一次性工程设计费 50 000 元。

问题：计算北京市鼎盛股份有限公司应扣缴的个人所得税，并编制会计分录。

解析：北京市鼎盛股份有限公司应按“劳务报酬所得”项目计算代扣代缴的个人所得税税额。

应代扣代缴税额 =50 000×（1－20%）×10%－2 520=1 480（元）

公司代扣时：

借：管理费用 50 000

　贷：应交税费——代扣个人所得税 1 480

　　库存现金（或银行存款） 48 520

实际缴纳时：

借：应交税费——代扣个人所得税 1 480

　贷：银行存款 1 480

2. 企业支付稿酬代扣代缴个人所得税的会计核算

出版单位支付给个人稿酬时，借记“生产成本”等科目，贷记“应交税费——代扣个人所得税”“银行存款”等科目。实际缴纳时，借记“应交税费——代扣个人所得税”科目，贷记“银行存款”科目。

【情景 5-9】作家张某 2021 年 5 月出版一部小说，取得稿酬 48 000 元。

问题：计算该出版社应扣缴的个人所得税税额，并编制会计分录。

解析：

出版社应扣个人所得税税额 =48 000×（1－20%）×20%×（1－30%）=5 376（元）

出版社扣缴所得税时：

借：生产成本 48 000

　贷：应交税费——代扣个人所得税 5 376

　　银行存款 42 624

实际缴纳时：

借：应交税费——代扣个人所得税 5 376

　贷：银行存款 5 376

3. 企业支付特许权使用费代扣代缴个人所得税的会计核算

企业支付给个人的特许权使用费，代扣个人所得税时，借记“制造费用”“管理费用”等科目，贷记“应交税费——代扣个人所得税”科目；代缴个人所得税时，借记“应交税费——代扣个人所得税”科目，贷记“银行存款”科目。

【情景 5-10】某企业购入王某的一项非专利技术的使用权。合同约定使用费 35 000 元，个税由王某承担。

问题：计算企业应扣缴的个人所得税并编制会计分录。

解析：根据税法规定，王某转让非专利技术所得的个人所得税应由受让企业在支付款项时代扣代缴。

应扣缴个人所得税 =35 000×（1 − 20%）×20%=5 600（元）

借：制造费用 5 600

  贷：应交税费——代扣个人所得税 5 600

支付个人所得税：

借：应交税费——代扣个人所得税 5 600

  贷：银行存款 5 600

4. 向个人购买财产（财产转让）代扣代缴个人所得税的会计核算

企业向个人购买属于固定资产或无形资产项目的，支付的税金应作为企业固定资产或无形资产的价值组成部分，借记“固定资产”“无形资产”等科目，按应代扣代缴的个人所得税，贷记“应交税费——代扣个人所得税”科目，按实际支付的金额，贷记“银行存款”“库存现金”等科目。代缴税款时，借记“应交税费——代扣个人所得税”科目，贷记“银行存款”科目。

5. 向股东支付股利代扣代缴个人所得税会计核算

企业向个人支付利息、股息、红利时，应代扣代缴个人所得税。股份制公司向个人支付现金股利时，应借记“应付股利”科目，贷记“应交税费——代扣个人所得税”或“库存现金”等科目；企业发行有价证券向个人支付利息时，应借记“财务费用”科目，贷记“应交税费——代扣个人所得税”“银行存款”等科目。

任务 5.4 个人所得税的申报与缴纳

情景列表	情　景　实　例
自行申报纳税期限	某企业年所得额 15 万元，应在纳税年度终了后 3 个月内自行向主管税务机关办理纳税申报

个人所得税的纳税办法有自行申报纳税和代扣代缴两种。

子任务 5.4.1 自行申报纳税

自行申报纳税，是由纳税人自行在税法规定的纳税期限内，向税务机关申报取得的应税所得项目和数额，如实填写个人所得税纳税申报表，并按照税法规定计算应纳税额，据此缴纳个人所得税的一种方法。

1. 自行申报纳税的纳税义务人

（1）自 2006 年 1 月 1 日起，年所得 12 万元以上的。

（2）从中国境内两处或者两处以上取得工资、薪金所得的。

（3）从中国境外取得所得的。

（4）取得应税所得，没有扣缴义务人的，如个体工商户从事生产、经营所得。

（5）国务院规定的其他情形。其中，年所得 12 万元以上的纳税人，无论取得的各项所得是否已足额缴纳了个人所得税，均应当按照《个人所得税自行纳税申报办法（试行）》的规定，于纳税年度终了后向主管税务机关办理纳税申报；其他情形的纳税人，均应当按照《个人所得税自行纳税申报办法（试行）》的规定，于取得所得后向主管税务机关办理纳税申报。同时需注意的是，年所得 12 万元以上的纳税人，不包括在中国境内无住所，且在一个纳税年度中在中国境内居住不满 1 年的个人；从中国境外取得所得的纳税人，是指在中国境内有住所，或者无住所而在一个纳税年度中在中国境内居住满 1 年的个人。

2. 自行申报纳税的内容

年所得 12 万元以上的纳税人，在纳税年度终了后，应当填写《个人所得税纳税申报表（适用于年所得 12 万元以上的纳税人中报）》，并在办理纳税申报时报送主管税务机关，同时报送个人有效身份证件复印件，以及主管税务机关要求报送的其他有关资料。

（1）构成 12 万元的所得。工资、薪金所得；个体工商户的生产、经营所得；对企事业单位的承包经营、承租经营所得；劳务报酬所得；稿酬所得；特许权使用费所得；利息、股息、红利所得；财产租赁所得；财产转让所得；偶然所得；经国务院财政部门确定征税的其他所得。

（2）不包含在 12 万元中的所得。

①免税所得。即省级人民政府、国务院部委、中国人民解放军军以上单位，以及外国组织、国际组织颁发的科学、教育、技术、文化、卫生、体育、环境保护等方面的奖金；国债和国家发行的金融债券利息；按照国家统一规定发给的补贴、津贴，即《个人所得税法实施条例》第十三条规定的按照国务院规定发放的政府特殊津贴、院士津贴、资深院士津贴，以及国务院规定免征个人所得税的其他补贴、津贴；福利费、抚恤金、救济金；保险赔款；军人的转业费、复员费；按照国家统一规定发给干部、职工的安家费、退职费、退休工资、离休工资、离休生活补助费。

②暂免征税所得。即依照我国有关法律规定应予免税的各国驻华使馆、领事馆的外交代表、领事官员和其他人员的所得；中国政府参加的国际公约、签订的协议中规定免税的所得。

③可以免税的来源于中国境外的所得，如按照国家规定单位为个人缴付和个人缴付的基本养老保险费、基本医疗保险费、失业保险费、住房公积金。

（3）各项所得的年所得的计算方法。

①工资、薪金所得。按照未减除费用及附加减除费用的收入额计算。

②劳务报酬所得、特许权使用费所得。不得减除纳税人在提供劳务或让渡特许权使用权过程中缴纳的有关税费。

③财产租赁所得。不得减除纳税人在出租财产过程中缴纳的有关税费；对于纳税人一次取得跨年度财产租赁所得的，全部视为实际取得所得年度的所得。

④个人转让房屋所得。采取核定征收个人所得税的，按照实际征收率（1%、2%、3%）分别换算为应税所得率（5%、10%、15%），据此计算年所得。

⑤个人储蓄存款利息所得、企业债券利息所得。全部视为纳税人实际取得所得年度的所得。

⑥对个体工商户、个人独资企业投资者。按照征收率核定个人所得税的，将征收率换算为应税所得率，据此计算应纳税所得额。合伙企业投资者按照上述方法确定应纳税所得额后，合伙人应根据合伙协议规定的分配比例确定其应纳税所得额，合伙协议未规定分配比例的，按合伙人数平均分配确定其应纳税所得额。对于同时参与两个以上企业投资的，合伙人应将其投资所有企业的应纳税所得额相加后的总额作为年所得。

⑦股票转让所得。以 1 个纳税年度内，个人股票转让所得与损失盈亏相抵后的正数为申报所得数额，盈亏相抵为负数的，此项所得按“零”填写。

3. 自行申报纳税的申报期限

（1）年所得 12 万元以上的纳税人，在纳税年度终了后 3 个月内向主管税务机关办理纳税申报。

（2）个体工商户和个人独资、合伙企业投资者取得的生产、经营所得应纳的税款，分月预缴的，纳税人在每月终了后 7 日内办理纳税申报；分季预缴的，纳税人在每个季度终了后 7 日内办理纳税申报；纳税年度终了后，纳税人在 3 个月内进行汇算清缴。

（3）纳税人年终一次性取得对企事业单位的承包经营、承租经营所得的，自取得所得之日起 30 日内办理纳税申报；在 1 个纳税年度内分次取得承包经营、承租经营所得的，在每次取得所得后的次月 7 日内申报预缴；纳税年度终了后 3 个月内汇算清缴。

（4）从中国境外取得所得的纳税人，在纳税年度终了后 30 日内向中国境内主管税务机关办理纳税申报。

（5）除以上规定的情形外，纳税人取得其他各项所得须申报纳税的，在取得所得的次月 7 日内向主管税务机关办理纳税申报。

（6）纳税人不能按照规定的期限办理纳税申报，需要延期的，按照《税收征管法》和《税收征管法实施细则》规定办理。

4. 自行申报纳税的申报方式

纳税人可以采取数据电文、邮寄等方式申报，也可以直接到主管税务机关申报，或者采取符合主管税务机关规定的其他方式申报。纳税人采取邮寄方式申报的，以邮政部门挂号信函收据作为申报凭据，以寄出的邮戳日期为实际申报日期。

纳税人也可以委托有税务代理资质的中介机构或者他人代为办理纳税申报。

5. 自行申报纳税的申报地点

（1）在中国境内有任职、受雇单位的，向任职、受雇单位所在地主管税务机关申报。

（2）在中国境内有两处或者两处以上任职、受雇单位的，选择并固定向其中一处单位所在地主管税务机关申报。

（3）在中国境内无任职、受雇单位，年所得项目中有个体工商户的生产、经营所得或者对企事业单位的承包经营、承租经营所得（以下统称生产、经营所得）的，向其中一处实际经营所在地主管税务机关申报。

（4）在中国境内无任职、受雇单位，年所得项目中无生产、经营所得的，向户籍所在地主管税务机关申报。在中国境内有户籍，但户籍所在地与中国境内经常居住地不一致的，选择并固定向其中一地主管税务机关申报。在中国境内没有户籍的，向中国境内经常居住地主管税务机关申报。

（5）其他所得的纳税人，纳税申报地点分别为：

①从两处或者两处以上取得工资、薪金所得的，选择并固定向其中一处单位所在地主管税务机关申报。

②从中国境外取得所得的，向中国境内户籍所在地主管税务机关申报。在中国境内有户籍，但户籍所在地与中国境内经常居住地不一致的，选择并固定向其中一地主管税务机关申报。在中国境内没有户籍的，向中国境内经常居住地主管税务机关申报。

③个体工商户向实际经营所在地主管税务机关申报。

④个人独资、合伙企业投资者兴办两个或两个以上企业的，区分不同情形确定纳税申报地点：

兴办的企业全部是个人独资性质的，分别向各企业的实际经营管理所在地主管税务机关申报；兴办的企业中含有合伙性质的，向经常居住地主管税务机关申报；兴办的企业中含有合伙性质，个人投资者经常居住地与其兴办企业的经营管理所在地不一致的，选择并固定向其参与兴办的某一合伙企业的经营管理所在地主管税务机关申报；除以上情形外，纳税人应当向取得所得所在地主管税务机关申报。

纳税人不得随意变更纳税申报地点，因特殊情况变更纳税申报地点的，须报原主管税务机关备案。

子任务 5.4.2 代扣代缴纳税

代扣代缴是指按照税法规定负有扣缴税款义务的单位或者个人，在向个人支付应纳税所得时，应计算应纳税额，从其所得中扣出并缴入国库，同时向税务机关报送扣缴个人所得税报告表。这种方法，有利于控制税源、防止漏税和逃税。

根据《个人所得税法》及其实施条例以及《税收征管法》及其实施细则的有关规定，国家税务总局制定下发了《个人所得税代扣代缴暂行办法》（以下简称《暂行办法》）。自1995年4月1日起执行的《暂行办法》，对扣缴义务人和代扣代缴的范围、扣缴义务人的义务及应承担的责任、代扣代缴期限等作了明确规定。

1. 扣缴义务人和代扣代缴的范围

（1）扣缴义务人。凡支付个人应纳税所得的企业（公司）、事业单位、机关、社团组织、军队、驻华机构、个体户等单位或者个人，为个人所得税的扣缴义务人。

这里所说的驻华机构，不包括外国驻华使领馆和联合国及其他依法享有外交特权和豁免的国际组织驻华机构。

（2）代扣代缴的范围。扣缴义务人向个人支付下列所得，应代扣代缴个人所得税：

①工资、薪金所得。

②劳务报酬所得。

③稿酬所得。

④特许权使用费所得。

⑤利息、股息、红利所得。

⑥财产租赁所得。

⑦财产转让所得。

⑧偶然所得。

⑨经国务院财政部门确定征税的其他所得。

扣缴义务人向个人支付应纳税所得（包括现金、实物和有价证券）时，不论纳税人是否属于本单位人员，均应代扣代缴其应纳的个人所得税税款。

这里所说支付，包括现金支付、汇拨支付、转账支付和以有价证券、实物以及其他形式的支付。

2. 扣缴义务人的义务及应承担的责任

（1）扣缴义务人应指定支付应纳税所得的财务会计部门或其他有关部门的人员为办税人员，由办税人员具体办理个人所得税的代扣代缴工作。

代扣代缴义务人的有关领导要对代扣代缴工作提供便利，支持办税人员履行义务；确定办税人员或办税人员发生变动时，应将名单及时报告主管税务机关。

（2）扣缴义务人的法人代表（或单位主要负责人）、财会部门的负责人及具体办理代扣代缴税款的有关人员，共同对依法履行代扣代缴义务负法律责任。

（3）同一扣缴义务人的不同部门支付应纳税所得时，应报办税人员汇总。

（4）扣缴义务人在代扣税款时，必须向纳税人开具税务机关统一印制的代扣代收税款凭证，并详细注明纳税人姓名、工作单位、家庭住址和居民身份证或护照号码（无上述证件的，可用其他能有效证明身份的证件）等个人情况。对工资、奖金所得和利息、股息、红利所得等，因纳税人数众多、不便一一开具代扣代收税款凭证的，经主管税务机关同意，可不开具代扣代收税款凭证，但应通过一定形式告知纳税人已扣缴税款。纳税人为持有完税依据而向扣缴义务人索取代扣代收税款凭证的，扣缴义务人不得拒绝。

扣缴义务人应主动向税务机关申领代扣代收税款凭证，据以向纳税人扣税。非正式扣税凭证，纳税人可以拒收。

（5）扣缴义务人对纳税人的应扣未扣的税款，其应纳税款仍然由纳税人缴纳，扣缴义务人应承担应扣未扣税款50%以上至3倍的罚款。

（6）扣缴义务人应设立代扣代缴税款账簿，正确反映个人所得税的扣缴情况，并如实填写《扣缴个人所得税报告表》及其他有关资料。

（7）关于行政机关、事业单位工资发放方式改革后扣缴个人所得税问题。

①行政机关、事业单位改革工资发放方式后，随着支付工资所得单位的变化，其扣缴义务人也有所变化。根据《个人所得税法》第八条规定，凡是有向个人支付工薪所得行为的财政部门（或机关事务管理、人事等部门）、行政机关、事业单位均为个人所得税的扣缴义务人。

②财政部门（或机关事务管理、人事等部门）向行政机关、事业单位工作人员发放工资时应依法代扣代缴个人所得税。行政机关、事业单位在向个人支付与其任职、受雇有关的其他所得时，应将个人的这部分所得与财政部门（或机关事务管理、人事等部门）发放的工资合并计算应纳税额，并就应纳税额与财政部门（或机关事务管理、人事等部门）已扣缴税款的差额部分代扣代缴个人所得税。

3. 代扣代缴期限

扣缴义务人每月所扣的税款，应当在次月15日内缴入国库，并向主管税务机关报送《扣缴个人所得税报告表》（略）、代扣代收税款凭证和包括每一纳税人姓名、单位、职务、收入、税款等内容的支付个人收入明细表以及税务机关要求报送的其他有关资料。

扣缴义务人违反上述规定不报送或者报送虚假纳税资料的，一经查实，其未在支付个人收入明细表中反映的向个人支付的款项，在计算扣缴义务人应纳税所得额时不得作为成本费用扣除。

扣缴义务人因有特殊困难不能按期报送《扣缴个人所得税报告表》及其他有关资料的，经县级税务机关批准，可以延期申报。

子任务 5.4.3 核定征收

核定征收是指按照征管法的有关规定对无法查账征收的纳税人所采用的一种征收形式。为了加强个人所得税的管理，有关规定如下：

（1）增值税起征点提高后，对采取核定征税办法的纳税人（包括按综合征收率或按应缴纳流转税的一定比例附征个人所得税等方法的纳税人），可依据《中华人民共和国税收征收管理法》和《中华人民共和国个人所得税法》的有关规定，结合增值税起征点提高后纳税人所得相应增加的实际情况，本着科学、合理、公开的原则，重新核定纳税人的个人所得税定额。

（2）任何地区均不得对律师事务所实行全行业核定征税办法。要按照税收征管法和国发[1997]12号文件的规定精神，对具备查账征收条件的律师事务所，实行查账征收个人所得税。

对按照《税收征管法》的规定确实无法实行查账征收的律师事务所，经地方税务局批准，应根据《财政部国家税务总局关于印发（关于个人独资企业和合伙企业投资者征收个人所得税的规定）的通知》（财税 [2000]91 号）中确定的应税所得率来核定其应纳税额。各地要根据其雇员人数、营业规模等情况核定其营业额，并根据当地同行业的盈利水平从高核定其应税所得率，应税所得率不得低于 25%。对实行核定征税的律师事务所，应督促其建账建制，符合查账征税条件后，应尽快转为查账征税。

各地要严格贯彻执行《国家税务总局关于律师事务所从业人员取得收入征收个人所得税有关业务问题的通知》（国税发 [2000]149 号），对律师事务所的个人所得税加强征收管理。对作为律师事务所雇员的律师，其办案费用或其他个人费用在律师事务所报销的，在计算其收入时不得再扣除国税发 [2000]149 号第 5 条第 2 款规定的其收入 30% 以内的办理案件支出费用。

（3）会计师事务所、税务师事务所、审计师事务所以及其他中介机构的个人所得税征收管理，也应按照上述律师事务所的有关原则进行处理。

项目小结

个人所得税是对个人（自然人）取得的各项应税所得征收的一种税。个人所得税的纳税人包括中国公民、个体工商户（包括个人独资企业、合伙企业）以及在中国境内有所得的外籍人员（包括无国籍人员）和香港、澳门和台湾地区的同胞。征税范围包括：工资、薪金所得；个体工商户的生产、经营所得；对企事业单位的承包、承租经营所得；劳务报酬所得；稿酬所得；特许权使用费所得；利息、股息、红利所得；财产租赁所得；财产转让所得；偶然所得；经国务院财政、税务部门确定征税的其他所得。个人所得税对不同的项目分别使用不同的税率，主要有比例税率和超额累进税率两种形式。

项目训练

【资料】

某个体工商户 2021 年全年经营收入为 500 000 元，其中生产经营成本、费用总额为 380 000 元，经主管税务机关确定个人所得税实行查账征收。

【要求】

计算全年应纳个人所得税并编制会计分录。

项目 6 税金及附加的核算

应知应会

- 掌握城市维护建设税、资源税、土地增值税、城镇土地使用税、房产税、车船税、印花税的基本法规知识，判断各个税种的纳税人、征税范围，选择适用税率。
- 掌握城市维护建设税、资源税、土地增值税、城镇土地使用税、房产税、车船税、印花税应纳税额的计算和征收管理。
- 掌握城市维护建设税、资源税、土地增值税、城镇土地使用税、房产税、车船税、印花税的会计核算。

关键词

- 城市维护建设税（urban maintenance and construction tax）；
- 资源税法（resource tax law）；
- 房产税法（property tax law）；
- 印花税法（stamp tax law）。

本项目在本书中的地位

本项目主要是我国税制结构中的一些辅助税种，虽然在我国税制结构中不占主体地位，但他们各自都有其独到的调节作用，也是地方财政收入的主要来源，与企业会计核算关系也较密切。

业务综述

会本项目主要介绍以下内容：

- 城市维护建设税应纳税额的计算；
- 资源税的概念及应纳税额的计算；
- 土地增值税应纳税额的计算；
- 城镇土地使用税应纳税额的计算；
- 房产税应纳税额和车船税自缴税额的计算；
- 应纳税额的计算。

项目导图

税金及附加的核算
城市维护建设税
城市维护建设税基本原理、纳税义务人、税率、计税依据
应纳税额的计算、税收优惠、征收管理
资源税
资源税基本原理、纳税义务人
资源税的税目与税率、课税数量
资源税应纳税额的计算、资源税应纳税额的会计核算、税收优惠和征收管理
土地增值税
土地增值税基本原理、纳税人、征税范围
土地增值税的税率、应税收入与扣除项目、土地增值税应纳税额的计算
土地增值税应纳税额的会计核算、税收优惠、征收管理
城镇土地使用税
城镇土地使用税基本原理
城镇土地使用税的纳税人、征税范围、税率及优惠政策
城镇土地使用税应纳税额的计算、会计核算和征收管理
房产税
房产税基本原理、纳税义务人与征税对象
房产税的计税依据与税率、应纳税额计算
房产税应纳税额的会计核算
税收优惠和征收管理
车船税
车船税的基本原理、纳税义务人、征税范围
税目与税率、应纳税额的计算与代收代缴
税收优惠和征收管理
印花税
印花税基本原理、纳税义务人
税目和税率、应纳税额的计算
税收优惠和征收管理

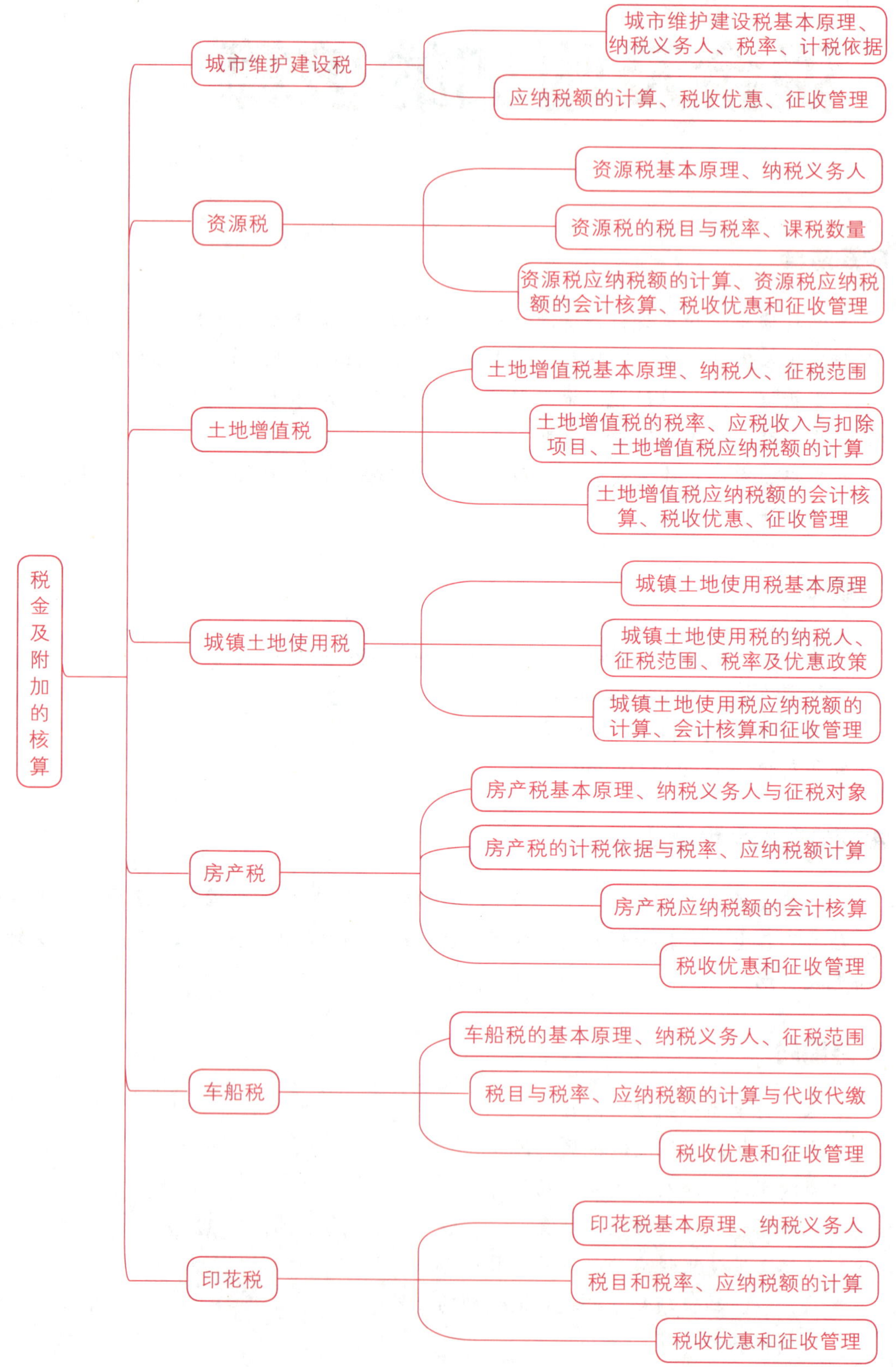

任务 6.1　城市维护建设税

情景列表	情　景　实　例
城市维护建设税应纳税额的计算	北京市鼎盛股份有限公司为增值税一般纳税人。2021 年 7 月份发生与流转税有关的业务如下：进口原材料缴纳进口环节增值税 50 000 元；内销化妆品缴纳增值税 150 000 元、消费税 200 000 元；出口化妆品，按规定退回增值税 30 000 元。根据税法规定，城建税实行“进口不征，出口不退”政策。市区城建税税率为 7%，则应纳税额 =（150 000 + 200 000）× 7%=24 500（元）

子任务 6.1.1　城市维护建设税基本原理

1. 城市维护建设税的概念

城市维护建设税是对从事工商经营，缴纳增值税、消费税的单位和个人征收的一种附加税。

中华人民共和国成立以来，我国城市建设和维护在不同时期都取得了较大成绩，但国家在城市建设方面一直资金不足。1979 年以前，我国用于城市维护建设的资金来源由当时的工商税附加、城市公用事业附加和国家下拨城市维护费组成。1979 年国家开始在部分大中城市试行从上年工商利润中提取 5% 用于城市维护和建设的办法，但未能从根本上解决问题。1981 年国务院在批转财政部关于改革工商税制的设想中提出：“根据城市建设的需要，开征城市维护建设税，作为县以上城市和工矿区市政建设的专项资金。”1985 年 2 月 8 日国务院颁布了《中华人民共和国城市维护建设税暂行条例》并于 1985 年 1 月 1 日在全国范围内施行。

2. 城市维护建设税的特点

（1）税款专款专用。一般情况下，税收收入都直接纳入国家预算，由中央和地方政府根据需要，统一安排使用到国家建设和事业发展的各个方面，税法并不规定各个税种收入的具体使用范围和方向。但城市维护建设税不同，其所征税款要求保证用于城市公用事业和公共设施的维护和建设。

（2）属于一种附加税。征税对象是税法规定征税的目的物，是一个税种区别于另一个税种的主要标志。而城市维护建设税是以纳税人实际缴纳的增值税、消费税为计税依据，随增值税、消费税同时征收，其本身没有特定的课税对象，其征管方法也完全比照增值税、消费税的有关规定办理。

（3）根据城镇规模设计不同的比例税率。城市维护建设税的负担水平，不是依据纳税人获取的利润水平或经营特点而定，而是根据纳税人所在城镇的规模及其资金需要设计的。城镇规模大的，税率高一些；反之，就低一些。例如，纳税人所在地在城市市区的，税率为 7%；在县城、建制镇的税率为 5%。这样规定能够使不同地区获取不同数量的城市维护建设资金，因地制宜地进行城市的维护和建设。

（4）征收范围较广。增值税、消费税是对商品和劳务的征税，在我国现行税制体系中居主体税种的地位，占全部税收收入总额的 70% 左右，其征税范围基本上包括了我国境内所有经营行为的单位和个人。城市维护建设税以增值税、消费税税额作为税基，从这个意义上看，城市维护建设税几乎是对所有纳税人的征税。因此，它的征税范围比其他任何税种的征税范围都要广。

3. 城市维护建设税的作用

（1）补充城市维护建设资金的不足。城市在国民经济建设中有着重要的作用。随着我国经济体制改革的深入和市场经济的迅速发展，我国城市化进程也在不断加快，城市的中心地位越来越重要。但是，由于城市建设资金不足，使城市的维护建设欠账较多，远远跟不上工农业生产和各项事业发展的需要。在 1984 年以前，国家用于城市维护建设的资金，除了在基本建设投资中安排及征收城市公用事业附加外，还在部分城市试行从上年利润中提取 5% 的城市维护费的办法。采用这种办法集中城建资金，不仅面窄、量少，而且极不稳定。城市维护建设税以增值税、消费税应纳税额作为计税依据，保证税源的充足，对补充城市维护建设税资金的不足发生了积极的作用。

（2）限制了对企业乱摊派。在开征城市维护建设税以前，有些地区和部门借口城建资金不足，随意向企业摊派物资和资金，加重了企业的负担，影响了企业正常生产经营和发展。征收城市维护建设税后，国家把地方政府用于城市维护建设的资金来源用法律形式固定下来。所以，《城市维护建设税暂行条例》第八条明确规定：开征城市建设维护税后，任何地区和部门，都不得再向纳税人摊派资金或物资。遇到摊派情况，纳税人有权拒绝执行，这就为限制对企业的乱摊派提供了法律保证。

（3）调动了地方政府进行城市维护和建设的积极性。《城市维护建设税暂行条例》第六条规定：城市维护建设税应当保证用于城市公用事业和公共设施的维护建设，具体安排由地方政府确定。这就明确了城市委会建设税是一个具有专款专用性质的地方税。将城市维护建设税收入与当地城市建设直接挂钩，税收收入越多，城镇建设资金就越充裕，城镇建设发展就越快。

这样，就可以充分调动地方政府的积极性，使其关心城市维护建设税收入，加强城市维护建设税的征收管理。从另一角度看，城市维护建设税作为一个地方税种，也充实和完善了地方税体系，扩大了地方政府的财政收入规模，为整体税制的进一步完善起到了积极的作用。

子任务 6.1.2 纳税义务人

城市维护建设税的纳税义务人，是指负有缴纳增值税、消费税的单位和个人，包括国有企业、集体企业、私营企业、股份制企业、其他企业和行政单位、事业单位、军事单位、社会团体、其他单位，以及个体工商户及其他个人。

子任务 6.1.3 税率

城市维护建设税的税率，是指纳税人应缴纳的城市维护建设税税额与纳税人实际缴纳的增值税、消费税税额之间的比率。城建税按纳税人所在地的不同，设置了三档地区差别比例税率，即：

（1）纳税人所在地为市区的，税率为 7%。

（2）纳税人所在地为县城、镇的，税率为 5%。

（3）纳税人所在地不在市区，县城、镇的，税率为 1%。

本项目城建税改为城市维护建设税的适用税率，应当按纳税人所在地的规定税率执行。但是，对下列两种情况，可按缴纳增值税、消费税所在地的规定税率就地缴纳城建税。

第一种情况：由受托方代扣代缴、代收代缴增值税、消费税的单位和个人，其代扣代缴、代收代缴的城建税按受托方所在地适用税率执行。

第二种情况：流动经营等无固定纳税地点的单位和个人，在经营地缴纳增值税、消费税的，其城建税的缴纳按经营地适用税率执行。

子任务 6.1.4 计税依据

城建税的计税依据，是指纳税人实际缴纳的增值税、消费税税额。纳税人违反增值税、消费税有关税法而加收的滞纳金和罚款，是税务机关对纳税人违法行为的经济制裁，不作为城建税的计税依据，但纳税人在被查补增值税、消费税和被处以罚款时，应同时对其偷漏的城建税进行补税、征收滞纳金和罚款。

城建税以增值税、消费税税额为计税依据并同时征收，如果要免征或者减征增值税、消费税，也就要同时免征或者减征城建税。

自 1997 年 1 月 1 日起，供货企业向出口企业和市县外贸企业销售出口产品时，以增值税当期销项税额抵扣进项税额后的余额，计算缴纳城建税。但对出口产品退还增值税、消费税的，不退还已缴纳的城建税。

自 2005 年 1 月 1 日起，经国家税务总局正式审核批准的当期免抵的增值税税额应纳入城市维护建设税和教育费附加的计征范围，分别按规定的税（费）率征收城市维护建设税和教育费附加。2005 年 1 月 1 日前，已按免抵的增值税税额征收的城市维护建设税和教育费附加不再退还，未征的不再补征。

子任务 6.1.5 应纳税额的计算

城建税纳税人的应纳税额大小是由纳税人实际缴纳的增值税、消费税税额决定的，其计算公式为

应纳税额 = 纳税人实际缴纳的增值税、消费税税额 × 适用税率

【情景 6-1】北京市鼎盛股份有限公司为增值税一般纳税人。2021 年 7 月份发生与流转税有关的业务如下：进口原材料缴纳进口环节增值税 50 000 元；内销化妆品缴纳增值

税150 000元、消费税200 000元；出口化妆品，按规定退回增值税30 000元。

问题：该公司7月份应缴纳多少城建税？计算并编制会计分录。

解析：根据税法规定，城建税实行“进口不征，出口不退”政策。市区城建税税率为7%。

$$应纳税额=（150\ 000+200\ 000）\times 7\%=24\ 500（元）$$

分录编制：

计提城建税时：

借：税金及附加　　24 500

　　贷：应交税费——应交城建税　　24 500

缴纳城建税时：

借：应交税费——应交城建税　　24 500

　　贷：银行存款　　24 500

子任务 6.1.6 税收优惠

城建税原则上不单独减免，但因城建税又具附加税性质，当主税发生减免时，城建税相应发生税收减免。城建税的税收减免具体有以下几种情况：

（1）城建税按减免后实际缴纳的增值税、消费税税额计征，即随增值税、消费税的减免而减免。

（2）对于因减免税而需进行增值税、消费税退库的，城建税也可同时退库。

（3）海关对进口产品代征的增值税、消费税，不征收城建税。

（4）为支持三峡工程建设，对三峡工程建设基金，自2004年1月1日至2009年12月31日期间，免征城市维护建设税和教育费附加。

（5）对增值税、消费税实行先征后返、先征后退、即征即退办法的，除另有规定外；对随增值税、消费税附征的城市维护建设税和教育费附加，一律不予退（返）还。

子任务 6.1.7 征收管理

1. 纳税环节

城建税的纳税环节，是指《城市维护建设税暂行条例》规定的纳税人应当缴纳城建税的环节。城建税的纳税环节，实际就是纳税人缴纳增值税、消费税的环节。纳税人只要发生增值税、消费税的纳税义务，就要在同样的环节，分别计算缴纳城建税。

2. 纳税地点

城建税以纳税人实际缴纳的增值税、消费税税额为计税依据，分别与增值税、消费税同时缴纳。所以，纳税人缴纳增值税、消费税的地点，就是该纳税人缴纳城建税的地点。但是，属于下列情况的，纳税地点为：

（1）代扣代缴、代收代缴增值税、消费税的单位和个人，同时也是城市维护建设税的代扣代缴、代收代缴义务人，其城建税的纳税地点在代扣代收地。

（2）跨省开采的油田，下属生产单位与核算单位不在一个省内的，其生产的原油，在油井所在地缴纳增值税，其应纳税款由核算单位按照各油井的产量和规定税率，计算汇拨各油井缴纳。所以，各油井应纳的城建税，应由核算单位计算，随同增值税一并汇拨油井所在地，由油井在缴纳增值税的同时，一并缴纳城建税。

（3）对管道局输油部分的收入，由取得收入的各管道局于所在地缴纳增值税。所以，其应纳城建税，也应由取得收入的各管道局于所在地缴纳增值税时一并缴纳。

（4）对流动经营等无固定纳税地点的单位和个人，应随同增值税、消费税在经营地按适用税率缴纳。

3. 纳税期限

由于城建税是由纳税人在缴纳增值税、消费税时同时缴纳的，所以其纳税期限分别与增值税、消费税的纳税期限一致。根据增值税法和消费税法规定，增值税、消费税的纳税期限均分别为 1 日、3 日、5 日、10 日、15 日或者 1 个月。增值税、消费税的纳税人的具体纳税期限，由主管税务机关根据纳税人应纳税额大小分别核定；不能按照固定期限纳税的，可以按次纳税。

由于《城市维护建设税暂行条例》是在 1994 年分税制前制定的，1994 年后，增值税、消费税由国家税务局征收管理，而城市维护建设税由地方税务局征收管理。因此，在缴税入库的时间上不一定完全一致。

任务 6.2 资源税

情景列表	情 景 实 例
资源税的概念	北京市鼎盛股份有限公司开采的天然原油需要征收资源税
资源税应纳税额的会计核算	北京市鼎盛股份有限公司为增值税一般纳税人，2021 年 12 月生产原煤 1 300 000 吨，全部对外销售；另外该煤矿当月还生产销售天然气 2 000 万立方米。已知该煤矿原煤适用的单位税额为 2 元 / 吨，煤矿邻近的石油管理局天然气适用单位税额为 10 元 / 千立方米。计算该矿山上述业务应缴纳的资源税税额，并作会计处理

子任务 6.2.1 资源税基本原理

1. 资源税的概念

资源税是对在我国境内从事应税矿产品开采和生产盐的单位和个人课征的一种税，属于对自然资源占用课税的范畴。

对资源占用行为课税不仅为当今许多国家广泛采用，而且具有十分悠久的历史。我国对资源占用课税的历史至少可以追溯到周代，当时的“山泽之赋”就是对伐木、采矿、狩猎、捕鱼、煮盐等开发、利用自然资源的生产活动课征的赋税。此后，我国历代政府一直延续了对矿冶资源、盐业资源等自然资源开发利用课税的制度。

2. 资源税征收的理论依据

1984 年我国开征资源税时，普遍认为征收资源税主要依据的是受益原则、公平原则和效率原则三方面。从受益方面考虑，资源属国家所有，开采者因开采国有资源而得益，有责任向所有者支付其地租；从公平角度来看，条件公平是有效竞争的前提，资源级差收入的存在影响资源开采者利润的真实性，或偏袒竞争中的劣者，或拔高竞争中的优胜者，故级差收入以归政府支配为好；从效率角度分析，稀缺资源应由社会净效率高的企业来开采，对资源开采中出现的掠夺和浪费行为，国家有权采取经济手段促其转变。这些解释从一个侧面说明了开征资源税的意义和必要性。

征收资源税的最重要理论依据是地租理论。由于矿产等资源具有不可再生性的特征，以及国家凭对自然资源的所有权垄断，使资源产生地租。矿产资源的地租表现为矿产资源的租金。矿产资源的租金体现了矿产资源的价值。这种价值不是矿产企业在开采矿产资源过程中的“劳动凝结”，而是矿产资源无以复加的使用价值的“国家所有权垄断”的体现。任何单位和个人未经国家允许，都不可能实施矿产资源的开采经营权，也不可能基于法律的规定取得矿产资源的所有权。所以，任何单位和个人取得的是矿产资源开采权，实际上是国家对矿产资源所有权的部分让渡。

在当今经济社会条件下，政府对资源占用行为课税的动机除基于财政原因之外，主要是为了运用税收经济杠杆调节纳税人的收入，为企业间开展公平竞争创造外部条件，并诱导纳税人节约、合理地开发利用自然资源，以促进经济社会可持续发展。

3. 资源税计税方法

由于资源税的课税对象主要为计量单位标准的矿产资源，因此在对资源征税时，往往采用从量定额的征收方法，不仅计算简单，而且便于管理。但是采取定额征收的方法，对于资源开采中的级差收入的征税政策不能体现出来，尤其当资源价格波动比较大时，不能做到随价格提高而相应提高资源税额，不利于资源的合理开采和利用。因此，我国现行资源税的计税方法有进一步调整的空间。

4. 资源税的作用

我国的现行资源税开征于 1984 年，是以调节资源级差收入、促进企业平等竞争和保护自然资源为主要目的而设置的一个税种。资源税的开征，为构建我国的资源占用课税体系奠定了基础，对于完善我国的税制结构，拓宽税收的调节领域，全面发挥税收的职能作用具有重要意义。资源税开征以来，经过不断改进，其课征范围逐渐扩大，计征方法日趋完善，已经成为我国现行税制体系中的一个重要税种。

在社会主义市场经济条件下，资源税的作用主要体现在以下几个方面：

（1）促进企业之间开展平等竞争。我国的资源税属于比较典型的级差资源税，它根据应税产品的品种、质量、存在形式、开采方式以及企业所处地理位置和交通运输条件等客观因素的差异确定差别税率，从而使条件优越者税负较高、反之则税负较低。这种税率设计使资源税能够比较有效地调节由于自然资源条件差异等客观因素给企业带来的级差收入，减少或排除资源条件差异对企业盈利水平的影响，为企业之间开展平等竞争创造有利的外部条件。

（2）促进对自然资源的合理开发利用。通过对开发、利用应税资源的行为课征资源税，体现了国有自然资源有偿占用的原则，从而可以促使纳税人节约、合理地开发和利用自然资源，有利于我国经济可持续发展。

（3）为国家筹集财政资金。资源税虽然以促进平等竞争和保护自然资源为主要课征目的，但就其课征结果而言，仍不失为财政收入的一项重要来源。随着其课征范围的逐渐扩展，资源税的收入规模及其在税收收入总额中所占的比重都相应增加，其财政意义也日渐明显，在为国家筹集财政资金方面发挥着不可忽视的作用。

子任务 6.2.2 纳税义务人

资源税的纳税义务人是指在中华人民共和国境内开采应税资源的矿产品或者生产盐的单位和个人。

单位是指国有企业、集体企业、私营企业、股份制企业、其他企业和行政单位、事业单位、军事单位、社会团体及其他单位；个人是指个体经营者和其他个人；其他单位和其他个人包括外商投资企业、外国企业及外籍人员。

中外合作开采石油、天然气，按照现行规定只征收矿区使用费，暂不征收资源税。因此，中外合作开采石油、天然气的企业不是资源税的纳税义务人。

《资源税暂行条例》还规定，收购未税矿产品的单位为资源税的扣缴义务人。

规定资源税的扣缴义务人，主要是针对零星、分散、不定期开采的情况，为了加强管理，避免漏税，由扣缴义务人在收购矿产品时代扣代缴资源税。

收购未税矿产品的单位是指独立矿山、联合企业和其他单位。独立矿山是指只有采矿或只有采矿和选矿、独立核算、自负盈亏的单位，其生产的原矿和精矿主要用于对外销售。联合企业是指采矿、选矿、冶炼（或加工）连续生产的企业或采矿、冶炼（或加工）连续生产的企业，其采矿单位一般是该企业的二级或二级以下核算单位。其他单位也包括收购未税矿产品的个体户在内。

子任务 6.2.3 资源税的税目与税率

1. 税目

资源税税目包括 5 大类，在 5 个税目下面又设有若干个子目。现行资源税的税目及子目主要是根据资源税应税产品和纳税人开采资源的行业特点设置的。

（1）原油。开采的天然原油征税；人造石油不征税。

（2）天然气。专门开采的天然气和与原油同时开采的天然气征税；煤矿生产的天然气暂不征税。

（3）煤炭。原煤征税；洗煤、选煤和其他煤炭制品不征税。

（4）金属矿。包含铁矿、金矿、铜矿、铝土矿、铅锌矿、镍矿、锡矿、钨、钼、未列举名称的其他金属矿产品原矿或精矿。

（5）其他非金属矿，包含石墨、硅藻土、高岭土、萤石、石灰石、硫铁矿、磷矿、氯化钾、硫酸钾、井矿盐、湖盐、提取地下卤水晒制的盐、煤层（成）气、海盐、稀土、未列举名称的其他非金属矿产品。

纳税人在开采主矿产品的过程中伴采的其他应税矿产品，凡未单独规定适用税额的，一律按主矿产品或视同主矿产品税目征收资源税。

2. 扣缴义务人适用的税额

（1）独立矿山、联合企业收购未税矿产品的单位，按照本单位应税产品税额标准，依据收购的数量代扣代缴资源税。

（2）其他收购单位收购的未税矿产品，按税务机关核定的应税产品税额标准，依据收购的数量代扣代缴资源税。

对于划分资源等级的应税产品，如果在几个主要品种的矿山资源等级表中未列举适用的税额，由省、自治区、直辖市人民政府根据纳税人的资源状况，参照资源税税目税额明细表和几个主要品种的矿山资源等级表中确定的邻近矿山的税额标准，在浮动 30% 的幅度内核定，并报财政部和国家税务总局备案。

3. 税率

资源税采取从价定率或从量定额的办法计征。因此，税率形式有比例税率和定额税率两种。原油、天然气、煤炭、稀土、钨、钼资源采用比例税率，其他应税资源采用定额税率。

资源税采取从量定额的办法征收，实施“普遍征收、级差调节”的原则。普遍征收是指对在我国境内开发的一切应税资源产品征收资源税；级差调节是指运用资源税对因资源贮存状况、开采条件、资源优劣、地理位置等客观存在的差别而产生的资源级差收入，通过实施差别税额标准进行调节。资源条件好的，税额高一些；资源条件差的，税额低一些。税目、税率（额）请扫描右侧二维码。

资料

子任务 6.2.4 课税数量

1. 确定资源税课税数量的基本办法

（1）纳税人开采或者生产应税产品销售的，以销售数量为课税数量。

（2）纳税人开采或者生产应税产品自用的，以自用（非生产用）数量为课税数量。

2. 特殊情况课税数量的确定方法

实际生产经营活动中，有些情况是比较特殊的，因此，有些具体情况的课税数量采取如下办法：

（1）纳税人不能准确提供应税产品销售数量或移送使用数量的，以应税产品的产量或主管税务机关确定的折算比，换算成的数量为课税数量。

（2）原油中的稠油、高凝油与稀油划分不清或不易划分的，一律按原油的数量课税。

（3）对于连续加工前无法正确计算原煤移送使用量的煤炭，可按加工产品的综合回收率，将加工产品实际销量和自用量折算成原煤数量，以此作为课税数量。

（4）金属和非金属矿产品原矿，因无法准确掌握纳税人移送使用原矿数量的，可将其精矿按选矿比折算成原矿数量，以此作为课税数量，其计算公式为

$$选矿比 = 精矿数量 \div 耗用原矿数量$$

（5）纳税人以自产的液体盐加工固体盐，按固体盐税额征税，以加工的固体盐数量为课税数量。纳税人以外购的液体盐加工成固体盐；其加工固体盐所耗用液体盐的已纳税额准予抵扣。

对于纳税人开采或者生产不同税目应税产品的，应当分别核算；不能准确提供不同税目应税产品的课税数量的，从高适用税额。

子任务 6.2.5 资源税应纳税额的计算

根据应税产品不同，资源税应纳税额两种计算方法，其计算公式为

$$从价定率：应纳税额 = 销售额 \times 税率$$

$$从量定额：应纳税额 = 计税数量 \times 税率$$

1. 销售额的确定

从价计税的应税产品应以销售额为计税依据。销售额为纳税人销售应税产品向购买方收取的全部价款和价外费用。其构成内容和确定方法与增值税计税依据完全相同，即不含增值税但含有资源税。

纳税人以人民币以外的货币结算销售额的，应当折合成人民币。其折合率可以选择销售额发生的当天或当月 1 日的人民币汇率中间价。换算方法一经确定，1 年内不得变更。

纳税人申报的应税产品销售额明显偏低并且无正当理由的或有视同销售行为而无销售额的，除财政部、国家税务总局另有规定外，按下列顺序确定销售额：

（1）按纳税人最近时期同类产品的平均销售价格确定；

（2）按其他纳税人最近时期同类产品的平均销售价格确定；

（3）按组成计税价格确定。

组成计税价格 = 成本 ×（1 +成本利润率）÷（1 −税率）

公式中的成本是指：应税产品的实际生产成本，成本利润率由省、自治区、直辖市税务机关确定。

2. 计税数量的确定

（1）纳税人开采或生产应税产品销售的，以销售数量为计税数量；

（2）开采或生产的应税产品自用的，以使用数量为计税数量；不能准确提供应税产品使用数量的，以应税产品的产量或者主管税务机关确定的折算比换算成的数量为计税数量。具体有内容如下：

①对于连续加工前无法正确计算原煤移送使用量的，可按加工产品的综合回收率，将加工产品实际销量和自用量折算成的原煤数量作为计税数量；

②金属和非金属矿产品原矿，因无法准确掌握纳税人移送使用原矿数量的，可将其精矿按选矿比折算成的原矿数量作为计税数量；

③纳税人以资产的液体盐加工固体盐，以加工的固体盐数量为课税数量，按固体盐税额征税。纳税人以外购的液体盐加工成固体盐，其加工固体盐所耗用液体盐的已纳税额准予抵扣。

子任务 6.2.6 资源税应纳税额的会计核算

企业核算资源税应设置“应交税费——应交资源税”科目。资源矿产品用途不同，其会计核算也存在差异，具体内容如下：

对外销售应税产品应缴资源税，应借记“税金及附加”科目，贷记“应交税费——应交资源税”科目；自产自用应税产品应缴资源税，应借记“生产成本”“制造费用”等科目，贷记“应交税费——应交资源税”科目；收购未税矿产品代扣代缴资源税，应借记“应付账款”等科目，贷记“应交税费——代扣代缴资源税”科目；企业外购液体盐加工成固体盐，在购入液体盐时，按允许抵扣的资源税，借记“应交税费——应交资源税”科目，按外购价款扣除允许抵扣资源税后的数额，借记“物资采购”等科目，按应支付的全部价款，贷记“银行存款”等科目；企业加工成固体盐销售时，按销售固体盐应缴资源税，借记“税金及附加”科目，贷记“应交税费——应交资源税”科目，将销售固体盐应纳资源税扣抵液体盐已纳资源税后的差额上交时，借记“应交税费——应交资源税”科目，贷记“银行存款”科目；纳税人按规定缴纳资源税时，借记“应交税费——应交资源税”科目，贷记“银行存款”科目。

【情景 6-2】北京市鼎盛股份有限公司为增值税一般纳税人，2021 年 12 月生产原煤 1 300 000 吨，全部对外销售；另外该煤矿当月还生产销售天然气 2 000 万立方米。已知该煤矿原煤适用的单位税额为 2 元 / 吨，煤矿邻近的石油管理局天然气适用单位税额为 10 元 / 千立方米。

问题：计算该矿山上述业务应缴纳的资源税税额，并编制会计分录。

解析：根据税法规定，煤矿生产的天然气暂不征税，则

应纳税额 =1 300 000 × 2=2 600 000（元）

计提资源税时：

借：税金及附加　　2 600 000

　　贷：应交税费——应交资源税　　2 600 000

子任务 6.2.7 税收优惠

1. 减税、免税项目

资源税贯彻普遍征收、级差调节的原则思想，因此规定的减免税项目比较少。

（1）开采原油过程中用于加热、修井的原油免税。

（2）纳税人开采或者生产应税产品过程中，因意外事故或者自然灾害等原因遭受重大损失的，由省、自治区、直辖市人民政府酌情决定减税或者免税。

（3）自 2007 年 2 月 1 日起，北方海盐资源税暂减按每吨 15 元征收，南方海盐、湖盐、井矿盐资源税暂减按每吨 10 元征收，液体盐资源税暂减按每吨 2 元征收。

（4）国务院规定的其他减税、免税项目。纳税人的减税、免税项目，应当单独核算课税数量；未单独核算或者不能准确提供课税数量的，不予减税或者免税。

（5）从 2007 年 1 月 1 日起，对地面抽采煤层气暂不征收资源税。煤层气是指赋存于煤层及其围岩中与煤炭资源伴生的非常规天然气，也称煤矿瓦斯。

2. 出口应税产品不退（免）资源税的规定

资源税规定仅对在中国境内开采或生产应税产品的单位和个人征收，进口的矿产品和盐不征收资源税。由于对进口应税产品不征收资源税，相应的，对出口应税产品也不免征或退还已纳资源税。

子任务 6.2.8 征收管理

1. 纳税义务发生时间

（1）纳税人销售应税产品，其纳税义务发生时间为：

①纳税人采取分期收款结算方式的，其纳税义务发生时间，为销售合同规定的收款日期的当天。

②纳税人采取预收货款结算方式的，其纳税义务发生时间，为发出应税产品的当天。

③纳税人采取其他结算方式的，其纳税义务发生时间，为收讫销售款或者取得索取销售款凭据的当天。

（2）纳税人自产自用应税产品的纳税义务发生时间，为移送使用应税产品的当天。

（3）扣缴义务人代扣代缴税款的纳税义务发生时间，为支付首笔货款或者首次开具应支付货款凭据的当天。

2. 纳税期限

纳税期限是纳税人发生纳税义务后缴纳税款的期限。资源税的纳税期限为 1 日、3 日、5 日、10 日、15 日或者 1 个月，纳税人的纳税期限由主管税务机关根据实际情况具体核定。不能按固定期限计算纳税的，可以按次计算纳税。

纳税人以 1 个月为一期纳税的，自期满之日起 10 日内申报纳税；以 1 日、3 日、5 日、10 日或者 15 日为一期纳税的，自期满之日起 5 日内预缴税款，于次月 1 日起 10 日内申报纳税并结清上月税款。

3. 纳税地点

（1）凡是缴纳资源税的纳税人，都应当向应税产品的开采或者盐生产所在地主管税务机关缴纳税款。

（2）如果纳税人在本省、自治区、直辖市范围内开采或者生产应税产品，其纳税地点需要调整的，由所在地省、自治区、直辖市税务机关决定。

（3）如果纳税人应纳的资源税属于跨省开采，其下属生产单位与核算单位不在同一省、自治区、直辖市的，对其开采的矿产品一律在开采地纳税，其应纳税款由独立核算、自负盈亏的单位，按照开采地的实际销售量（或者自用量）及适用的单位税额计算划拨。

（4）扣缴义务人代扣代缴的资源税，也应当向收购地主管税务机关缴纳。

任务 6.3 土地增值税

情景列表	情　景　实　例
土地增值税应纳税额的计算	某纳税人转让房地产所取得的收入为 5 000 000 元，其扣除项目金额为 1 000 000 元，请计算其应纳土地增值税的税额

子任务 6.3.1 土地增值税基本原理

1. 基本概念

土地增值税是指对转让国有土地使用权、地上建筑物及其附着物（以下简称房地产）并取得收入的单位和个人，就其转让房地产所取得的增值额增收的一种税。

现行土地增值税的基本规范，是 1993 年 12 月 13 日国务院颁布并于 1994 年 1 月 1 日起实施的《中华人民共和国土地增值税暂行条例》和 1995 年 1 月 27 日财政部制定的《中华人民共和国土地增值税暂行条例实施细则》。

2. 我国土地增值税的特点

（1）以转让房地产的增值额为计税依据。增值额为纳税人转让房地产的收入，减除税法规定准予扣除的项目金额后的余额。土地增值税的增值额与增值税的增值额有所不同，土地增值税的增值额以征税对象的全部销售收入额扣除与其相关的成本、费用、税金及其他项目金额后的余额，与会计核算中计算会计利润的方法基本相似。增值税的增值额只扣除与其销售额直接相关的进货成本价格。

（2）征税面比较广。凡在我国境内转让房地产并取得收入的单位和个人，除税法规定免税以外的，均应依照土地增值税条例规定缴纳土地增值税。换言之，凡发生应税行为的单位和个人，不论其经济性质，也不分内、外资企业或中、外籍人员，无论专营或兼营房地产业务，均有缴纳土地增值税的义务。

（3）实行超率累进税率。土地增值税的税率是以转让房地产增值率的高低为依据来确认，按照累进原则设计，实行分级计税。增值率是以收入总额扣除相关项目金额后的余额再除以扣除项目合计金额，增值率高的，税率高、多纳税；增值率低的，税率低、少纳税。

（4）实行按次征收。土地增值税在房地产发生转让的环节实行按次征收，每发生一次转让行为，就应根据每次取得的增值额征一次税。

3. 土地增值税的作用

（1）增强国家对房地产开发和房地产交易市场的调控。改革开放前，我国土地管理制度一直采取行政划拨方式，不允许进行土地买卖，既没有地产交易行为，也不存在地产交易市场。实践证明，这种土地管理制度不利于提高土地资源的使用效益。改革开放后，对土地使用管理制度逐步实行了改革，打破了无偿使用，不准买卖的老规定，确立了有偿使用，允许转让使用权的政策和制度。新的土地使用政策和管理制度的实施，从根本上促进了我国房地产开发和房地产交易市场的发展。这对于合理配置土地资源，提高土地使用效益，增加政府财政收入，改善城市基础设施和人民生活居住条件，以及带动国民经济相关产业的发展，都产生了积极作用。

但是，由于有关土地管理的各项制度还有待完善，对土地及房地产市场的管理也有待改进，我国在房地产业发展中也出现了一些问题。主要是：搞房地产开发过热，一度炒买炒卖房地产的投机行为盛行，房地产价格上涨过猛，投入房地产的资金规模过大，国家土地资源浪费较严重，国有土地资源收益流失过多，也影响和危害了国民经济的健康协调发展，而且也造成了社会分配不公。

在这种情况下，我国决定借鉴世界上一些国家和地区的有益做法，开征土地增值税，利用税收杠杆对房地产业的开发、经营和房地产市场进行适当调控，以保护房地产业和房地产市场的健康发展，控制投资规模，促进土地资源的合理利用，调节部分单位和个人通过炒买炒卖房地产取得的高额收入。

（2）有利于国家抑制炒买炒卖土地获取暴利的行为。土地收益主要来源于土地的增值。一是自然增值，即由于土地资源是有限的，而随着经济建设的发展，生产和生活建设用地扩大，土地资源相对发生紧缺，导致土地价格上升。这是土地增值的主要因素。二是投资增值，即投入资金开发建造，把“生地”变为“熟地”，建成适用于各种生产、生活、商业用设施，形成土地增值。土地资源属国家所有，国家为土地的完整而不受侵犯投入了巨额资金，国家应参与土地增值收益分配，并取得较大份额。同时对房地产开发者投资、开发房地产应取得的合理收益，应当予以保护，使其能够得到一定的回报，以促进房地产业的正常发展。然而有些地区盲目开发并竞相压低国家土地批租价格，给炒买炒卖者留下了空间，致使国家土地增值收益流失严重，极大地损害了国家利益。统一对土地增值收益征税，有利于堵住这方面的漏洞，减少国家土地资源增值收益的流失，遏制投机者牟取暴利的行为，保护房地产正当开发者的合法权益，维护国家整体利益。

（3）增加国家财政收入为经济建设积累资金。1993 年年底以前，我国涉及房地产交易市场的税费，主要有企业所得税、个人所得税、契税、土地增值税等。1994 年 1 月 1 日起对土地增值收益征收土地增值税，增加了国家财政收入的新财源。分税制财政体制实施后，土地增值税收入属于地方政府的财政收入，为地方政府积累经济建设资金起到了积极的作用。

子任务 6.3.2 土地增值税纳税人

土地增值税的纳税义务人为转让国有土地使用权、地上的建筑及其附着物（以下简称转让房地产）并取得收入的单位和个人。单位包括各类企业、事业单位、国家机关和社会团体及其他组织。个人包括个体经营者。

概括起来，《土地增值税暂行条例》对纳税人的规定主要有以下四个特点：

（1）不论法人与自然人。即不论是企业、事业单位、国家机关、社会团体及其他组织，还是个人，只要有偿转让房地产，都是土地增值税的纳税人。

（2）不论经济性质。即不论是全民所有制企业、集体企业、私营企业、个体经营者，还是联营企业、合资企业、合作企业、外商独资企业等，只要有偿转让房地产，都是土地增值税的纳税人。

（3）不论内资与外资企业、中国公民与外籍个人。根据 1993 年 12 月 29 日第八届全国人大第五次常务委员会通过的《全国人大常委会关于外商投资企业和外国企业适用增值税、消费税等税收暂行条例的决定》和《国务院关于外商投资企业和外国企业适用增值税、消费税等税收暂行条例的有关问题的通知》，以及国税发〔1994〕123 号《国家税务总局关于外商投资企业和外国企业及外籍个人适用税种问题的通知》等的规定，土地增值税适用于涉外企业和个人。因此，不论是内资企业还是外商投资企业、外国驻华机构；也不论是中国公民、港澳台同胞、海外华侨，还是外国公民，只要有偿转让房地产，都是土地增值税的纳税人。

（4）不论部门。即不论是工业、农业、商业、学校、医院、机关等，只要有偿转让房地产，都是土地增值税的纳税人。

子任务 6.3.3 土地增值税的征税范围

1. 征税范围

根据《土地增值税暂行条例》及其实施细则的规定，土地增值税的征税范围包括：

（1）转让国有土地使用权。这里所说的“国有土地”，是指按国家法律规定属于国家所有的土地。

（2）地上的建筑物及其附着物连同国有土地使用权一并转让。这里所说的“地上的建筑物”，是指建于土地上的一切建筑物，包括地上地下的各种附属设施。这里所说的“附着物”，是指附着于土地上的不能移动或一经移动即遭损坏的物品。

2. 征税范围的界定

准确界定土地增值税的征税范围十分重要。在实际工作中，我们可以通过以下几条标准来判定：

（1）土地增值税是对转让国有土地使用权及其地上建筑物和附着物的行为征税

这里，转让的土地，其使用权是否为国家所有，是判定是否属于土地增值税征税范围的标准之一。

根据《中华人民共和国宪法》和《中华人民共和国土地管理法》（以下简称《土地管理法》）的规定，城市的土地属于国家所有。农村和城市郊区的土地除由法律规定属于国家所有的以外，属于集体所有。国家为了公共利益，可以依照法律规定对集体土地实行征用，依法被征用后的土地属于国家所有。对于上述法律规定属于国家所有的土地，其土地使用权在转让时，按照《土地增值税暂行条例》规定，属于土地增值税的征税范围。而农村集体所有的土地，根据《土地管理法》、《城市房地产管理法》及国家其他有关规定，是不得自行转让的，只有根据有关法律规定，由国家征用以后变为国家所有时，才能进行转让。故集体土地的自行转让是一种违法行为，应由有关部门来处理。对于目前违法将集体土地转让给其他单位和个人的情况，应在有关部门处理、补办土地征用或出让手续变为国家所有之后，再纳入土地增值税的征税范围。

（2）土地增值税是对国有土地使用权及其地上的建筑物和附着物的转让行为征税。

这里，土地使用权、地上的建筑物及其附着物的产权是否发生转让是判定是否属于土地增值税征税范围的标准之一。这条标准有两层含义：

①土地增值税的征税范围不包括国有土地使用权出让所取得的收入。国有土地使用权出让，是指国家以土地所有者的身份将土地使用权在一定年限内让与土地使用者，并由土地使用者向国家支付土地使用权出让金的行为，属于土地买卖的一级市场。土地使用权出让的出让方是国家，国家凭借土地的所有权向土地使用者收取土地的租金。出让的目的是实行国有土地的有偿使用制度，合理开发、利用、经营土地，因此，土地使用权的出让不属于土地增值税的征税范围。而国有土地使用权的转让是指土地使用者通过出让等形式取得土地使用权后，将土地使用权再转让的行为，包括出售、交换和赠与，它属于土地买卖的二级市场。土地使用权转让，其地上的建筑物、其他附着物的所有权随之转让。土地使

用权的转让，属于土地增值税的征税范围。

②土地增值税的征税范围不包括未转让土地使用权、房产产权的行为。是否发生房地产权属（指土地使用权和房产产权）的变更，是确定是否纳入征税范围的一个标准，凡土地使用权、房产产权未转让的（如房地产的出租），不征收土地增值税。

（3）土地增值税是对转让房地产并取得收入的行为征税。

这里，是否取得收入是判定是否属于土地增值税征税范围的标准之一。

土地增值税的征税范围不包括房地产的权属虽转让但未取得收入的行为。如房地产的继承，尽管房地产的权属发生了变更，但权属人并没有取得收入，因此也不征收土地增值税。

需要强调的是，无论是单独转让国有土地使用权，还是房屋产权与国有土地使用权一并转让的，只要取得收入，均属于土地增值税的征税范围，应对之征收土地增值税。

3. 若干具体情况的判定

（1）企业改制重组。

①按照《中华人民共和国公司法》的规定，非公司制企业整体改制为有限责任公司或者股份有限公司，有限责任公司（股份有限公司）整体改制为股份有限公司（有限责任公司），对改制前的企业将国有土地使用权、地上的建筑物及其附着物（简称房地产）转移、变更到改制后的企业，暂不征土地增值税。

整体改制是指不改变原企业的投资主体，并永继原企业权利、义务的行为。

②按照法律规定或者合同约定，两个或两个以上企业合并为一个企业，且原企业投资主体存续的，对原企业将房地产转移。变更到合并后的企业，暂不征土地增值税。

③按照法律规定或者合同约定，企业分设为两个或两个以上与原企业投资主体相同的企业，对原企业将房地产转移。变更到分立后的企业，暂不征土地增值税。

④单位、个人在改制重组时以房地产作价入股进行投资，对其将房地产转移、变更到被投资的企业，暂不征土地增值税。

⑤上述改制重组有关土地增值税政策不适用于房地产转移任意一方为房地产开发企业的情形。

（2）房地产开发企业。房地产开发企业将开发的部分房地产转为企业自用或用于出租等商业用途时，如果产权未发生转移，不征收土地增值税。

（3）房地产的交换。这种情况是指一方以房地产与另一方的房地产进行交换的行为。由于这种行为既发生了房产产权、土地使用权的转移，交换双方又取得了实物形态的收入，按《土地增值税暂行条例》规定，它属于土地增值税的征税范围。但对个人之间互换自有居住用房地产的，经当地税务机关核实，可以免征土地增值税。

（4）合作建房。对于一方出地，一方出资金，双方合作建房，建成后按比例分房自用的，暂免征收土地增值税；建成后转让的，应征收土地增值税。

（5）房地产的出租。房地产的出租是指房产的产权所有人、依照法律规定取得土地使用权的土地使用人，将房产、土地使用权租赁给承租人使用，由承租人向出租人支付租金的行为。房地产的出租，出租人虽取得了收入，但没有发生房产产权、土地使用权的转让。因此，不属于土地增值税的征税范围。

（6）房地产的抵押。房地产的抵押是指房地产的产权所有人、依法取得土地使用权的土地使用人作为债务人或第三人向债权人提供不动产作为清偿债务的担保而不转移权属的法律行为。这种情况由于房产的产权、土地使用权在抵押期间产权并没有发生权属的变更，房产的产权所有人、土地使用权人仍能对房地产行使占有、使用、收益等权利，房产的产权所有人、土地使用权人虽然在抵押期间取得了一定的抵押贷款，但实际上这些贷款在抵押期满后是要连本带利偿还给债权人的。因此，对房地产的抵押，在抵押期间不征收土地增值税。待抵押期满后，视该房地产是否转移占有而确定是否征收土地增值税。对于以房地产抵债而发生房地产权属转让的，应列入土地增值税的征税范围。

（7）房地产的代建房行为。这种情况是指房地产开发公司代客户进行房地产的开发，开发完成后向客户收取代建收入的行为。对于房地产开发公司而言，虽然取得了收入，但没有发生房地产权属的转移，其收入属于劳务收入性质，故不属于土地增值税的征税范围。

（8）房地产的重新评估。这主要是指国有企业在清产核资时对房地产进行重新评估而使其升值的情况。

这种情况下，房地产虽然有增值，但其既没有发生房地产权属的转移，房产产权、土地使用权人也未取得收入，所以不属于土地增值税的征税范围。

（9）土地使用者处置土地使用权。土地使用者转让、抵押或置换土地，无论其是否取得了该土地的使用权属证书，无论其在转让、抵押或置换土地过程中是否与对方当事人办理了土地使用权属证书变更登记手续，只要土地使用者享有占有、使用、收益或处分该土地的权利，且有合同等证据表明其实质转让，抵押或置换了土地并取得了相应的经济利益，土地使用者及其对方当事人就应当依照税法规定缴纳增值税、土地增值税和契税等。

子任务 6.3.4 土地增值税的税率

土地增值税实行四级超率累进税率：

（1）增值额未超过扣除项目金额 50% 的部分，税率为 30%。

（2）增值额超过扣除项目金额 50%、未超过扣除项目金额 100% 的部分，税率为 40%。

（3）增值额超过扣除项目金额 100%、未超过扣除项目金额 200% 的部分，税率为 50%。

（4）增值额超过扣除项目金额 200% 的部分，税率为 60%。

上述所列四级超率累进税率，每级“增值额未超过扣除项目金额”的比例，均包括本比例数。超率累进税率如表 6-1 所示。

表 6-1　土地增值税四级超率累进税率

级数	增值额与扣除项目金额的比率	税率 /%	速算扣除系数
1	不超过 50% 的部分	30	0
2	超过 50% 至 100% 的部分	40	5
3	超过 100% 至 200% 的部分	50	15
4	超过 200% 的部分	60	35

子任务 6.3.5 应税收入与扣除项目

1. 应税收入的确定

根据《土地增值税暂行条例》及其实施细则的规定，纳税人转让房地产取得的应税收入，应包括转让房地产的全部价款及有关的经济收益。从收入的形式来看，包括货币收入、实物收入和其他收入。

（1）货币收入。货币收入是指纳税人转让房地产而取得的现金、银行存款、支票、银行本票、汇票等各种信用票据和国库券、金融债券、企业债券、股票等有价证券。这些类型的收入其实质都是转让方因转让土地使用权、房屋产权而向取得方收取的价款。货币收入一般比较容易确定。

（2）实物收入。实物收入是指纳税人转让房地产而取得的各种实物形态的收入，如钢材、水泥等建材，房屋、土地等不动产，等等。实物收入的价值不太容易确定，一般要按照公允价值确定应税收入。

（3）其他收入。其他收入是指纳税人转让房地产而取得的无形资产收入或具有财产价值的权利，如专利权、商标权、著作权、专有技术使用权、土地使用权、商誉权等。这种类型的收入比较少见，其价值需要进行专门的评估。

2. 扣除项目的确定

计算土地增值税应纳税额，并不是直接对转让房地产所取得的收入征税，而是要对收入额减除国家规定的各项扣除项目金额后的余额计算征税（这个余额就是纳税人在转让房地产中获取的增值额）。因此，要计算增值额，首先必须确定扣除项目。税法准予纳税人从转让收入额中减除的扣除项目包括如下几项。

（1）取得土地使用权所支付的金额。取得土地使用权所支付的金额包括两方面的内容：

①纳税人为取得土地使用权所支付的地价款。如果是以协议、招标、拍卖等出让方式取得土地使用权的，地价款为纳税人所支付的土地出让金；如果是以行政划拨方式取得土地使用权的，地价款为按照国家有关规定补交的土地出让金；如果是以转让方式取得土地使用权的，地价款为向原土地使用权人实际支付的地价款。

②纳税人在取得土地使用权时按国家统一规定缴纳的有关费用。这是指纳税人在取得土地使用权过程中为办理有关手续，按国家统一规定缴纳的有关登记、过户手续费和契税。

（2）房地产开发成本。房地产开发成本是指纳税人房地产开发项目实际发生的成本，包括土地的征用及拆迁补偿费、前期工程费、建筑安装工程费、基础设施费、公共配套设施费、开发间接费用等。

①土地征用及拆迁补偿费。包括土地征用费、耕地占用税、劳动力安置费及有关地上、地下附着物拆迁补偿的净支出、安置动迁用房支出等。

②前期工程费。包括规划、设计、项目可行性研究和水文、地质、勘察、测绘、“三通一平”（即通电、通水、通路和场地平整）等支出。

③建筑安装工程费。指以出包方式支付给承包单位的建筑安装工程费，以自营方式发生的建筑安装工程费。

④基础设施费。包括开发小区内道路、供水、供电、供气、排污、排洪、通信、照明、环卫、绿化等工程发生的支出。

⑤公共配套设施费。包括不能有偿转让的开发小区内公共配套设施发生的支出。

⑥开发间接费用。指直接组织、管理开发项目发生的费用，包括工资、职工福利费、折旧费、修理费、办公费、水电费、劳动保护费、周转房摊销等。

（3）房地产开发费用。房地产开发费用是指与房地产开发项目有关的销售费用、管理费用和财务费用。根据现行财务会计制度的规定，这三项费用作为期间费用，直接计入当期损益，不按成本核算对象进行分摊。故作为土地增值税扣除项目的房地产开发费用，不按纳税人房地产开发项目实际发生的费用进行扣除，而按《实施细则》的标准进行扣除。

《实施细则》规定，财务费用中的利息支出，凡能够按转让房地产项目计算分摊并提供金融机构证明的，允许据实扣除，但最高不能超过按商业银行同类同期贷款利率计算的金额。其他房地产开发费用，按《实施细则》第七条（一）、（二）项规定（即取得土地使用权所支付的金额和房地产开发成本，下同）计算的金额之和的5%以内计算扣除。

财务费用中的利息支出凡不能按转让房地产项目计算分摊利息支出或不能提供金融机构证明的，房地产开发费用按《实施细则》第七条（一）、（二）项规定计算的金额之和的10%以内计算扣除。计算扣除的具体比例，由各省、自治区、直辖市人民政府规定。

上述规定的具体含义是：

①纳税人能够按转让房地产项目计算分摊利息支出，并能提供金融机构的贷款证明的，其允许扣除的房地产开发费用为“利息＋（取得土地使用权所支付的金额＋房地产开发成本）×5%”以内（注：利息最高不能超过按商业银行同类同期贷款利率计算的金额）。

②纳税人不能按转让房地产项目计算分摊利息支出或不能提供金融机构贷款证明的，其允许扣除的房地产开发费用为“（取得土地使用权所支付的金额＋房地产开发成本）×10%”以内。

此外，财政部、国家税务总局还对扣除项目金额中利息支出的计算问题做了两点专门规定：一是利息的上浮幅度按国家的有关规定执行，超过上浮幅度的部分不允许扣除；二是对于超过贷款期限的利息部分和加罚的利息不允许扣除。

（4）与转让房地产有关的税金。与转让房地产有关的税金是指在转让房地产时缴纳的城市维护建设税、印花税。因转让房地产缴纳的教育费附加，也可视同税金予以扣除。

需要明确的是，房地产开发企业按照《施工、房地产开发企业财务制度》有关规定，其在转让时缴纳的印花税因列入管理费用中，故在此不允许单独再扣除。其他纳税人缴纳的印花税（按产权转移书据所载金额的5‰贴花）允许在此扣除。

（5）其他扣除项目。对从事房地产开发的纳税人可按《实施细则》第七条（一）、（二）项规定计算的金额之和，加计20%的扣除。在此，应特别指出的是：此条优惠只适用于从事房地产开发的纳税人，除此之外的其他纳税人不适用。这样规定，目的是为了抑制炒买炒卖房地产的投机行为，保护正常开发投资者的积极性。

（6）旧房及建筑物的评估价格。旧房及建筑物的评估价格是指在转让已使用的房屋及建筑物时，由政府批准设立的房地产评估机构评定的重置成本价乘以成新度折扣率后的价格。评估价格须经当地税务机关确认。

重置成本价的含义是：对旧房及建筑物，按转让时的建材价格及人工费用计算，建造同样面积、同样层次、同样结构、同样建设标准的新房及建筑物所需花费的成本费用。成新度折扣率的含义是：按旧房的新旧程度作一定比例的折扣。例如，一幢房屋已使用近10年，建造时的造价为1 000万元，按转让时的建材及人工费用计算，建同样的新房需花费4 000万元，该房有六成新，则该房的评估价格为：4 000×60%=2 400（万元）。

此外，转让旧房的，应按房屋及建筑物的评估价格、取得土地使用权所支付的地价款和按国家统一规定缴纳的有关费用及在转让环节缴纳的税金作为扣除项目金额计征土地增值税。对取得土地使用权时未支付地价款或不能提供已支付的地价款凭据的，在计征土地增值税时不允许扣除。

子任务 6.3.6 土地增值税应纳税额的计算

1. 增值额的确定

土地增值税纳税人转让房地产所取得的收入减除规定的扣除项目金额后的余额，为增值额。

增值额是土地增值税的本 质所在。由于计算土地增值税是以增值额与扣除项目金额的比率大小按相适用的税率累进计算征收的，增值额与扣除项目金额的比率越大，适用的税率越高，缴纳的税款越多，因此，准确核算增值额是很重要的。当然，准确核算增值额，还需要有准确的房地产转让收入额和扣除项目的金额。在实际房地产交易活动中，有些纳税人由于不能准确提供房地产转让价格或扣除项目金额，致使增值额不准确，直接影响应纳税额的计算和缴纳，因此，纳税人有下列情形之一的，按照房地产评估价格计算征收：

（1）隐瞒、虚报房地产成交价格的。

（2）提供扣除项目金额不实的。

（3）转让房地产的成交价格低于房地产评估价格，又无正当理由的。

这里所说的“房地产评估价格”，是指由政府批准设立的房地产评估机构根据相同地段、同类房地产进行综合评定的价格。

这里所说的“隐瞒、虚报房地产成交价格”，是指纳税人不报或有意低报转让土地使用权、地上建筑物及其附着物价款的行为。

这里所说的“提供扣除项目金额不实的”，是指纳税人在纳税申报时，不据实提供扣除项目金额的行为。

这里所说的“转让房地产的成交价格低于房地产评估价格，又无正当理由的”，是指纳税人申报的转让房地产的实际成交价低于房地产评估机构评定的交易价，纳税人又不能提供凭据或无正当理由的行为。

隐瞒、虚报房地产成交价格，应由评估机构参照同类房地产的市场交易价格进行评估。税务机关根据评估价格确定转让房地产的收入。

提供扣除项目金额不实的，应由评估机构按照房屋重置成本价乘以成新度折扣率计算的房屋成本价和取得土地使用权时的基准地价进行评估。税务机关根据评估价格确定扣除项目金额。

转让房地产的成交价格低于房地产评估价格，又无正当理由的，由税务机关参照房地产评估价格确定转让房地产的收入。

2. 应纳税额的计算方法

土地增值税按照纳税人转让房地产所取得的增值额和规定的税率计算征收。土地增值税的计算公式为

$$应纳税额=\sum（每级距的土地增值额 \times 适用税率）$$

但在实际工作中，分步计算比较繁琐，一般可以采用速算扣除法计算。即：计算土地增值税税额，可按增值额乘以适用的税率减去扣除项目金额乘以速算扣除系数的简便方法计算，具体公式如下：

（1）增值额未超过扣除项目金额 50%，则

$$土地增值税税额 = 增值额 \times 30\%$$

（2）增值额超过扣除项目金额 50%、未超过 100%，则

$$土地增值税税额 = 增值额 \times 40\% - 扣除项目金额 \times 5\%$$

（3）增值额超过扣除项目金额 100%、未超过 200%，则

$$土地增值税税额 = 增值额 \times 50\% - 扣除项目金额 \times 15\%$$

（4）增值额超过扣除项目金额 200%，则

$$土地增值税税额 = 增值额 \times 60\% - 扣除项目金额 \times 35\%$$

公式中的 5%、15%、35% 分别为二、三、四级的速算扣除系数。

下面，我们举一个简单例子并用两种计算方法来具体说明。

应纳土地增值税额 = 增值额 × 适用税率－扣除项目金额 × 速算扣除系数

【情景 6-3】某纳税人转让房地产所取得的收入为 5 000 000 元，其扣除项目金额为 1 000 000 元，请计算其应纳土地增值税的税额。

第一种方法（按《土地增值税暂行条例》规定的方法计算）：

第一步，先计算增值额。

增值额为：5 000 000 — 1 000 000=4 000 000（元）

第二步，再计算增值额与扣除项目金额之比。

增值额与扣除项目金额之比为：4 000 000 ÷ 1 000 000=400%

由此可见，增值额超过扣除项目金额 200%，分别适用 30%、40%、50% 和 60% 四挡税率。

第三步，分别计算各级次土地增值税税额。

（1）增值额未超过扣除项目金额 50% 的部分，适用 30% 的税率。

这部分增值额为：1 000 000 × 50%=500 000（元）

这部分增值额应纳的土地增值税税额为：500 000 × 30%=150 000（元）

（2）增值额超过扣除项目金额 50%，未超过扣除项目金额 100% 的部分，适用 40% 的税率。

这部分增值额为：1 000 000 ×（100% — 50%）=500 000（元）

这部分增值额应纳的土地增值税税额为：500 000 × 40%=200 000（元）

（3）增值额超过扣除项目金额 100%，未超过扣除项目金额 200% 的部分，适用 50% 的税率。

这部分的增值额为：1 000 000 ×（200% — 100%）=1 000 000（元）

这部分增值额应纳的土地增值税税额为：1 000 000 × 50%=500 000（元）

（4）增值额超过扣除项目金额 200% 的部分，适用 60% 的税率。

这部分的增值额为：4 000 000 —（1 000 000 × 200%）=2 000 000（元）

这部分增值额应纳的土地增值税税额为：2 000 000 × 60%=1 200 000（元）

第四步，将各级的税额相加，得出总税额。

土地增值税税额为：150 000 ＋ 200 000 ＋ 500 000 ＋ 1 200 000=2 050 000（元）

第二种方法（按《实施细则》规定的速算扣除法计算）：

第一步，先计算增值额。

增值额为：5 000 000 — 1 000 000=4 000 000（元）

第二步，再计算增值额与扣除项目金额之比。

增值额与扣除项目金额之比为：4 000 000 ÷ 1 000 000=400%

由此可见，增值额超过扣除项目金额 200%，其适用的简便计算公式为

土地增值税税额 = 增值额 × 60% —扣除项目金额 × 35%

第三步，计算土地增值税税额。

土地增值税税额为：4 000 000 × 60% — 1 000 000 × 35%=2 050 000（元）

不难看出，两种计算方法所得出的结果是一样的。

子任务 6.3.7 土地增值税应纳税额的会计核算

企业核算土地增值税应设置“应交税费 —— 应交土地增值税”科目。土地增值税的具体会计核算，根据企业从事业务性质不同而有所区别。

1. 房地产企业土地增值税的会计核算

房地产企业销售的房地产属于企业的商品经营业务。因此，转让房地产过程中应缴纳的土地增值税，应借记“税金及附加”科目，贷记“应交税费——应交土地增值税”科目。

【情景 6-4】假定某房地产开发公司转让商品房一栋，取得收入总额为 12 000 000 元，应扣除的购买土地的金额、开发成本的金额、开发费用的金额、相关税金的金额、其他扣除金额合计为 5 500 000 元。

问题：计算该房地产开发公司应缴纳的土地增值税，并编制会计分录。

解析：

（1）先计算增值额：

增值额 =12 000 000 － 5 500 000=6 500 000（元）

（2）再计算增值额与扣除项目金额的比率：

增值额与扣除项目金额的比率 =6 500 000 ÷ 5 500 000 × 100% ≈118%

根据上述计算方法，增值额超过扣除项目金额 100%，未超过 200% 时，其适用的计算公式为：

土地增值税税额 = 增值额 × 50% －扣除项目金额 × 15%

（3）最后计算该房地产开发公司应缴纳的土地增值税：

应缴纳土地增值税 =6 500 000 × 50% － 5 500 000 × 15% =3 250 000 － 825 000=2 425 000（元）

借：税金及附加　　2 425 000

　　贷：应交税费——应交土地增值税　　2 425 000

2. 其他企业销售旧房及建筑物土地增值税的会计核算

其他企业转让房地产应缴纳的土地增值税，应借记“固定资产清理”科目，贷记“应交税费——应交土地增值税”科目。

【情景 6-5】北京市鼎盛股份有限公司以 10 000 000 元购进一项房产。5 年后转让，取得转让收入 15 000 000 元。按规定支付有关税费 860 000 元。转让时此项建筑物已提折旧 1 300 000 元。

问题：计算应缴纳的土地增值税税额，并编制会计分录。

解析：

转让收入 =15 000 000 元

扣除项目金额 =10 000 000 ＋ 860 000=10 860 000（元）

增值额 =15 000 000 － 10 860 000=4 140 000（元）

增值率 =4 140 000 ÷ 10 860 000≈38%

适用税率为 30%，速算扣除系数为 0。

应纳土地增值税税额 =4 140 000 × 30%=1 242 000（元）

计提应交有关税费时。

借：固定资产清理　　2 102 000
　　贷：应交税费——应交增值税　　860 000
　　　　　　　　——应交土地增值税　　1 242 000

子任务 6.3.8 税收优惠

（1）建造普通标准住宅的税收优惠。纳税人建造普通标准住宅出售，增值额未超过扣除项目金额 20% 的，免征土地增值税。

这里所说的“普通标准住宅”，是指按所在地一般民用住宅标准建造的居住用住宅。高级公寓、别墅、度假村等不属于普通标准住宅。普通标准住宅与其他住宅的具体划分界限，2005 年 5 月 31 日以前由各省、自治区、直辖市人民政府规定。

2005 年 6 月 1 日起，普通标准住宅应同时满足：住宅小区建筑容积率在 1.0 以上；单套建筑面积在 120 平方米以下；实际成交价格低于同级别土地上住房平均交易价格 1.2 倍以下。各省、自治区、直辖市要根据实际情况，制定本地区享受优惠政策普通住房的具体标准。允许单套建筑面积和价格标准适当浮动，但向上浮动的比例不得超过上述标准的 20%。纳税人建造普通标准住宅出售，增值额未超过扣除项目金额 20% 的，免征土地增值税；增值额超过扣除项目金额 20% 的，应就其全部增值额按规定计税。

对于纳税人既建普通标准住宅又搞其他房地产开发的，应分别核算增值额。不分别核算增值额或不能准确核算增值额的，其建造的普通标准住宅不能适用这一免税规定。

（2）国家征用收回的房地产的税收优惠。因国家建设需要依法征用、收回的房地产，免征土地增值税。

这里所说的“因国家建设需要依法征用、收回的房地产”，是指因城市实施规划、国家建设的需要而被政府批准征用的房产或收回的土地使用权。

因城市实施规划、国家建设的需要而搬迁，由纳税人自行转让原房地产的，比照有关规定免征土地增值税。

（3）企事业单位、社会团体以及其他组织转让旧房作为公共租赁住房房源且增值额未超过扣除项目金额 20% 的，免征土地增值税。

（4）自 2008 年 11 月 1 日起，对居民个人转让住房一律免征土地增值税。

子任务 6.3.9 征收管理

1. 纳税地点

土地增值税的纳税人应向房地产所在地主管税务机关办理纳税申报，并在税务机关核定的期限内缴纳土地增值税。

这里所说的“房地产所在地”，是指房地产的坐落地。纳税人转让的房地产坐落在两个或两个以上地区的，应按房地产所在地分别申报纳税。

在实际工作中，纳税地点的确定又可分为以下两种情况：

（1）纳税人是法人的。当转让的房地产坐落地与其机构所在地或经营所在地一致时，则在办理税务登记的原管辖税务机关申报纳税即可；如果转让的房地产坐落地与其机构所在地或经营所在地不一致时，则应在房地产坐落地所管辖的税务机关申报纳税。

（2）纳税人是自然人的。当转让的房地产坐落地与其居住所在地一致时，则在住所所在地税务机关申报纳税；当转让的房地产坐落地与其居住所在地不一致时，在办理过户手续所在地的税务机关申报纳税。

2. 纳税申报

土地增值税的纳税人应在转让房地产合同签订后的 7 日内，到房地产所在地主管税务机关办理纳税申报，并向税务机关提交房屋及建筑物产权、土地使用权证书，土地转让、房产买卖合同，房地产评估报告及其他与转让房地产有关的资料。纳税人因经常发生房地产转让而难以在每次转让后申报的，经税务机关审核同意后，可以定期进行纳税申报，具体期限由税务机关根据情况确定。

此外，根据《中华人民共和国土地增值税暂行条例实施细则》关于“纳税人在项目全部竣工结算前转让房地产取得的收入…可以预征土地增值税…，具体办法由各省、自治区、直辖市地方税务局根据当地情况制定”的规定，对于纳税人预售房地产所取得的收入，凡当地税务机关规定预征土地增值税的，纳税人应当到主管税务机关办理纳税申报，并按规定比例预交，待办理决算后，多退少补；凡当地税务机关规定不预征土地增值税的，也应在取得收入时先到税务机关登记或备案。

任务 6.4　城镇土地使用税

情景列表	情　景　实　例
城镇土地使用税应纳税额的会计核算	北京市鼎盛股份有限公司实际占地面积共计 32 000 平方米，其中，6 000 平方米为职工家属宿舍用地，500 平方米为厂区以外绿化区，600 平方米为厂内医院和幼儿园用地。该企业所处地段适用城镇土地使用税年税率为 2 元 / 平方米。计算该公司应缴纳的城镇土地使用税税额，并作会计处理

子任务 6.4.1　城镇土地使用税基本原理

1. 城镇土地使用税概念

城镇土地使用税是以城镇土地为征税对象，对拥有土地使用权的单位和个人征收的一种税。

开征城镇土地使用税，有利于通过经济手段，加强对土地的管理，变土地的无偿使用为有偿使用，促进合理、节约使用土地，提高土地使用效益；有利于适当调节不同地区，不同地段之间的土地级差收入，促进企业加强经济核算，理顺国家与土地使用者之间的分配关系。

2. 城镇土地使用税的特点

（1）征税对象是国有土地。我国宪法明确规定，城镇土地的所有权归国家，单位和个人对占用的土地只有使用权而无所有权。国家既可以凭借财产权利对土地使用人获取的收益进行分配，又可以凭借政治权利对土地使用者进行征税。开征城镇土地使用税，实质上是运用国家政治权力，将纳税人获取的本应属于国家的土地收益集中到国家手中。农业土地因属于集体所有，故未纳入征税范围。

（2）征税范围。现行城镇土地使用税对在我国境内使用土地单位和个人征收。征收范围较广的土地使用税，将在筹集地方财政资金、调节土地使用和收益分配方面，发挥积极作用。

（3）实行差别幅度税额。开征城镇土地使用税的目的之一，在于调节土地的级差收入，而级差收入的产生主要取决于土地的位置。占有土地位置优越的纳税人可以节约运输和流通费用，扩大销售和经营规模，取得额外经济收益。为了有利于体现国家政策，城镇土地使用税实行差别幅度税额。对不同城镇适用不同税额，对同一城镇的不同地段，根据市政建设状况和经济繁荣程度也确定不等的负担水平。

3. 城镇土地使用税的作用

（1）有利于促进土地的合理使用。土地是一种宝贵的自然资源。我国虽然幅度辽阔，但人均占有土地面积并不宽裕。过去，我国对非农业用地基本都采取行政划拨、无偿使用的办法，造成大量土地资源的浪费。开征城镇土地使用税后，国有土地不再由单位和个人无偿使用，而要按规定向国家纳税。由土地使用税的负担是按城市大小和所处地区经济繁荣程度确定的，因此，单位和个人多占地、占好地就要多纳税；少占地、占差地就少纳税。这样就能够促进企业合理配置土地和节约使用土地。

（2）调节土地级差收入。在我国目前市场经济条件下，影响企业效益的客观因素很多。其中，地理位置的好坏是影响企业运输成本、流通费用高低，进而影响企业利润率高低的重要因素之一。由于土地级差收入的获得与企业本身经营状况无关，如果对此不征税，则既不利于企业经济核算，也无法对企业的主观经营成果进行比较。开征城镇土地使用税，将土地的级差收入纳入国家财政，不仅有利于理顺国家和土地使用者的分配关系，而且为企业公平竞争创造了条件。

（3）筹集地方财政资金。城镇土地使用税是地方税，它的税收收入归地方政府支配，是地方财政收入的一项稳定来源。同时，由于城镇土地使用税在所有大、中小城市和县城、建制镇、工矿区开征，因此它涉及面广，而且收入额较大，这就为建立和完善地方税体系创造了条件。

子任务 6.4.2 城镇土地使用税的纳税人

在城市、县城、建制镇、工矿区范围内使用土地的单位和个人，为城镇土地使用税（以下简称土地使用税）的纳税人。

所称单位，包括国有企业、集体企业、私营企业、股份制企业、外商投资企业、外国企业以及其他企业和事业单位、社会团体、国家机关、军队以及其他单位；所称个人，包括个体工商户以及其他个人。

城镇土地使用税的纳税人通常包括以下几类：

（1）拥有土地使用权的单位和个人。

（2）拥有土地使用权的单位和个人不在土地所在地的，其土地的实际使用人和代管人为纳税人。

（3）土地使用权未确定或权属纠纷未解决的，其实际使用人为纳税人。

（4）土地使用权共有的，共有各方都是纳税人，由共有各方分别纳税。

几个人或几个单位共同拥有一块土地的使用权，这块土地的城镇土地使用税的纳税人应是对这块土地拥有使用权的每一个人或每一个单位。他们应以其实际使用的土地面积占总面积的比例，分别计算缴纳土地使用税。例如，某城市的甲与乙共同拥有一块土地的使用权，这块土地面积为 1 500 平方米，甲实际使用 1/3，乙实际使用 2/3，则甲应是其所占的土地 500 平方米（1 500 × 1/3）的城镇土地使用税的纳税人，乙是其所占的土地 1 000 平方米（1 500 × 2/3）的城镇土地使用税的纳税人。

子任务 6.4.3 城镇土地使用税的征税范围

城镇土地使用税的征税范围，包括在城市、县城、建制镇和工矿区内的国家所有和集体所有的土地。

上述城市、县城、建制镇和工矿区分别按以下标准确认：

（1）城市是指经国务院批准设立的市。

（2）县城是指县人民政府所在地。

（3）建制镇是指经省、自治区、直辖市人民政府批准设立的建制镇。

（4）工矿区是指工商业比较发达，人口比较集中，符合国务院规定的建制镇标准，但尚未设立建制镇的大中型工矿企业所在地，工矿区须经省、自治区、直辖市人民政府批准。

上述城镇土地使用税的征税范围中，城市的土地包括市区和郊区的土地，县城的土地是指县人民政府所在地的城镇土地，建制镇的土地是指镇人民政府所在地的土地。

建立在城市、县城、建制镇和工矿区以外的工矿企业不需要缴纳城镇土地使用税。

子任务 6.4.4 城镇土地使用税的税率

城镇土地使用税采用定额税率，即采用有幅度的差别税额，按大、中、小城市和县城、建制镇、工矿区分别规定每平方米土地使用税年应纳税额。具体标准如下：

（1）大城市 1.5 ～ 30 元。

（2）中等城市 1.2～ 24 元。

（3）小城市 0.9 ～ 18 元。

（4）县城、建制镇、工矿区 0.6 ～ 12 元。

大、中、小城市以公安部门登记在册的非农业正式户口人数为依据，按照国务院颁布的《城市规划条例》中规定的标准划分，人口在 50 万以上者为大城市；人口在 20 万 ～ 50 万之间者为中等城市；人口在 20 万以下者为小城市，如表 6-2 所示。

表 6-2　城镇土地使用税税率

级别	人口 / 人	每平方米税额 / 元
大城市	50 万以上	1.5 ～ 30
中等城市	20 万 ～ 50 万	1.2 ～ 24
小城市	20 万以下	0.9 ～ 18
县城、建制镇、工矿区		0.6 ～ 12

各省、自治区、直辖市人民政府可根据市政建设情况和经济繁荣程度在规定税额幅度内，确定所辖地区的适用税额幅度。经济落后地区，土地使用税的适用税额标准可适当降低，但降低额不得超过上述规定最低税额的 30%。经济发达地区的适用税额标准可以适当提高，但须报财政部批准。

城镇土地使用税规定幅度税额主要考虑到我国各地区存在着悬殊的土地级差收益，同一地区内不同地段的市政建设情况和经济繁荣程度也有较大的差别。把城镇土地使用税额定为幅度税额，拉开档次，而且每个幅度税额的差距规定为 20 倍。这样，各地政府在划分本辖区不同地段的等级，确定适用税额时，有选择余地，便于具体划分和确定。幅度税额还可以调节不同地区、不同地段之间的土地级差收益，尽可能地平衡税负。

子任务 6.4.5 城镇土地使用税的优惠政策

1. 法定免缴土地使用税的优惠

（1）国家机关、人民团体、军队自用的土地。这部分土地是指这些单位本身的办公用地和公务用地。如国家机关、人民团体的办公楼用地，军队的训练场用地等。

（2）由国家财政部门拨付事业经费的单位自用的土地。这部分土地是指这些单位本身的业务用地。如学校的教学楼、操场、食堂等占用的土地。

（3）宗教寺庙、公园、名胜古迹自用的土地。宗教寺庙自用的土地，是指举行宗教仪式等的用地和寺庙内的宗教人员生活用地。

公园、名胜古迹自用的土地，是指供公共参观游览的用地及其管理单位的办公用地。

以上单位的生产、经营用地和其他用地，不属于免税范围，应按规定缴纳土地使用税，如公园、名胜古迹中附设的营业单位如影剧院、饮食部、茶社、照相馆使用的土地。

（4）市政街道、广场、绿化地带等公共用地。

（5）直接用于农、林、牧、渔业的生产用地。这部分土地是指直接从事于种植养殖、饲养的专业用地，不包括农副产品加工场地和生活办公用地。

（6）经批准开山填海整治的土地和改造的废弃土地，从使用的月份起免缴城镇土地使用税5年至10年。具体免税期限由各省、自治区、直辖市地方税务局在《城镇土地使用税暂行条例》规定的期限内自行确定。

（7）对非营利性医疗机构、疾病控制机构和妇幼保健机构等卫生机构自用的土地，免征城镇土地使用税。对营利性医疗机构自用的土地自2000年起免征城镇土地使用税3年。

（8）企业办的学校、医院、托儿所、幼儿园，其用地能与企业其他用地明确区分的，免征城镇土地使用税。

（9）免税单位无偿使用纳税单位的土地（如公安、海关等单位使用铁路、民航等单位的土地），免征城镇土地使用税。纳税单位无偿使用免税单位的土地，纳税单位应照章缴纳城镇土地使用税。纳税单位与免税单位共同使用、共有使用权土地上的多层建筑，对纳税单位可按其占用的建筑面积占建筑总面积的比例计征城镇土地使用税。

（10）对行使国家行政管理职能的中国人民银行总行（含国家外汇管理局）所属分支机构自用的土地，免征城镇土地使用税。

（11）为了体现国家的产业政策，支持重点产业的发展，对石油、电力、煤炭等能源用地，民用港口、铁路等交通用地和水利设施用地，三线调整企业、盐业、采石场、邮电等一些特殊用地划分了征免税界限和给予政策性减免税照顾。具体规定如下：

①对石油天然气生产建设中用于地质勘探、钻井、井下作业、油气田地面工程等施工临时用地暂免征收城镇土地使用税。

②对企业的铁路专用线、公路等用地，在厂区以外、与社会公用地段未加隔离的，暂免征收城镇土地使用税。

③对企业厂区以外的公共绿化用地和向社会开放的公园用地，暂免征收城镇土地使用税。

④对盐场的盐滩、盐矿的矿井用地，暂免征收城镇土地使用税。

（12）自2016年1月1日至2021年12月31日，对专门经营农产品的农产品批发市场、农贸市场使用（包括自有和承租，下同）的房产、土地，暂免征收房产税和城镇土地使用税。对同时经营其他产品的农产品批发市场和农贸市场使用的房产、土地，按其他产品与农产品交易场地面积的比例确定征免房产税和城镇土地使用税。

农品批发市场和农贸市场，是指经工商登记注册，供买卖双方进行农产品及其初加工品现货批发或零售交易的场所。农产品包括粮油、肉禽蛋、蔬菜、干鲜果品、水产品、调味品、棉麻、活畜、可食用的林产品以及由省、自治区、直辖市财税部门确定的其他可食用的农产品。享受上述税收优惠的房产、土地，是指农产品批发市场、农贸市场直接为农产品交易提供服务的房产、土地。

农产品批发市场、农贸市场的行政办公区、生活区，以及商业餐饮娱乐等非直接为农产品交易提供服务的房产、土地，不属于规定的优惠范围，应按规定征收房产税和城镇土地使用税。

（13）到2019年12月31日止（含当日），对物流企业自有的（包括自用和出租）大宗商品仓储设施用地和物流企业承租用于大宗商品仓储设施的土地，减按所属土地等级适用税额标准的50%计征城镇土地使用税。物流企业的办公、生活区用地及其他非直接从事大宗商品仓储的用地，不属于优惠范围，应按规定征收城镇土地使用税。符合减税条件的物流企业需持相关材料向主管税务机关办理备案手续。

（14）自2018年10月1日至2019年12月31日，对按照去产能和调结构政策要求停产停业、关闭的企业，自停产停业次月起，免征城镇土地使用税。企业享受免税政策的期限累计不得超过两年。按照去产能和调结构政策要求停产停业、关闭的中央企业名单由国务院国有资产监督管理部门认定发布，其他企业名单由省、自治区、直辖市人民政府确定的去产能、调结构主管部门认定发布。认定部门应当及时将认定发布的企业名单（含停产停业、关闭时间）抄送同级财政和税务部门。各级认定部门应当每年核查名单内企业情况，将恢复生产经营、终止关闭注销程序的企业名单及时通知财政和税务部门。

（15）自2019年1月1日至2021年12月31日，对国家级、省级科技企业孵化器、大学科技园和国家备案众创空间自用以及无偿或通过出租等方式提供给在孵对象使用的土地，免征城镇土地使用税。本条所称孵化服务是指为在孵对象提供的经纪代理、经营租赁、研发和技术、信息技术、鉴证咨询服务。国家级、省级科技企业孵化器、大学科技园和国家备案众创空间应当单独核算孵化服务收入。本条所称在孵对象是指符合前款认定和管理办法规定的孵化企业、创业团队和个人。国家级、省级科技企业孵化器、大学科技园和国家备案众创空间应按规定申报享受免税政策，并将房产土地权属资料等留存备查，税务部门依法加强后续管理。2018年12月31日以前认定的国家级科技企业孵化器、大学科技园，自2019年1月1日起享受规定的税收优惠政策。2019年1月1日以后认定的国家级、省级科技企业孵化器、大学科技园和国家备案众创空间，自认定之日次月起享受规定的税收优惠政策。2019年1月1日以后被取消资格的，自取消资格之日次月起停止享受规定的税收优惠政策。

2. 省、自治区、直辖市地方税务局确定减免土地使用税的优惠

（1）个人所有的居住房屋及院落用地。

（2）房产管理部门在房租调整改革前经租的居民住房用地。

（3）免税单位职工家属的宿舍用地。

（4）集体和个人办的各类学校、医院、托儿所、幼儿园用地。

子任务 6.4.6 城镇土地使用税应纳税额的计算

城镇土地使用税以纳税人实际占用土地面积为计税依据，实行从量计征。其计算公式为

（年）应纳税额 = 实际占用土地面积 × 定额税率

纳税人实际占用的土地面积按下列办法确定：凡由省、自治区、直辖市人民政府确定的单位组织测定面积的，以测定面积为依据；尚未组织测量，但纳税人持有政府部门核发的土地使用证书的，以证书确认的土地面积为依据；尚未核发土地使用证书的，以纳税人

申报土地面积为依据，待核发土地使用证后再作调整。

子任务 6.4.7 城镇土地使用税应纳税额的会计核算

企业核算城镇土地使用税应设置“应交税费——应交城镇土地使用税”科目。纳税人纳税义务发生计提税款时，应借记“管理费用”科目，贷记“应交税费——应交城镇土地使用税”科目；实际缴纳税款时，应借记“应交税费——应交城镇土地使用税”科目，贷记“银行存款”科目。

【情景 6-6】北京市鼎盛股份有限公司实际占地面积共计 32 000 平方米，其中，6 000 平方米为职工家属宿舍用地，500 平方米为厂区以外绿化区，600 平方米为厂内医院和幼儿园用地等。该企业所处地段适用城镇土地使用税年税率为 2 元 / 平方米。

问题：计算北京市鼎盛股份有限公司应缴纳的城镇土地使用税税额，并编制会计分录。

解析：根据税法规定，厂区以外的公共绿地、企业办的幼儿园用地，免征城镇土地使用税；纳税单位的职工家属宿舍用地，应缴纳城镇土地使用税。

$$应纳税额 =（32\ 000 - 500 - 600）\times 2=61\ 800（元）$$

计提城镇土地使用税时，编制会计分录如下：

借：管理费用 61 800

　　贷：应交税费——应交城镇土地使用税 61 800

实际缴纳税款时，编制会计分录如下：

借：应交税费——应交城镇土地使用税 61 800

　　贷：银行存款 61 800

子任务 6.4.8 征收管理

1. 纳税期限

城镇土地使用税实行按年计算、分期缴纳的征收方法，具体纳税期限由省、治区、直辖市人民政府确定。

2. 纳税义务发生时间

（1）纳税人购置新建商品房，自房屋交付使用之次月起，缴纳城镇土地使用税。

（2）纳税人购置存量房，自办理房屋权属转移、变更登记手续，房地产权属登记机关签发房屋权属证书之次月起，缴纳城镇土地使用税。

（3）纳税人出租、出借房产，自交付出租、出借房产之次月起，缴纳城镇土地使用税。

（4）以出让或转让方式有偿取得土地使用权的，应由受让方从合同约定交付土地时间的次月起缴纳城镇土地使用税；合同未约定交付时间的，由受让方从合同签订的次月起缴纳城镇土地使用税。

（5）纳税人新征用的耕地，自批准征用之日起满 1 年时开始缴纳城镇土地使用税。

（6）纳税人新征用的非耕地，自批准征用次月起缴纳城镇土地使用税。

（7）自 2009 年 1 月 1 日起，纳税人因土地的权利发生变化而依法终止城镇使用税纳税义务的，其应纳税款的计算应截止到土地权利发生变化的当月末。

3. 纳税地点和征收机构

城镇土地使用税在土地所在地缴纳。

纳税人使用的土地不属于同一省、自治区、直辖市管辖的，由纳税人分别向土地所在地的税务机关缴纳土地使用税；在同一省、自治区、直辖市管辖范围内，纳税人跨地区使用的土地，其纳税地点由各省、自治区、直辖市地方税务局确定。

城镇土地使用税由土地所在地的地方税务机关征收，其收入纳入地方财政预算预管理。土地使用税征收工作涉及面广，政策性较强，在税务机关负责征收的同时，还必须注意加强同国土管理、测绘等有关部门的联系，及时取得土地的权属资料，沟通情况，共同协作把征收管理工作做好。

任务 6.5 房产税

情景列表	情 景 实 例
房产税应纳税额的计算	王某自有一幢楼房共 18 间，其中 3 间（房屋原值为 50 000 元）用于个人生活居住，4 间（房屋原值 110 000 元）用于个人开餐馆。2020 年 1 月 1 日，王某将剩余的 11 间房屋中的 4 间出典给李某，取得出典价款收入 110 000 元；将其余的 7 间出租给某公司，每月收取租金 6 000 元，期限均为 1 年。该地区规定房产税从价计征的扣除比例为 20%

子任务 6.5.1 房产税基本原理

1. 基本概念

房产税是以房产为征税对象，按照房产的计税价值或房产租金收入，向房产所有人或经营管理人征收的一种税。

2. 房产税的特点

房产税是以房屋为征税对象，按照房屋的计税余值或租金收入，向产权所有人征收的一种财产税。房产税具有以下特点：

（1）房产税属于财产税中的个别财产税。财产税按征收方式分类，可分为一般财产税与个别财产税。一般财产税也称综合财产税，是对纳税人拥有的财产综合课征的税收。个别财产税，也称特种财产税，是对纳税人所有的土地、房屋、资本或其他财产分别课征的税收。我国现行房产税属于个别财产税。

（2）征税范围限于城镇的经营性房屋。房产税的征税范围是在城市、县城、建制镇和工矿区，不涉及农村。农村的房屋，大部分是农民居住用房，为了不增加农民负担，对农村的房屋没有纳入征税范围。另外，对某些拥有房屋但自身没有纳税能力的单位，如国家拨付行政经费、事业经费和国防经费的单位自用的房产，税法也通过免税的方式将这类房屋排除在征税范围之外。因为这些单位本身没有经营收入，若对其征税，就要相应增加财政拨款，征税也就失去意义。

（3）区别房屋的经营使用方式规定征税办法。拥有房屋的单位和个人，既可以自己使用房屋，又可以把房屋用于出租、出典。房产税根据纳税人经营形式不同，确定对房屋征税可以按房产计税余值征收，又可以按租金收入征收，使其符合纳税人的经营特点，便于平衡税收负担和征收管理。

3. 房产税的作用

（1）筹集地方财政收入。房产税属于地方税，征收房产税可以为地方财政筹集一部分市政建设资金，解决地方财力不足。而且，房产税以房屋为征税对象，税源比较稳定，随着地方经济的发展，城市基础设施改善和工商各业的兴旺，房产税收将成为地方财政收入的一个主要来源。

（2）有利于加强房产管理。税收是调节生产和分配的一个重要经济杠杆。对房屋拥有者征收房产税，可以调节纳税人的收入水平，有利于加强对房屋的管理，提高房屋的使用效益，控制固定资产的投资规模；另一方面，房产税规定对个人拥有的非营业用房屋，不征房产税，可以鼓励个人建房、购房和改善住房条件，配合和推动城市住房制度改革。

子任务 6.5.2 房产税的纳税义务人与征税对象

1. 纳税义务人

房产税是以房屋为征税对象，按照房屋的计税余值或租金收入，向产权所有人征收的一种财产税。房产税以在征税范围内的房屋产权所有人为纳税人。其中：

（1）产权属国家所有的，由经营管理单位纳税；产权属集体和个人所有的，由集体单位和个人纳税。

所称单位，包括国有企业、集体企业、私营企业、股份制企业、外商投资企业、外国企业以及其他企业和事业单位、社会团体、国家机关、军队以及其他单位；所称个人，包括个体工商户以及其他个人。

（2）产权出典的，由承典人依照房产余值缴纳房产税。所谓产权出典，是指产权所有人将房屋、生产资料等的产权，在一定期限内典当给他人使用，而取得资金的一种融资业务。这种业务大多发生于出典人急需用款，但又想保留产权回赎权的情况。承典人向出典人交付一定的典价之后，在质典期内即获抵押物品的支配权，并可转典。产权的典价一般要低于卖价。出典人在规定期间内须归还典价的本金和利息，方可赎回出典房屋等的产权。由于在房屋出典期间，产权所有人已无权支配房屋。因此，税法规定由对房屋具有支配权的承典人为纳税人。

（3）产权所有人、承典人不在房屋所在地的，由房产代管人或者使用人纳税。

（4）产权未确定及租典纠纷未解决的，亦由房产代管人或者使用人纳税。所谓租典纠纷，是指产权所有人在房产出典和租赁关系上，与承典人、租赁人发生各种争议，特别是权利和义务的争议悬而未决的。此外还有一些产权归属不清的问题，也都属于租典纠纷。对租典纠纷尚未解决的房产，规定由代管人或使用人为纳税人，主要目的在于加强征收管理，保证房产税及时入库。

（5）无租使用其他单位房产的问题。无租使用其他单位房产的应税单位和个人，依照房产余值代缴纳房产税。

2. 征税范围

房产税以房产为征税对象。所谓房产，是指有屋面和围护结构（有墙或两边有柱），能够遮风避雨，可供人们在其中生产、学习、工作、娱乐、居住或储藏物资的场所。房地产开发企业建造的商品房，在出售前，不征收房产税；但对出售前房地产开发企业已使用或出租、出借的商品房应按规定征收房产税。

房产税的征税范围为：城市、县城、建制镇和工矿区。具体规定如下：

（1）城市是指国务院批准设立的市。

（2）县城是指县人民政府所在地的地区。

（3）建制镇是指经省、自治区、直辖市人民政府批准设立的建制镇。

（4）工矿区是指工商业比较发达、人口比较集中、符合国务院规定的建制镇标准但尚未设立建制镇的大中型工矿企业所在地。开征房产税的工矿区须经省、自治区、直辖市人民政府批准。

房产税的征税范围不包括农村，这主要是为了减轻农民的负担。因为农村的房屋，除农副业生产用房外，大部分是农民居住用房。对农村房屋不纳入房产税征税范围，有利于农业发展，繁荣农村经济，有利于社会稳定。

子任务 6.5.3 房产税的计税依据与税率

1. 计税依据

房产税的计税依据是房产的计税价值或房产的租金收入。按照房产计税价值征税的，称为从价计征；按照房产租金收入计征的，称为从租计征。

（1）从价计征。《房产税暂行条例》规定，房产税依照房产原值一次减除 10%~30% 后的余值计算缴纳。各地扣除比例由当地省、自治区、直辖市人民政府确定。

①房产原值是指纳税人按照会计制度规定，在账簿“固定资产”科目中记载的房屋原价。因此，凡按会计制度规定在账簿中记载有房屋原价的，应以房屋原价按规定减除一定比例后作为房产余值计征房产税；没有记载房屋原价的，按照上述原则，并参照同类房屋确定房产原值，按规定计征房产税。

自2009年1月1日起，对依照房产原值计税的房产，不论是否记载在会计账簿固定资产科目中，均应按照房屋原价计算缴纳房产税。房屋原价应根据国家有关会计制度规定进行核算。对纳税人未按国家会计制度规定核算并记载的，应按规定予以调整或重新评估。

②房产原值应包括与房屋不可分割的各种附属设备或一般不单独计算价值的配套设施。主要有：暖气、卫生、通风、照明、煤气等设备；各种管线，如蒸汽、压缩空气、石油、给水排水等管道及电力、电信、电缆导线；电梯、升降机、过道、晒台等。属于房屋附属设备的水管、下水道、暖气管、煤气管等应从最近的探视井或三通管起，计算原值；电灯网、照明线从进线盒连接管起，计算原值。

③纳税人对原有房屋进行改建、扩建的，要相应增加房屋的原值。房产余值是房产的原值减除规定比例后的剩余价值。此外，还应注意以下三个问题：

- 对投资联营的房产，在计征房产税时应予以区别对待。对于以房产投资联营，投资者参与投资利润分红，共担风险的，按房产余值作为计税依据计征房产税；对以房产投资，收取固定收入，不承担联营风险的，实际是以联营名义取得房产租金，应根据《房产税暂行条例》的有关规定由出租方按租金收入计缴房产税。
- 对融资租赁房屋的情况，由于租赁费包括购进房屋的价款、手续费、借款利息等，与般房屋出租的“租金”内涵不同，且租赁期满后，当承租方偿还最后一笔租赁费时，房屋产权要转移到承租方。这实际是一种变相的分期付款购买固定资产的形式，所以在计征房产税时应以房产余值计算征收。根据财税〔2009〕128号文件的规定，融资租赁的房产，由承租人自融资租赁合同约定开始日的次月起依照房产余值缴纳房产税。合同未约定开始日的，由承租人自合同签订的次月起依照房产余值缴纳房产税。

④居民住宅区内业主共有的经营性房产缴纳房产税。从2007年1月1日起，对居民住宅区内业主共有的经营性房产，由实际经营（包括自营和出租）的代管人或使用人缴纳房产税。其中自营的，依照房产原值减除10%~30%后的余值计征，没有房产原值或不能将业主共有房产与其他房产的原值准确划分开的，由房产所在地地方税务机关参照同类房产核定房产原值；出租的，依照租金收入计征。

⑤凡在房产税征收范围内的具备房屋功能的地下建筑，包括与地上房屋相连的地下建筑以及完全建在地面以下的建筑、地下人防设施等，均应当依照有关规定征收房产税。上述具备房屋功能的地下建筑是指有屋面和维护结构，能够遮风避雨，可供人们在其中生产、经营、工作、学习、娱乐、居住或储藏物资的场所。自用的地下建筑，按以下方式计税：

- 工业用途房产，以房屋原价的50%~60%作为应税房产原值。

$$应纳房产税的税额=应税房产原值\times[1-(10\%\sim30\%)]\times1.2\%$$

- 商业和其他用途房产，以房屋原价的70%~80%作为应税房产原值。

$$应纳房产税的税额=应税房产原值\times[1-(10\%\sim30\%)]\times1.2\%$$

（2）从租计征。《房产税暂行条例》规定，房产出租的，以房产租金收入为房产税的计税依据。

所谓房产的租金收入，是房屋产权所有人出租房产使用权所得的报酬，包括货币收入和实物收入。

如果是以劳务或者其他形式为报酬抵付房租收入的，应根据当地同类房产的租金水平，确定一个标准租金额从租计征。

纳税人对个人出租房屋的租金收入申报不实或申报数与同一地段同类房屋的租金收入相比明显不合理的，税务部门可以按照《中华人民共和国税收征收管理法》的有关规定，采取科学合理的方法核定其应纳税款。具体办法由各省、自治区、直辖市地方税务机关结合当地实际情况制定。

2. 税率

我国现行房产税采用的是比例税率。由于房产税的计税依据分为从价计征和从租计征两种形式，所以房产税的税率也有两种：一种是按房产原值一次减除 10%~30% 后的余值计征的，税率为 1.2%；另一种是按房产出租的租金收入计征的，税率为 12%。从 2001 年 1 月 1 日起，对个人按市场价格出租的居民住房，用于居住的，可暂减按 4% 的税率征收房产税。

子任务 6.5.4 房产税应纳税额的计算

房产税的计税依据是房产的计税价值或房产的租金收入。

1. 从价计征

从价计征是指以房产的原值减除一定比例后的余值为计税依据，其应纳税额的计算公式为

（年）应纳税额 = 应税房产原值 ×（1 —扣除比例）× 1.2%

上述房产原值，是指纳税人按国家统一的会计制度规定，在“固定资产”科目中记载的房屋的原值，包括与房屋不可分割的各种附属设备或一般不单独计算价值的配套设施。凡以房屋为载体，不可随意移动的附属设备和配套设施，无论在会计核算中是否单独记账与核算，都应计入房产原值。

纳税人对原有房屋进行改建、扩建的，要相应增加房屋原值。

2. 从租计征

房产税从租计征是指以房产的租金收入为计税依据，其应纳税额计算公式为

应纳税额 = 租金收入 × 12%（或 4%）

房产的租金收入是房屋产权所有人出租房产使用权所得的报酬，包括货币收入和实物收入。如果以劳务或其他形式为报酬抵付房租收入的，应根据当地同类房产的租金水平，

确定一个标准租金从租计征。

子任务 6.5.5 房产税应纳税额的会计核算

企业核算房产税应设置“应交税费——应交房产税”科目。企业按规定计提应纳房产税时，应借记“税金及附加”科目，贷记“应交税费——应交房产税”科目；缴纳房产税时，应借记“应交税费——应交房产税”科目，贷记“银行存款”科目。

【情景 6-7】王某自有一幢楼房共 18 间，其中 3 间（房屋原值为 50 000 元）用于个人生活居住，4 间（房屋原值 110 000 元）用于个人开餐馆。2021 年 1 月 1 日，王某将剩余的 11 间房屋中的 4 间出典给李某，取得出典价款收入 110 000 元；将其余的 7 间出租给某公司，每月收取租金 6 000 元，期限均为 1 年。该地区规定房产税从价计征的扣除比例为 20%。

问题：计算王某 2021 年应缴纳的房产税税额。

解析：根据税法规定，个人所有的非营业用房免征房产税。房屋出典的，承典人为房产税纳税人。因此，王某应就其个人营业用房和出租用房缴纳房产税

应纳税额 =110 000 ×（1 － 20%）× 1.2% ＋ 6 000 × 12 × 12%=9 696（元）

【情景 6-8】2021 年年初北京市鼎盛股份有限公司“固定资产”细账资料显示房屋原始价值为 7 000 000 元。2 月公司将其中的 800 000 元房产出租给乙单位使用，年收取租金 230 000 元。当地政府规定房产税从价计征的扣除比例为 20%，房产税按年计算、分季缴纳。

问题：计算北京市鼎盛股份有限公司第一季度各月应缴纳的房产税税额，并编制会计分录。

解析：该公司 2021 年第一季度各月应缴纳的房产税税额

（1）1 月份该公司的房产全部自用，房产税应从价计征。

年应纳税额 =7 000 000 ×（1 － 20%）× 1.2%

=67 200（元）

1 月份应纳税额 =67 200 ÷ 12=5 600（元）

借：税金及附加——房产税　　5 600

　贷：应交税费——应交房产税　　5 600

（2）2 月份该公司的房产既有自用又有出租，其房产税应分别从价计征和从租计征分别处理自用房产，从价计征：

年应纳税额 =（7 000 000 － 800 000）×（1 － 20%）× 1.2% =59 520（元）

月应纳税额 =59 520 ÷ 12=4 960（元）

出租房产，从租计征：年应纳税额 =230 000 × 12%=27 600（元）

月应纳税额 =27 600 ÷ 12=2 300（元）

2 月份应纳税额：4 960 ＋ 2 300=7 260（元）

借：税金及附加——房产税　　7 260

　贷：应交税费——应交房产税　　7 260

（3）3 月份的会计处理与 2 月份相同。

（4）4 月初缴纳第一季度房产税时，编制会计分录如下：

借：应交税费——应交房产税　　20 120

　　贷：银行存款　　20 120

子任务 6.5.6 税收优惠

房产税的税收优惠是根据国家政策需要和纳税人的负担能力制定的。由于房产税属地方税，因此给予地方一定的减免权限，有利于地方因地制宜处理问题。

目前，房产税的税收优惠政策主要有：

1. 国家机关、人民团体、军队自用的房产免征房产税

这里的“人民团体”，是指经国务院授权的政府部门批准设立或登记备案并由国家拨付行政事业费的各种社会团体。这里的“自用的房地产”，是指这些单位本身的办公用房和公务用房。需要注意的是，上述免税单位的出租房产以及非自身业务使用的生产、营业用房，不属于免税范围。

2. 由国家财政部门拨付事业经费的单位，本身业务范围内使用的房产免征房产税

学校、医疗卫生单位、托儿所、幼儿园、敬老院、文化、体育、艺术这些实行全额或差额预算管理的事业单位所有的、本身业务范围内使用的房产税免征房产税。为了鼓励事业单位经济自立，由国家财政部门拨付事业经费的单位，其经费来源实行自收自支的，从事业单位实行自收自支的年度起，免征房产税 3 年。事业单位自用的房产，是指这些单位的自身业务用房。上述单位的附属工厂、商店、招待所不属于单位公务、业务用房，应照章纳税。

3. 宗教寺庙、公园、名胜古迹自用的房产免征房产税

宗教寺庙自用的房产，是指举行宗教仪式等的房屋和宗教人员使用的生活用房屋。公园、名胜古迹自用的房产，是指供公共参观游览的房屋及其管理单位的办公用房屋。宗教寺庙、公园、名胜古迹中附设的营业单位，如影剧院、饮食部、茶社、照相馆等所使用的房产及出租的房产，不属于免税范围，应照章纳税。

4. 个人所有非营业用的房产免征房产税

个人所有的非营业用房，主要是指居民住房，不分面积多少，一律免征房产税。对个人拥有的营业用房或者出租的房产，不属于免税房产，应照章纳税。

5. 经国务院、财政部批准免税的其他房产

（1）对非营利性医疗机构、疾病控制机构和妇幼保健机构等卫生机构自用的房产，免征房产税。

（2）从 2001 年 1 月 1 日起，对按政府规定价格出租的公有住房和廉租住房，包括企业和自收自支事业单位向职工出租的单位自有住房，房管部门向居民出租的公有住房，落实私房政策中带户发还产权并以政府规定租金标准向居民出租的私有住房等，暂免征收房产税。

（3）经营公租房的租金收入，免征房产税。公共租赁住房经营管理单位应单独核算公共租赁住房租金收入，未单独核算的，不得享受免征房产税优惠政策。

子任务 6.5.7 征收管理

1. 纳税义务发生时间

（1）纳税人将原有房产用于生产经营，从生产经营之月起缴纳房产税。

（2）纳税人自行新建房屋用于生产经营，从建成之次月起缴纳房产税。

（3）纳税人委托施工企业建设的房屋，从办理验收手续之次月起缴纳房产税。

（4）纳税人购置新建商品房，自房屋交付使用之次月起缴纳房产税。

（5）纳税人购置存量房，自办理房屋权属转移、变更登记手续，房地产权属登记机关签发房屋权属证书之次月起，缴纳房产税。

（6）纳税人出租、出借房产，自交付出租、出借房产之次月起，缴纳房产税。

（7）房地产开发企业自用、出租、出借本企业建造的商品房，自房屋使用或交付之次月起，缴纳房产税。

（8）自 2009 年 1 月 1 日起，纳税人因房产的实物或权利状态发生变化而依法终止房产税纳税义务的，其应纳税款的计算应截止到房产的实物或权利状态发生变化的当月末。

2. 纳税期限

房产税实行按年计算、分期缴纳的征收方法，具体纳税期限由省、自治区、直辖市人民政府确定。

3. 纳税地点

房产税在房产所在地缴纳。房产不在同一地方的纳税人，应按房产的坐落地点分别向房产所在地的税务机关纳税。

任务 6.6 车船税

情景列表	情　景　实　例
自缴税额的计算	北京市鼎盛股份有限公司 2021 年 4 月 12 日购买 1 辆发动机气缸容量为 1.6 升的乘用车，已知适用年基准税额 480 元

子任务 6.6.1 车船税的基本原理

1. 车船税的概念

车船税是以车船为征税对象，向拥有车船的单位和个人征收的一种税。我国对车船课税历史悠久。1986 年 9 月 15 日，国务院发布了《中华人民共和国车船使用税暂行条例》，决定从 1986 年 10 月 1 日起在全国施行。各省、自治区、直辖市人民政府根据《车船使用税暂行条例》规定，先后制定了施行细则。2006 年 12 月 29 日，国务院颁布了《中华人民共和国车船税暂行条例》（以下简称《车船税暂行条例》)，并于 2007 年 1 月 1 日实施。《中华人民共和国车船税法实施条例》于 2011 年 11 月 23 日经国务院常务会议审议通过，自 2012 年 1 月 1 日起施行。

2. 车船税的作用

（1）为地方政府筹集财政资金。开征车船税，能够将分散在车船人手中的部分资金集中起来，增加地方财源，增加地方财政政府的财政收入。

（2）有利于车船的管理与合理配置。随着经济发展，社会拥有车船的数量急剧增加，开征车船税后，购置、使用车船越多，应缴纳的车船税越多，促使纳税人加强对自己拥有的车船管理和核算，改善资源配置，合理使用车船。

（3）有利于调节财富差异。在国外，车船税属于对不动产的征税范围，这类税收除了筹集地方财政收入外，另一重要功能是对个人拥有的财产或财富（如轿车、游艇等）进行调节，缓解财富分配不公。随着我国经济增长，部分先富起来的个人拥有私人轿车、游艇及其他车船的情况将会日益增加，我国征收车船税的财富再分配作用亦会更加重要。

子任务 6.6.2 车船税的纳税义务人

所谓车船税，是指在中华人民共和国境内的车辆、船舶的所有人或者管理人按照《中华人民共和国车船税暂行条例》应缴纳的一种税。车船税的纳税义务人，是指在中华人民共和国境内，车辆、船舶（以下简称车船）的所有人或者管理人，应当依照《中华人民共和国车船税暂行条例》的规定缴纳车船税。

子任务 6.6.3 征税范围

车船税的征收范围，是指依法应当在我国车船管理部门登记的车船（除规定减免的车船外）。

1. 车辆

车辆，包括机动车辆和非机动车辆。机动车辆，指依靠燃油、电力等能源作为动力运行的车辆，如汽车、拖拉机、无轨电车等；非机动车辆，指依靠人力、畜力运行的车辆，如三轮车、自行车、畜力驾驶车等。

2. 船舶

船舶，包括机动船舶和非机动船舶。机动船舶，指依靠燃料等能源作为动力运行的船舶，如客轮、货船、气垫船等；非机动船舶，指依靠人力或者其他力量运行的船舶，如木船、帆船、舢板等。

子任务 6.6.4 税目与税率

车船税实行定额税率。定额税率，也称固定税额，是税率的一种特殊形式。定额税率计算简便，适用于从量计征的税种。车船税的适用税额，依照条例所附的《车船税税目税额表》执行。

国务院财政部门、税务主管部门可以根据实际情况，在《车船税税目税额表》规定的税目范围和税额幅度内，划分子税目，并明确车辆的子税目税额幅度和船舶的具体适用税额。车辆的具体适用税额由省、自治区、直辖市人民政府在规定的子税目税额幅度内确定。

车船税采用定额税率，即对征税的车船规定单位固定税额。车船税确定税额总的原则是：非机动车船的税负轻于机动车船；人力车的税负轻于畜力车；小吨位船舶的税负轻于大船舶。由于车辆与船舶的行使情况不同，车船税的税额也有所不同，车船税税目税额表请扫描右侧二维码。

资料

子任务 6.6.5 应纳税额的计算与代收代缴

1. 自缴税额的计算

纳税人按照纳税地点所在的省、自治区、直辖市人民政府确定的具体适用税额缴纳车船税。车船税由地方税务机关负责征收。

（1）购置的新车船，购置当年的应纳税额自纳税义务发生的当月起按月计算。其计算公式为

$$应纳税额=（年应纳税额 \div 12）\times 应纳税月份数$$

$$应纳税月份数=12-纳税义务发生时间（取月份）+1$$

（2）在一个纳税年度内，已完税的车船被盗抢、报废、灭失的，纳税人可以凭有关管理机关出具的证明和完税证明，向纳税所在地的主管税务机关申请退还自被盗抢、报废、灭失月份起至该纳税年度终了期间的税款。

（3）已办理退税的被盗抢车船，失而复得的，纳税人应当从公安机关出具相关证明的当月起计算缴纳车船税。

（4）在一个纳税年度内，纳税人在非车辆登记地由保险机构代收代缴机动车车船税，且能够提供合法有效完税证明的，纳税人不再向车辆登记地的地方税务机关缴纳车辆车船税。

（5）已缴纳车船税的车船在同一纳税年度内办理转让过户的，不另纳税，也不退税。

【情景 6-9】北京市鼎盛股份有限公司 2021 年 4 月 12 日购买 1 辆发动机气缸容量为 1.6 升的乘用车，已知适用年基准税额 480 元。

问题：计算该公司 2021 年度应缴纳的车船税税额，并编制会计分录。

解析：购置的新车船，购置当年的应纳税额自纳税义务发生的当月起按月计算。

应纳车船税税额 =480×9÷12=360（元）

借：应交税费——应交车船税　　360

　贷：银行存款　　360

2. 保险机构代收代缴车船税和滞纳金的计算

为了做好机动车车船税代收代缴工作，中国保险监督管理委员会下发了《关于修改机动车交通事故责任强制保险保单的通知》（保监产险［2007］501 号），在机动车交通事故责任强制保险（以下简称“交强险”）保单中增加了与车船税有关的数据项目。为了便于保险机构根据新修改的“交强险”保单，完善“交强险”业务及财务系统，现就有关涉税问题进一步明确如下：

（1）特殊情况下车船税应纳税款的计算。

①购买短期“交强险”的车辆。对于境外机动车临时入境、机动车临时上道路行驶、机动车距规定的报废期限不足一年而购买短期“交强险”的车辆，保单中“当年应缴”项目的计算公式为

当年应缴 = 计税单位 × 年单位税额 × 应纳税月份数 ÷12

其中，应纳税月份数为“交强险”有效期起始日期的当月至截止日期当月的月份数。

②已向税务机关缴税的车辆或税务机关已批准减免税的车辆。对于已向税务机关缴税或税务机关已经批准免税的车辆，保单中“当年应缴”项目应为 0；对于税务机关已批准减税的机动车，保单中“当年应缴”项目应根据减税前的应纳税额扣除依据减税证明中注明的减税幅度计算的减税额确定，计算公式为

减税车辆应纳税额 = 减税前应纳税额 ×（1 —减税幅度）

（2）欠缴车船税的车辆补缴税款的计算。从 2008 年 7 月 1 日起，保险机构在代收代缴车船税时，应根据纳税人提供的前次保险单，查验纳税人以前年度的完税情况。对于以前年度有欠缴车船税的，保险机构应代收代缴以前年度应纳税款。

①对于 2007 年 1 月 1 日前购置的车辆或者曾经缴纳过车船税的车辆，保单中“往年补缴”项目的计算公式为

往年补缴 = 计税单位 × 年单位税额 ×（本次缴税年度—前次缴税年度— 1）

其中，对于 2007 年 1 月 1 日前购置的车辆，纳税人从未缴纳车船税的，前次缴税年度设定为 2006 年。

②对于 2007 年 1 月 1 日以后购置的车辆，纳税人从购置时起一直未缴纳车船税的，保单中“往年补缴”项目的计算公式为

往年补缴 = 购置当年欠缴的税款＋购置年度以后欠缴税款

其中，购置当年欠缴的税款 = 计税单位 × 年单位税额 × 应纳税月份数 ÷12。应纳税月份数为车辆登记日期的当月起至该年度终了的月份数。若车辆尚未到车船管理部门登记，则应纳税月份数为购置日期的当月起至该年度终了的月份数。其计算公式为

购置年度以后欠缴税款 = 计税单位 × 年单位税额 ×（本次缴税年度—车辆登记年度— 1）

（3）滞纳金计算。对于纳税人在应购买“交强险”截止日期以后购买“交强险”的，或以前年度没有缴纳车船税的，保险机构在代收代缴税款的同时，还应代收代缴欠缴税款的滞纳金。保单中“滞纳金”项目为各年度欠税与应加收滞纳金之和。其计算公式为

每一年度欠税应加收的滞纳金＝欠税金额 × 滞纳天数 ×0.5‰

滞纳天数的计算自应购买“交强险”截止日期的次日起到纳税人购买“交强险”当日止。纳税人在连续两年以上欠缴车船税的，应分别计算每一年度欠税应加收的滞纳金。

子任务 6.6.6 税收优惠

1. 法定减免

（1）捕捞、养殖渔船。是指在渔业船舶管理部门登记为捕捞船或者养殖船的渔业船舶。

（2）军队、武警专用的车船。军队、武警专用的车船是指按照规定在军队、武警车船管理部门登记，并领取军用牌照、武警牌照的车船。

（3）警用车船。警用车船，是指公安机关、国家安全机关、监狱、劳动教养管理机关和人民法院、人民检察院领取警用牌照的车辆和执行警务的专用船舶。

（4）依照法律规定应当予以免税的外国驻华使馆、国际组织驻华机构及其有关人员的车船。

（5）对节约能源、使用新能源的车船可以减征或者免征车船税；对受严重自然灾害影响纳税困难以及有其他特殊原因确需减税、免税的，可以减征或者免征车船税。

节约能源、使用新能源的车辆包括纯电动汽车、燃料电池汽车和混合动力汽车。纯电动汽车、燃料电池汽车和插电式混合动力汽车免征车船税，其他混合动力汽车按照同类车辆适用税额减半征税。

（6）省、自治区、直辖市人民政府根据当地实际情况，可以对公共交通车船，农村居民拥有并主要在农村地区使用的摩托车、三轮汽车和低速载货汽车定期减征或者免征车船税。

2. 特定减免

（1）经批准临时入境的外国车船和香港特别行政区、澳门特别行政区、台湾地区的车船，不征收车船税。

（2）按照规定缴纳船舶吨税的机动船舶，自车船税法实施之日起 5 年内免征车船税。

（3）机场、港口内部行驶或作业的车船，自车船税法实施之日起 5 年内免征车船税。

子任务 6.6.7 征收管理

1. 纳税期限

车船税纳税义务发生时间为取得车船所有权或者管理权的当月。以购买车船的发票或其他证明文件所载日期的当月为准。

车船税的纳税义务发生时间，为车船管理部门核发的车船登记证书或者行驶证书所记载日期的当月。纳税人未按照规定到车船管理部门办理应税车船登记手续的，以车船购置发票所载开具时间的当月作为车船税的纳税义务发生时间。对未办理车船登记手续且无法提供车船购置发票的，由主管地方税务机关核定纳税义务发生时间。

2. 纳税地点

车船税的纳税地点为车船的登记地或者车船税扣缴义务人所在地。依法不需要办理登记的车船，车船税的纳税地点为车船的所有人或者管理人所在地。

扣缴义务人代收代缴车船税的，纳税地点为扣缴义务人所在地。

纳税人内行申报缴纳车船税的，纳税地点为车船登记地的主管税务机关所在地。

依法不需要办理登记的车船，纳税地点为车船所有人或者管理人主管税务机关所在地。

3. 纳税申报

车船税按年申报，分月计算，一次性缴纳。纳税年度为公历1月1日至12月31日。车船税按年申报缴纳。具体申报纳税期限由省、自治区、直辖市人民政府规定。

（1）税务机关可以在车船管理部门、车船检验机构的办公场所集中办理车船税征收事宜。

（2）公安机关交通管理部门在办理车辆相关登记和定期检验手续时，对未提交自上次检验后各年度依法纳税或者免税证明的，不予登记，不予发放检验合格标志。

（3）海事部门、船舶检验机构在办理船舶登记和定期检验手续时，对未提交依法纳税或者免税证明，且拒绝扣缴义务人代收代缴车船税的纳税人，不予登记，不予发放检验合格志。

（4）对于依法不需要购买机动车交通事故责任强制保险的车辆，纳税人应当向主管税务机关申报缴纳车船税。

（5）纳税人在首次购买机动车交通事故责任强制保险时缴纳车船税或者自行申报缴纳车船税的，应当提供购车发票及反映排气量、整备质量、核定载客人数等与纳税相关的信息及其相应凭证。

（6）负责船舶登记、检验的船舶管理部门或者船舶检验机构为船舶车船税的扣缴义务人，应当在登记、检验时依法代收车船税，并出具代收税款凭证。

4. 其他管理规定

（1）各级车船管理部门应当在提供车船管理信息等方面，协助地方税务机关加强对车船税的征收管理。纳税人应当向主管地方税务机关和扣缴义务人提供车船的相关信息。拒绝提供的，按照《中华人民共和国税收征收管理法》有关规定处理。

（2）车船税的征收管理，依照《中华人民共和国税收征收管理法》及本条例的规定执行。在一个纳税年度内，已完税的车船被盗抢、报废、灭失的，纳税人可以凭有关管理机关出具的证明和完税证明，向纳税所在地的主管地方税务机关申请退还自被盗抢、报废、灭失月份起至该纳税年度终了期间的税款。

已办理退税的被盗抢车船，失而复得的，纳税人应当从公安机关出具相关证明的当月起计算缴纳车船税。

（3）在一个纳税年度内，纳税人在非车辆登记地由保险机构代收代缴机动车车船税，且能够提供合法有效完税证明的，纳税人不再向车辆登记地的地方税务机关缴纳机动车车船税。

（4）在一个纳税年度内，已经缴纳车船税的车船变更所有权或管理权的，地方税务机关对原车船所有人或管理人不予办理退税手续，对现车船所有人或管理人也不再征收当年度的税款；未缴纳车船税的车船变更所有权或管理权的，由现车船所有人或管理人缴纳该纳税年度的车船税。

（5）车船税的纳税人应按照条例的有关规定及时办理纳税申报并如实填写《车船税纳税申报表》。

任务 6.7 印花税

情景列表	情 景 实 例
印花税应纳税额的计算	北京市鼎盛股份有限公司 2021 年 5 月份承包建筑工程一项，承包金额 2 400 000 元，按合同法订立建筑承包工程合同

子任务 6.7.1 印花税基本原理

1. 印花税的特点

印花税是以经济活动和经济交往中，书立和领受应税凭证的行为为征收对象征收的一种税。印花税因其采用在应税凭证上粘贴印花税票的方法缴纳税款而得名。

印花税具有以下特点：

（1）征税范围广。印花税的征税对象是经济活动和经济交往中书立、领受应税凭证的行为，其征税范围十分广泛，主要表现在两个方面：一是涉及的应税行为广泛，包括书立和领受应税凭证的行为，这些行为在经济生活中是经常发生的；二是涉及的应税凭证范围广泛，包括各类经济合同、营业账簿、权利许可证照等，这些凭证在经济生活中被广泛地使用着。随着社会主义市场经济的发展和经济法制的日益完善，印花税的应税行为和应税凭证将会越来越普遍，征税范围也会更加广阔。

（2）税负从轻。印花税税负较轻，主要表现在其税率或税额明显低于其他税种，最低比例税率为应税凭证所载金额的 0.05‰，一般都为万分之几或千分之几；定额税率是每件应税凭证 5 元。

（3）自行贴花纳税。印花税的纳税方法完全不同于其他税种，它采取纳税人自行计算应纳税额、自行购买印花税票、自行贴花、自行在每枚税票的骑缝处盖戳注销或画销的纳税方法。

（4）多缴不退不抵。印花税条例规定，凡多贴印花税票者，不得申请退税或者抵用。这与其他税种多缴税款可以申请退税或抵缴的规定也不相同。

2. 印花税的作用

印花税之所以能在世界范围内普遍推行，是因为它有良好的财政经济功能与作用。在我国社会主义市场经济条件下，印花税同样具有十分重要的作用。

（1）有利于增加财政收入。印花税虽然对每个纳税人来说税负不重，但是由于其征税面广，税款积少成多，也是一笔可观的财政收入，对于增加国家财政收入，积累更多的财政资金具有积极的作用。同时，在分税制体制下，印花税（证券交易印花税除外）属于地方税，其收入归地方政府所有。证券交易印花税属于共享税，当前其收入的 97% 归中央，3% 归地方所有。

（2）有利于配合和加强经济合同的监督管理。根据印花税条例的规定，发放或办理各种应税凭证的单位负有监督纳税的义务，这样可以配合各种经济法规的实施，加强经济合同的监督管理；同时，各种合同贴花以后，不论是否兑现，都已负担了税款，可以促使经济往来各方信守合同，减少由于盲目签约而造成的经济损失和纠纷，提高合同的兑现率。

（3）有利于培养公民的纳税意识。印花税实行自行贴花纳税的方法，有助于培养纳税人自觉纳税的意识；同时印花税又具有轻税重罚的特点，有利于增强纳税人的税收法制观念。

（4）有利于维护国家经济权益。随着对改革开放和对外经济交往的扩大，涉外经济活动中书立、领受应税凭证的情况也越来越多。目前世界上多数国家都开征了印花税，我国开征印花税有利于贯彻对等原则，维护国家的经济权益。

（5）有利于配合对其他应纳税种的监督管理。印花税的应税凭证反映着纳税人的生产、经营活动情况，税务机关对纳税人各种应税凭证的贴花和检查，客观上又可以及时掌握纳税人经济活动中涉及应纳其他各税的相关情况，有利于配合加强对其他应纳税种的监督管理。

子任务 6.7.2 纳税义务人

印花税的纳税义务人，是在中国境内书立、使用、领受印花税法所列举的凭证并应依法履行纳税义务的单位和个人。所称单位和个人，是指国内各类企业、事业、机关、团体、部队以及中外合资企业、合作企业、外资企业、外国公司和其他经济组织及其在华机构等单位和个人。

上述单位和个人，按照书立、使用、领受应税凭证的不同，可以分别确定为立合同人、立据人、立账簿人、领受人和使用人和各类电子应税凭证的签订人。

1. 立合同人

立合同人指合同的当事人。所谓当事人，是指对凭证有直接权利义务关系的单位和个人，但不包括合同的担保人、证人、鉴定人。各类合同的纳税人是立合同人。各类合同，包括购销、加工承揽、建设工程承包、财产租赁、货物运输、仓储保管、借款、财产保险、技术合同或者具有合同性质的凭证。

所称合同，是指根据原《中华人民共和国经济合同法》、《中华人民共和国涉外经济合同法》和其他有关合同法规订立的合同。所称具有合同性质的凭证，是指具有合同效力的协议、契约、合约、单据、确认书及其他各种名称的凭证。

《中华人民共和国合同法》1999 年 10 月 1 日起施行，《中华人民共和国经济合同法》《中华人民共和国涉外经济合同法》《中华人民共和国技术合同法》同时废止。有关合同的法律依据可参考《中华人民共和国合同法》的规定。

当事人的代理人有代理纳税的义务，他与纳税人负有同等的税收法律义务和责任。

2. 立据人

产权转移书据的纳税人是立据人。所谓立据人，是指土地、房屋权属转移过程中买卖双方的当事人。

3. 立账簿人

营业账簿的纳税人是立账簿人。所谓立账簿人，指设立并使用营业账簿的单位和个人。例如，企业单位因生产、经营需要，设立了营业账簿，该企业即为纳税人。

4. 领受人

权利、许可证照的纳税人是领受人。所谓领受人，是指领取或接受并持有该项凭证的单位和个人。例如，某人因其发明创造，经申请依法取得国家专利机关颁发的专利证书，该人即为纳税人。

5. 使用人

在国外书立、领受，但在国内使用的应税凭证，其纳税人是使用人。

6. 各类电子应税凭证的签订人

各类电子应税凭证的签订人即以电子形式签订的各类应税凭证的当事人。

注 意

对应税凭证，凡由两方或两方以上当事人共同书立的，其当事人各方都是印花税的纳税人，应各就其所持凭证的计税金额履行纳税义务。

子任务 6.7.3 税目和税率

1. 税目

印花税的税目，指印花税法明确规定的应当纳税的项目，它具体划定了印花税的征税范围。一般地说，列入税目的就要征税，未列入税目的就不征税。印花税共有13个税目。

（1）购销合同。购销合同包括供应、预购、采购、购销结合及协作、调剂、补偿、贸易等合同。此外，还包括出版单位与发行单位之间订立的图书、报纸、期刊和音像制品的应税凭证，例如订购单、订数单等。还包括发电厂与电网之间、电网与电网之间（国家电网公司系统、南方电网公司系统内部各级电网互供电量除外）签订的购售电合同。但是，电网与用户之间签订的供用电合同不属于印花税列举征税的凭证，不征收印花税。

（2）加工承揽合同。加工承揽合同包括加工、定做、修缮、修理、印刷、广告、测绘、测试等合同。

（3）建设工程勘察设计合同。建设工程勘察设计合同包括勘察、设计合同。

（4）建筑安装工程承包合同。建筑安装工程承包括建筑、安装工程承包合同。承包合同，包括总承包合同、分包合同和转包合同。

（5）财产租赁合同。财产租赁合同包括租赁房屋、船舶、飞机、机动车辆、机械、器具、设备等合同，还包括企业、个人出租门店、柜台等签订的合同。

（6）货物运输合同。货物运输合同包括民用航空、铁路运输、海上运输、公路运输和联运合同，以及作为合同使用的单据。

（7）仓储保管合同。仓储保管合同包括仓储、保管合同，以及作为合同使用的仓单、栈单等。

（8）借款合同。银行及其他金融组织与借款人（不包括银行同业拆借）所签订的合同，以及只填开借据并作为合同使用、取得银行借款的借据。银行及其他金融机构经营的融资租赁业务，是一种以融物方式达到融资目的的业务，实际上是分期偿还的固定资金借款，因此融资租赁合同也属于借款合同。

（9）财产保险合同。财产保险合同包括财产、责任、保证、信用保险合同，以及作为合同使用的单据。财产保险合同，分为企业财产保险、机动车辆保险、货物运输保险、家庭财产保险和农牧业保险五大类。“家庭财产两全保险”属于家庭财产保险性质，其合同在财产保险合同之列，应照章纳税。

（10）技术合同。技术合同包括技术开发、转让、咨询、服务等合同，以及作为合同使用的单据。

技术转让合同，包括专利申请权转让、专利实施许可和非专利技术转让。

技术咨询合同，是当事人就有关项目的分析、论证、预测和调查订立的技术合同。但一般的法律、会计、审计等方面的咨询不属于技术咨询，其所立合同不贴印花。

技术服务合同，是当事人一方委托另一方就解决有关特定技术问题，如为改进产品结构、改良工艺流程、提高产品质量、降低产品成本、保护资源环境、实现安全操作、提高经济效益等提出实施方案，进行实施指导所订立的技术合同，包括技术服务合同、技术培训合同和技术中介合同。但不包括以常规手段或者为生产经营目的进行一般加工、修理、修缮、广告、印刷、测绘、标准化测试，以及勘察、设计等所书立的合同。

（11）产权转移书据。产权转移书据包括财产所有权和版权、商标专用权、专利权、专有技术使用权等转移书据和土地使用权出让合同、土地使用权转让合同、商品房销售合同等权力转移合同。

所称产权转移书据，是指单位和个人产权的买卖、继承、赠与、交换、分割等所立的书据。“财产所有权”转换书据的征税范围，是指经政府管理机关登记注册的动产、不动产的所有权转移所立的书据，以及企业股权转让所立的书据，并包括个人无偿赠送不动产所签订的“个人无偿赠与不动产登记表”。当纳税人完税后，税务机关（或其他征收机关）应在纳税人印花税完税凭证上加盖“个人无偿赠与”印章。

（12）营业账簿。营业账簿指单位或者个人记载生产经营活动的财务会计核算账簿。营业账簿按其反映内容的不同，可分为记载资金的账簿和其他账簿。

记载资金的账簿，是指反映生产经营单位资本金数额增减变化的账簿。其他账簿，是指除上述账簿以外的有关其他生产经营活动内容的账簿，包括日记账簿和各明细分类账簿。

但是，对金融系统营业账簿，要结合金融系统财务会计核算的实际情况进行具体分析。凡银行用以反映资金存贷经营活动、记载经营资金增减变化、核算经营成果的账簿，如各种日记账、明细账和总账都属于营业账簿，应按照规定缴纳印花税；银行根据业务管理需要设置的各种登记簿，如空白重要凭证登记簿、有价单证登记簿、现金收付登记簿等，其记载的内容与资金活动无关，仅用于内部备查，属于非营业账簿，均不征收印花税。

（13）权利、许可证照。权利、许可证照包括政府部门发给的房屋产权证、工商营业执照、商标注册证、专利证、土地使用证。

2. 税率

印花税的税率设计，遵循税负从轻、共同负担的原则。所以，税率比较低。凭证的当事人，即对凭证有直接权利与义务关系的单位和个人均应就其所持凭证依法纳税。

现行印花税采用比例税率和定额税率两种税率。

（1）比例税率。印花税的比例税率分为4档，即：1‰、0.5‰、0.3‰、0.05‰。按比例税率征收的应税项目包括：各种合同及具有合同性质的凭证、记载资金的账簿和产权转移书据等。这些凭证一般都载有金额，按比例税率纳税，金额多的多纳，金额少的少纳，既能增加收入，又可以体现合理负担原则。其具体规定是：

①财产租赁合同、仓储保管合同、财产保险合同的税率为1‰。

②加工承揽合同、建设工程勘察设计合同、货物运输合同、产权转移书据、营业账簿中记载资金的账簿，其税率为0.05‰。

③购销合同、建筑安装工程承包合同、技术合同的规定税率为0.3‰。这类合同从低规定税率的主要考虑是：企业的购销量大，从购到销要签两次合同；而建筑安装工程承包合同则要按承包总金额计税。因此，为照顾企业的实际承受能力，并鼓励企业进行技术开发、转让和服务，宜于规定较低税率。

④借款合同的税率为0.05‰。因为借款合同的税基较大，从平衡各类合同的税负考虑，需要从低设计税率。

（2）定额税率。在印花税的13个税目中，“权利、许可证照”和“营业账簿”税目中的其他账簿，适用定额税率，均为按件贴花，税额为 5 元。这样规定，主要是考虑到上述应税凭证比较特殊，有的是无法计算金额的凭证，例如权利、许可证照；有的是虽记载有金额，但以其作为计税依据又明显不合理的凭证，例如其他账簿。采用定额税率，便于纳税人缴纳，便于税务机关征管。印花税税目税率请扫描右侧二维码。

资料

子任务 6.7.4 应纳税额的计算

1. 计税依据的一般规定

印花税的计税依据为各种应税凭证上所记载的计税金额。具体规定为：

（1）购销合同的计税依据为合同记载的购销金额。

（2）加工承揽合同的计税依据是加工或承揽收入的金额。具体规定：

①对于由受托方提供原材料的加工、定做合同，凡在合同中分别记载加工费金额和原材料金额的，应分别按“加工承揽合同”“购销合同”计税，两项税额相加数，即为合同应贴印花；若合同中未分别记载，则应就全部金额依照加工承揽合同计税贴花。

②对于由委托方提供主要材料或原料，受托方只提供辅助材料的加工合同，无论加工费和辅助材料金额是否分别记载，均以辅助材料与加工费的合计数，依照加工承揽合同计税贴花。对委托方提供的主要材料或原料金额不计税贴花。

（3）建设工程勘察设计合同的计税依据为收取的费用。

（4）建筑安装工程承包合同的计税依据为承包金额。

（5）财产租赁合同的计税依据为租赁金额；经计算，税额不足 1 元的，按 1 元贴花。

（6）货物运输合同的计税依据为取得的运输费金额（即运费收入），不包括所运货物的金额、装卸费和保险费等。

（7）仓储保管合同的计税依据为收取的仓储保管费用。

（8）借款合同的计税依据为借款金额。针对实际借贷活动中不同的借款形式，税法规定了不同的计税方法。

①凡是一项信贷业务既签订借款合同，又一次或分次填开借据的，只以借款合同所载金额为计税依据计税贴花；凡是只填开借据并作为合同使用的，应以借据所载金额为计税依据计税贴花。

②借贷双方签订的流动资金周转性借款合同，一般按年（期）签订，规定最高限额，借款人在规定的期限和最高限额内随借随还。为避免加重借贷双方的负担，对这类合同只以其规定的最高限额为计税依据，在签订时贴花一次，在限额内随借随还不签订新合同的，不再另贴印花。

③对借款方以财产作抵押，从贷款方取得一定数量抵押贷款的合同，应按借款合同贴花；在借款方因无力偿还借款而将抵押财产转移给贷款方时，应再就双方书立的产权书据，按产权转移书据的有关规定计税贴花。

④对银行及其他金融组织的融资租赁业务签订的融资租赁合同，应按合同所载租金总额，暂按借款合同计税。

⑤在贷款业务中，如果贷方系由若干银行组成的银团，银团各方均承担一定的贷款数额。借款合同由借款方与银团各方共同书立，各执一份合同正本。对这类合同借款方与贷款银团各方应分别在所执的合同正本上，按各自的借款金额计税贴花。

⑥在基本建设贷款中，如果按年度用款计划分年签订借款合同，在最后一年按总概算签订借款总合同，且总合同的借款金额包括各个分合同的借款金额的，对这类基建借款合同，应按分合同分别贴花，最后签订的总合同，只就借款总额扣除分合同借款金额后的余额计税贴花。

（9）财产保险合同的计税依据为支付（收取）的保险费，不包括所保财产的金额。

（10）技术合同的计税依据为合同所载的价款、报酬或使用费。为了鼓励技术研究开发，对技术开发合同，只就合同所载的报酬金额计税，研究开发经费不作为计税依据。单对合同约定按研究开发经费一定比例作为报酬的，应按一定比例的报酬金额贴花。

（11）产权转移书据的计税依据为所载金额。

（12）营业账簿税目中记载资金的账簿的计税依据为“实收资本”与“资本公积”两项的合计金额。实收资本包括现金、实物、无形资产和材料物资。现金按实际收到或存入纳税人开户银行的金额确定。实物，指房屋、机器等，按评估确认的价值或者合同、协议约定的价格确定。无形资产和材料物资，按评估确认的价值确定。

资本公积，包括接受捐赠、法定财产重估增值、资本折算差额、资本溢价等。如果是实物捐赠，则按同类资产的市场价格或有关凭据确定。

其他账簿的计税依据为应税凭证件数。

（13）权利、许可证照的计税依据为应税凭证件数。

2. 计税依据的特殊规定

（1）上述凭证以“金额”“收入”“费用”作为计税依据的，应当全额计税，不得作任何扣除。

（2）同一凭证，载有两个或两个以上经济事项而适用不同税目税率，如分别记载金额的，应分别计算应纳税额，相加后按合计税额贴花；如未分别记载金额的，按税率高的计税贴花。

（3）按金额比例贴花的应税凭证，未标明金额的，应按照凭证所载数量及国家牌价计算金额；没有国家牌价的，按市场价格计算金额，然后按规定税率计算应纳税额。

（4）应税凭证所载金额为外国货币的，应按照凭证书立当日国家外汇管理局公布的外汇牌价折合成人民币，然后计算应纳税额。

（5）应纳税额不足 1 角的，免纳印花税；1 角以上的，其税额尾数不满 5 分的不计，满 5 分的按 1 角计算。

（6）有些合同，在签订时无法确定计税金额，如技术转让合同中的转让收入，是按销售收入的一定比例收取或是按实现利润分成的；财产租赁合同，只是规定了月（天）租金标准而无租赁期限的。对这类合同，可在签订时先按定额 5 元贴花，以后结算时再按实际金额计税，补贴印花。

（7）应税合同在签订时纳税义务即已产生，应计算应纳税额并贴花。所以，不论合同是否兑现或是否按期兑现，均应贴花。

对已履行并贴花的合同，所载金额与合同履行后实际结算金额不一致的，只要双方未修改合同金额，一般不再办理完税手续。

（8）对有经营收入的事业单位，凡属由国家财政拨付事业经费，实行差额预算管理的单位，其记载经营业务的账簿，按其他账簿定额贴花，不记载经营业务的账簿不贴花；凡属经费来源实行自收自支的单位，其营业账簿，应对记载资金的账簿和其他账簿分别计算应纳税额。

跨地区经营的分支机构使用的营业账簿，应由各分支机构于其所在地计算贴花。对上级单位核拨资金的分支机构，其记载资金的账簿按核拨的账面资金额计税贴花，其他账簿按定额贴花；对上级单位不核拨资金的分支机构，只就其他账簿按件定额贴花。为避免对同一资金重复计税贴花，上级单位记载资金的账簿，应按扣除拨给下属机构资金数额后的其余部分计税贴花。

（9）商品购销活动中，采用以货换货方式进行商品交易签订的合同，是反映既购又销双重经济行为的合同。对此，应按合同所载的购、销合计金额计税贴花。合同未列明金额的，应按合同所载购、销数量依照国家牌价或者市场价格计算应纳税额。

（10）施工单位将自己承包的建设项目，分包或者转包给其他施工单位所签订的分包合同或者转包合同，应按新的分包合同或转包合同所载金额计算应纳税额。这是因为印花税是一种具有行为税性质的凭证税，尽管总承包合同已依法计税贴花，但新的分包或转包合同是一种新的凭证，又发生了新的纳税义务。

（11）换从 2008 年 9 月 19 日起，对证券交易印花税政策进行调整，由双边征收改为单边征收，即只对卖出方（或继承、赠与 A 股、B 股股权的出让方）征收证券（股票）交易印花税，对买入方（受让方）不再征税。税率仍保持 1‰。

（12）对国内各种形式的货物联运，凡在起运地统一结算全程运费的，应以全程运费作为计税依据，由起运地运费结算双方缴纳印花税；凡分程结算运费的，应以分程的运费作为计税依据，分别由办理运费结算的各方缴纳印花税。

对国际货运，凡由我国运输企业运输的，不论在我国境内、境外起运或中转分程运输，我国运输企业所持的一份运费结算凭证，均按本程运费计算应纳税额；托运方所持的一份运费结算凭证，按全程运费计算应纳税额。由外国运输企业运输进出口货物的，外国运输企业所持的一份运费结算凭证免纳印花税；托运方所持的一份运费结算凭证应缴纳印花税。国际货运运费结算凭证在国外办理的，应在凭证转回我国境内时按规定缴纳印花税。

必须明确的是，印花税票为有价证券，其票面金额以人民币为单位，分为 1 角、2 角、5 角、1 元、2 元、5 元、10 元、50 元、100 元 9 种。

3. 应纳税额的计算方法

纳税人的应纳税额，根据应纳税凭证的性质，分别按比例税率或者定额税率计算，其

计算公式为

应纳税额 = 应税凭证计税金额（或应税凭证件数）× 适用税率

【情景 6-10】北京市鼎盛股份有限公司 2021 年 5 月份承包建筑工程一项，承包金额 2 400 000 元，按合同法订立建筑承包工程合同。

问题：计算公司此项业务应纳印花税税额，并编制会计分录。

解析：

应纳税额 =2 400 000 × 0.3‰ =720（元）

借：管理费用　　720

　　贷：银行存款　　720

子任务 6.7.5 税收优惠

1. 对已缴纳印花税凭证的副本或者抄本免税

凭证的正式签署本已按规定缴纳了印花税，其副本或者抄本对外不发生权利义务关系，只是留存备查。但以副本或者抄本视同正本使用的，则应另贴印花。

2. 对财产所有人将财产赠给政府、社会福利单位、学校所立的书据免税

所谓社会福利单位，是指扶养孤老伤残的社会福利单位。对上述书据免税，旨在鼓励财产所有人这种有利于发展文化教育事业，造福社会的捐赠行为。

3. 对国家指定的收购部门与村民委员会、农民个人书立的农副产品收购合同免税

由于我国农副产品种类繁多，地区之间差异较大，随着经济发展，国家指定的收购部门也会有所变化。对此，印花税法授权省、自治区、直辖市主管税务机关根据当地实际情况，具体划定本地区“收购部门”和“农副产品”的范围。

4. 无息、贴息贷款合同免税

无息、贴息贷款合同，是指我国的各专业银行按照国家金融政策发放的无息贷款或贴息贷款。一般情况下，无息、贴息贷款体现国家政策，满足特定时期的某种需要，其利息全部或部分是由国家财政负担的，对这类合同征收印花税没有财政意义。

5. 对外国政府或国际金融组织向我国政府及国家金融机构提供优惠贷款所书立的合同免税

该类合同是就具有援助性质的优惠贷款而成立的政府间协议，对其免税有利于引进和利用外资，以推动我国经济与社会的快速发展。

6. 租赁承包经营合同免税

企业与主管部门等签订的租赁承包经营合同，不属于租赁合同，不征收印花税。

7. 对农牧业保险合同免税

对该类合同免税，是为了支持农村保险事业的发展，减轻农牧业生产的负担。

8. 对特殊货运凭证免税

这类凭证有：

（1）军事物资运输凭证，即附有军事运输命令或使用专用的军事物资运费结算凭证。

（2）抢险救灾物资运输凭证，即附有县级以上（含县级）人民政府抢险救灾物资运输证明文件的运费结算凭证。

（3）新建铁路的工程临管线运输凭证，即为新建铁路运输施工所需物料，使用工程临管线专用的运费结算凭证。

9. 企业改制过程中有关印花税征免规定

（1）资金账簿的印花税。

①实行公司制改造的企业在改制过程中成立的新企业（重新办理法人登记的），其新启用的资金账簿记载的资金或因企业建立资本纽带关系而增加的资金，凡原已贴花的部分可不再贴花，未贴花的部分和以后新增加的资金按规定贴花。

公司制改造包括国有企业依《公司法》整体改造成国有独资有限责任公司；企业通过增资扩股或者转让部分产权，实现他人对企业的参股，将企业改造成有限责任公司或股份有限公司；企业以其部分财产和相应债务与他人组建新公司；企业将债务留在原企业，而以其优质财产与他人组建的新公司。

②以合并或分立方式成立的新企业，其新启用的资金账簿记载的资金，凡原已贴花的部分可不再贴花，未贴花的部分和以后新增加的资金按规定贴花。

合并包括吸收合并和新设合并。分立包括存续分立和新设分立。

③企业债权转股权新增加的资金按规定贴花。

④企业改制中经评估增加的资金按规定贴花。

⑤企业其他会计科目记载的资金转为实收资本或资本公积的资金按规定贴花。

（2）各类应税合同的印花税。企业改制前签订但尚未履行完的各类应税合同，改制后需要变更执行主体的，对仅改变执行主体、其余条款未作变动且改制前已贴花的，不再贴花。

（3）产权转移书据的印花税。企业因改制签订的产权转移书据免予贴花。

（4）股权分置试点改革转让的印花税。股权分置改革过程中因非流通股股东向流通股股东支付对价而发生的股权转让，暂免征收印花税。

自2006年1月1日起至2008年12月31日，对与高校学生签订的学生公寓租赁合同，免征印花税。

子任务 6.7.6 征收管理

1. 纳税方法

印花税的纳税办法，根据税额大小、贴花次数以及税收征收管理的需要，分别采用以下三种纳税办法。

（1）自行贴花办法。这种办法，一般适用于应税凭证较少或者贴花次数较少的纳税人。纳税人书立、领受或者使用印花税法列举的应税凭证的同时，纳税义务即已产生，应当根据应纳税凭证的性质和适用的税目税率，自行计算应纳税额，自行购买印花税票，自行一次贴足印花税票并加以注销或划销，纳税义务才算全部履行完毕。值得注意的是，纳税人购买了印花税票，支付了税款，国家就取得了财政收入。但就印花税来说，纳税人支付了税款并不等于已履行了纳税义务。纳税人必须自行贴花并注销或划销，这样才算完整地完成了纳税义务。这也就是通常所说的“三自”纳税办法。

对已贴花的凭证，修改后所载金额增加的，其增加部分应当补贴印花税票。凡多贴印花税票者，不得申请退税或者抵用。

（2）汇贴或汇缴办法。这种办法，一般适用于应纳税额较大或者贴花次数频繁的纳税人。

一份凭证应纳税额超过 500 元的，应向当地税务机关申请填写缴款书或者完税证，将其中一联粘贴在凭证上或者由税务机关在凭证上加注完税标记代替贴花。这就是通常所说的“汇贴”办法。

同一种类应纳税凭证，需频繁贴花的，纳税人可以根据实际情况自行决定是否采用按期汇总缴纳印花税的方式，汇总缴纳的期限为 1 个月。采用按期汇总缴纳方式的纳税人应事先告知主管税务机关。缴纳方式一经选定，1 年内不得改变。主管税务机关接到纳税人要求按期汇总缴纳印花税的告知后，应及时登记，制定相应的管理办法，防止出现管理漏洞。对采用按期汇总缴纳方式缴纳印花税的纳税人，应加强日常监督、检查。

实行印花税按期汇总缴纳的单位，对征税凭证和免税凭证汇总时，凡分别汇总的，按本期征税凭证的汇总金额计算缴纳印花税；凡确属不能分别汇总的，应按本期全部凭证的实际汇总金额计算缴纳印花税。

凡汇总缴纳印花税的凭证，应加注税务机关指定的汇缴戳记、编号并装订成册后，将已贴印花或者缴款书的一联粘附册后，盖章注销，保存备查。

经税务机关核准，持有代售许可证的代售户，代售印花税票取得的税款须专户存储，并按照规定的期限，向当地税务机关结报，或者填开专用缴款书直接向银行缴纳，不得逾期不缴或者挪作他用。代售户领存的印花税票及所售印花税票的税款，如有损失，应负责赔偿。

（3）委托代征办法。这一办法主要是通过税务机关的委托，经由发放或者办理应纳税凭证的单位代为征收印花税税款。税务机关应与代征单位签订代征委托书。所谓发放或者办理应纳税凭证的单位，是指发放权利、许可证照的单位和办理凭证的鉴证、公证及其他有关事项的单位。如按照印花税法规定，工商行政管理机关核发各类营业执照和商标注册证的同时，负责代售印花税票，征收印花税税款，并监督领受单位或个人负责贴花。税务机关委托工商行政管理机关代售印花税票，按代售金额 5% 的比例支付代售手续费。

印花税法规定，发放或者办理应纳税凭证的单位，负有监督纳税人依法纳税的义务，具体是指对以下纳税事项监督：

①应纳税凭证是否已粘贴印花；

②粘贴的印花是否足额；

③粘贴的印花是否按规定注销。

对未完成以上纳税手续的，应督促纳税人当场完成。

2. 纳税环节

印花税应当在书立或领受时贴花。具体是指在合同签订时、账簿启用时和证照领受时贴花。如果合同是在国外签订，并且不便在国外贴花的，应在将合同带入境时办理贴花纳税手续。

3. 纳税地点

印花税一般实行就地纳税。对于全国性商品物资订货会（包括展销会、交易会等）上所签订合同应纳的印花税，由纳税人回其所在地后及时办理贴花完税手续；对地方主办、不涉及省际关系的订货会、展销会上所签合同的印花税，其纳税地点由各省、自治区、直辖市人民政府自行确定。

项目小结

本项目主要是我国税制结构中的一些辅助税种应纳税额的计算、会计核算以及申报缴纳问题、涉及的税种较多，但每个税种的计算、缴纳并不复杂。有些税种是企业生产经营必须要计算缴纳的，如资源税、土地增值税、房产税、城镇土地使用税、城市维护建设税、车船税、印花税，有些是企业发生应税行为时要缴纳的，如车辆购置税等。

项目训练

【资料】

某建筑公司 2021 年 5 月份承包建筑工程一项，承包金额 2 000 000 元，按合同法订立建筑承包工程合同。

【要求】

计算公司此项业务应纳印花税税额，并编制会计分录。

项目 7 关税的核算

应知应会

- 理解关税的概念、特征以及分类。
- 掌握关税的征税对象和纳税人。
- 了解关税的税收优惠政策。
- 掌握关税应纳税额的计算及会计核算。
- 掌握进出口关税的会计核算。
- 理解关税的征收管理。

关键词

- 关税（tariff）;
- 征税对象（tax object）;
- 关税减免（tariffs）;
- 特定减免税（specific tax）;
- 关税退还（tariff refund）。

本项目在本书中的地位

关税是指一国海关根据该国法律规定，对通过其关境的进出口货物征收的一种税收。它属于国家最高行政单位指定税率的高级税种，对于对外贸易发达的国家而言，关税往往是国家税收乃至国家财政的主要收入。

业务综述

本项目主要介绍以下内容：

- 关税的税收优惠；
- 关税应纳税额的计算及会计核算；
- 进口货物从价关税应纳税额的计算；
- 出口货物应纳关税的计算；
- 进出口关税的会计核算；
- 关税的滞纳金。

项目导图

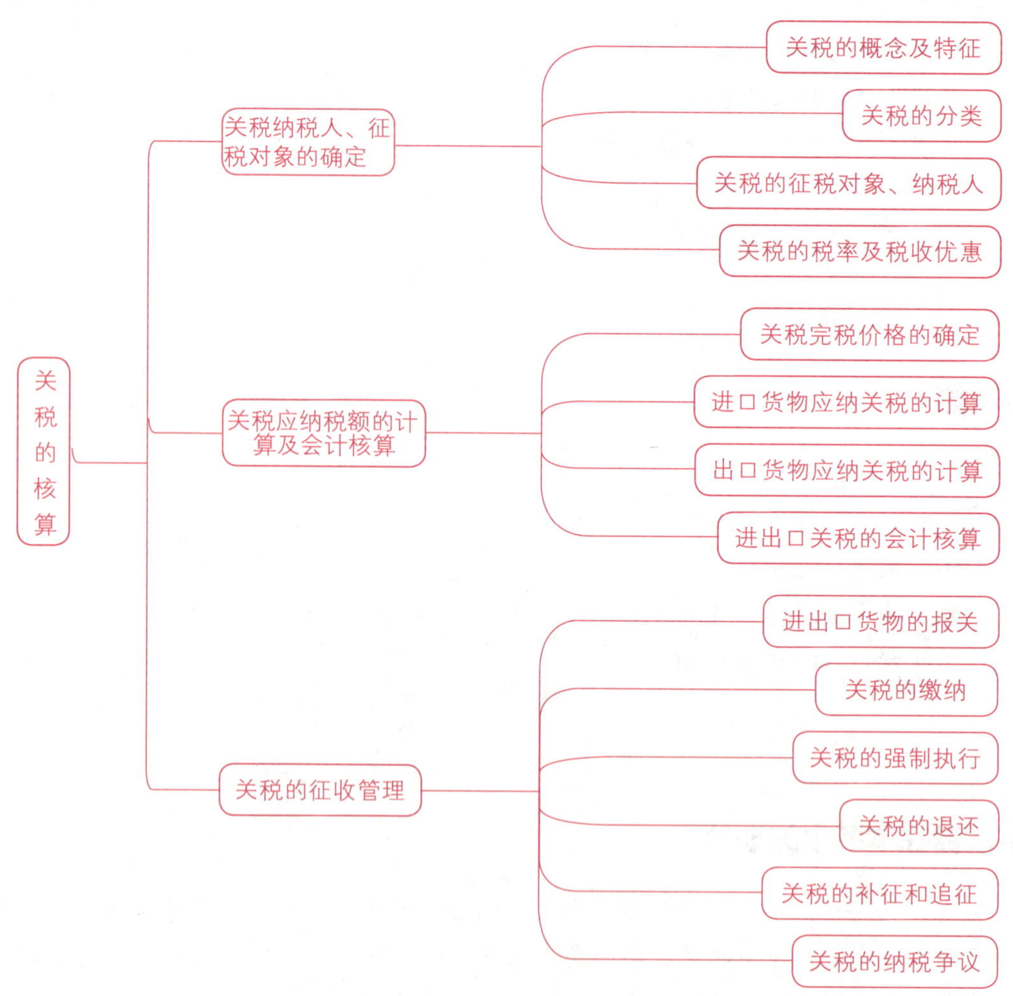

任务 7.1 关税纳税人、征税对象的确定

情景列表	情　景　实　例
关税的概念	某外贸企业从国外自营进口排气量 2.5 升的小轿车一批，CIF 价格折合人民币为 3 000 000 元，进口关税税率为 25%，缴纳的关税为 750 000 元
关税的税收优惠	某医学院购进进口的器械用于科学研究，免征进口关税

子任务 7.1.1 关税的概念及特征

1. 关税的概念

关税是国际通行的税种，是各国根据本国的政治和经济发展的需要，以法律形式确定的，由海关对进出口的货物和物品所征收的一种流转税。

所谓“境”指关境，又称“海关境域”或“关税领域”，是国家《海关法》全面实施的领域。在通常情况下，一国关境与国境是一致的，包括国家全部的领土、领海、领空。但当某一国家在国境内设立了自由港、自由贸易区等，这些区域就进出口关税而言处在关境之外，这时，该国家的关境小于国境，如我国。根据《中华人民共和国香港特别行政区基本法》和《中华人民共和国澳门特别行政区基本法》，香港和澳门保持自由港地位，为我国单独的关税地区，即单独关境区。单独关境区是不完全适用该国海关法律、法规或实施单独海关管理制度的区域。当几个国家结成关税同盟、组成一个共同的关境、实施统一的关税法令和统一的对外税则时，这些国家彼此之间货物进出国境不征收关税，只对来自或运往其他国家的货物进出共同关境时征收关税，这些国家的关境大于国境，如欧盟。

2. 关税的特征

（1）纳税上的统一性和一次性。按照全国统一的进出口关税条例和税则征收关税，在货物或物品报关进（出）口时一次性缴纳，其他环节不再征收，这与增值税多环节征税是不同的。

（2）征收上的过“关”性。是否征收关税，以货物或物品是否经过一个国家的关境而不是以国境为标准。一般情况下，一个国家的国境与关境是一致的，但两者不完全相同，国境是一个国家以边界为界限，全面行使主权的境域，包括领土、领海和领空。关境又称海关境域或关税领域，是一个国家关税法令有效施行的境域。但当一个国家在国境内设立自由贸易港、自由贸易区、保税区、保税仓库时，关境就小于国境；当几个国家结成关税同盟，成员国之间相互取消关税，对外实行共同的关税税则时，就其成员国而言，关境就大于国境。

（3）税率上的复式性。对来自于不同国家的同一货物设置优惠税率和普通税率的复式

税则制，来调节进出口贸易，以维护主权，保护本国经济的发展。

关税作为独特的税种，除了具有一般税收的特点以外，还具有以下特点：

（1）征收的对象是进出境货物和物品。关税是对进出境的货品征税，在境内和境外流通的货物，不进出关境的不征关税。

（2）关税是单一环节的价外税。关税的完税价格中不包括关税，即在征收关税时，是以实际成交价格为计税依据，关税不包括在内。但海关代为征收增值税、消费税时，其计税依据包括关税在内。

（3）有较强的涉外性。关税税则的制定、税率的高低，会直接影响到国际贸易的开展。关税政策、关税措施也往往和经济政策、外交政策紧密相关，具有涉外性。

子任务 7.1.2 关税的分类

在各国每个阶段不同的关税政策下，各国采取不同的关税征收方法，关税也因此形成了不同的类型。依据不同的分类标准和依据，关税可以划分为不同的种类。

1. 按征收对象划分

包括进口税、出口税和过境税。

（1）进口税。它是指海关在外国货物进口时所课征的关税。进口税通常在外国货物进入关境或国境时征收；或在外国货物从保税仓库提出运往国内市场时征收。现今世界各国的关税，主要是征进口税。征收进口税的目的在于保护本国市场和增加财政收入。

（2）出口税。它是指海关在本国货物出口时所课征的关税。为了降低出口货物的成本，提高本国货物在国际市场上的竞争能力，世界各国一般少征或不征出口税。但为了限制本国某些产品或自然资源的输出，或为了保护本国生产、本国市场供应和增加财政收入以及某些特定的需要，有些国家也征收出口税。

（3）过境税。又称通过税。它是对外国货物通过本国国境或关境时征收的一种关税。过境税最早主要是为了增加国家财政收入而征收的。后由于各国的交通事业发展，竞争激烈，征收过境税，不仅妨碍国际商品流通，而且还减少港口、运输、仓储等方面的收入，于是便逐步废除了过境税的条款。

2. 按征收目的划分

包括财政关税和保护关税。

（1）财政关税。又称收入关税，它以增加国家财政收入为主要目的而课征的关税。财政关税的税率比保护关税低，因为过高的关税会阻碍进出口贸易的发展，达不到增加财政收入的目的。随着世界经济的发展，财政关税的意义逐渐减低，而被保护关税所代替。

（2）保护关税。它是以保护本国经济发展为主要目的而课征的关税。保护关税主要是进口税，税率较高，有的高达百分之几百。通过征收高额进口税，使进口商品成本增高，从而削弱它在进口国市场的竞争能力，甚至阻碍其进口，以达到保护本国经济发展的目的。保护关税是实现一个国家对外贸易政策的重要措施之一。

3. 按计征方式划分

包括从量关税、从价关税、混合关税、选择性关税和滑动关税。

（1）从量关税。以征税对象的数量为计税依据，按每单位数量预先制定的应税额计征。

（2）从价关税。以征税对象的价格为计税依据，根据一定比例的税率进行计征。

（3）混合关税。是指对两种进口货物同时制订出从价、从量两种方式，分别计算税额，以两种税额之和作为该货物的应征税额。

（4）选择性关税。对同一种货物在税则中规定从价、从量两种税率，在征税时选择其中征收税额较多的一种，以免因物价波动影响财政收入。也可以选择税额较少的一种标准计算关税。

（5）滑动关税。又称滑准税。指对某种货物在税则中预先按该商品的价格规定几档税率。同一种货物当价格高时适用较低税率，价格低的时候适用较高税率。目的是使该物品的价格在国内市场上保持相对稳定。

4. 按税率制定划分

包括自主关税和协定关税。

（1）自主关税。又称国定关税。一个国家基于其主权，独立自主地制定的、并有权修订的关税包括关税税率及各种法规、条例。国定税率一般高于协定税率，适用于没有签订关税贸易协定的国家。

（2）协定关税。两个或两个以上的国家，通过缔结关税贸易协定而制定的关税税率。协定关税有双边协定税率、多边协定税率和片面协定税率。双边协定税率是两个国家达成协议而相互减让的关税税率。多边协定税率，是两个以上的国家之间达成协议而相互减让的关税税率，如关税及贸易总协定中的相互减让税率的协议。片面协定税率是一国对他国输入的货物降低税率，为其输入提供方便，而他国并不以降低税率回报的税率制度。

5. 按差别待遇和特定的实施情况划分

包括进口附加税、差价税、特惠税和普遍优惠制。

（1）进口附加税。它是指除了征收一般进口税以外，还根据某种目的再加征额外的关税。它主要有反补贴税和反倾销税。

（2）差价税。又称差额税。当某种本国生产的产品国内价格高于同类的进口商品价格时，为了削弱进口商品的竞争能力，保护国内生产和国内市场，按国内价格与进口价格之间的差额征收关税，称差价税。

（3）特惠税。又称优惠税。它是指对某个国家或地区进口的全部商品或部分商品，给予特别优惠的低关税或免税待遇。但它不适用于从非优惠国家或地区进口的商品。特惠税有的是互惠的，有的是非互惠的。

（4）普遍优惠制。简称普惠制。它是发展中国家在联合国贸易与发展会议上经过长期斗争，在 1968 年通过建立普惠制决议后取得的。该决议规定，发达国家承诺对从发展中国家或地区输入的商品，特别是制成品和半成品，给予普遍的、非歧视性的和非互惠的优惠关税待遇。

子任务 7.1.3 关税的征税对象

关税的征税对象，是指准许进出我国国境或关境的货物和物品。货物是指贸易性商品；物品包括入境旅客随身携带的行李和物品、各种运输工具上服务人员携带进口的自用物品、个人邮递物品、馈赠物品及以其他方式入境的个人物品。

子任务 7.1.4 关税的纳税人

贸易性商品的纳税人是经营进口货物的收货人、出口货物的发货人。进出口货物的收、发货人是依法取得对外贸易经营权，并进口或者出口货物的法人或者其他社会团体。对虽然从事进出口业务，但没有自营进出口权的企业，必须委托专门的报关人代理报关和申报纳税。

进出境物品的纳税人是物品的所有人和推定为所有人的人。具体包括：对于携带进境的物品，推定其携带人为所有人；对分离运输的行李，推定相应的进出境旅客为所有人；对以邮递方式进境的物品，推定其收件人为所有人；以邮递或其他运输方式出境的物品，推定其寄件人或托运人为所有人。

子任务 7.1.5 关税的税率

关税税率是整个关税制度的核心要素。目前我国关税税率主要有以下几种：

1. 进口关税税率

在我国加入世界贸易组织（WTO）之前，我国进口税则设有两栏税率，即普通税率和优惠税率。对原产于与我国未签订有关税互惠协议的国家或者地区的进口货物，按照普通税率征税；对原产于与我国签订有关税互惠协议的国家或者地区的进口货物，按照优惠税率征税。在我国加入 WTO 之后，为履行我国在加入 WTO 关税减让谈判中承诺的有关义务，享有 WTO 成员应有的权利，自 2002 年 1 月 1 日起，我国进口税则设有最惠国税率、协定税率、特惠税率、普通税率、关税配额税率等税率。对进口货物在一定期限内可以实行暂定税率。

（1）最惠国税率。适用原产于与我国共同适用最惠国待遇条款的世界贸易组织成员国或地区的进口货物；或原产于与我国签订有相互给予最惠国待遇条款的双边贸易协定的国家或地区的进口货物。

（2）协定税率。适用原产于我国参加的含有关税优惠条款的区域性贸易协定的有关缔约方的进口货物。

（3）特惠税率。适用原产于与我国签订有特殊优惠关税协定的国家或地区的进口货物。

（4）普通税率。适用原产于上述国家或地区以外的国家或地区的进口货物。

（5）配额税率。配额内关税是对一部分实行关税配额的货物，按低于配额外税率的进口税率征收的关税。按照国家规定实行关税配额管理的进口货物，关税配额内的，适用关税配额税率；关税配额外的，其税率的适用按照前述的规定执行。

（6）暂定税率。暂定关税是对某些税号中的部分货物在适用最惠国税率的前提下，通过法律程序暂时实施的进口税率，具有非全税目的特点，低于最惠国税率。

适用最惠国税率的进口货物有暂定税率的，应当适用暂定税率；适用协定税率、特惠税率的进口货物有暂定税率的，应当从低适用税率；适用普通税率的进口货物，不适用暂定税率。

2. 出口关税税率

我国出口税则为一栏税率，即出口税率。国家仅对少数资源性产品及易于竞相杀价、盲目进口、需要规范出口秩序的半制成品征收出口关税。现行税则对 100 余种商品计征出口关税，主要是鳗鱼苗、部分有色金属矿砂及其精矿、生锑、磷、氟钽酸钾、苯、山羊板皮、部分铁合金、钢铁废碎料、铜和铝原料及其制品、镍锭、锌锭、锑锭。但对上述范围内的部分商品实行 0 ~ 25% 的暂定税率，此外，根据需要对其他 200 多种商品征收暂定税率。与进口暂定税率一样，出口暂定税率优先适用于出口税则中规定的出口税率。

子任务 7.1.6 关税的税收优惠

1. 法定减免

法定减免是指《海关法》、《进出口关税条例》和《海关进出口税则》等法规中所规定的减免税。法定减免税货物进口时，纳税人无须提出申请，海关可以按规定直接予以减免。海关对法定减免税货物一般不进行后续管理。享受法定减免税待遇的货物主要有：

（1）关税税额在人民币 50 元以下的一票货物，可免征关税；

（2）无商业价值的广告品和货样，可免征关税；

（3）外国政府、国际组织无偿赠送的物资，可免征关税；

（4）进出境运输工具装载的途中必需的燃料、物料和饮食用品，可免征关税。

（5）有下列情形之一的进口货物，海关可以酌情减免关税：

①在境外运输途中或者在起卸时，遭受损坏或者损失；

②起卸后海关放行前，因不可抗力遭受损坏或者损失；

③海关查验时已经破漏、损坏或者腐烂，经证明不是保管不慎造成的。

（6）为境外厂商加工、装配成品和为制造外销产品而进口的原材料、辅料、零件、部件、配套件和包装物料，海关按实际加工出口的成品数量免征进口关税；或者对进口料件，先征进口关税，再按实际加工出口的成品数量予以退税。

（7）经海关核准，暂时进境或暂时出境并在 6 个月内复运出境或复运进境的货样、展览品、施工机械、工程车辆、工程船舶、安装设备时使用的仪器和工具、电视或电影摄制器械、盛装货物的容器，以及剧团的服装道具等，在货物收发货人向海关缴纳相当于税款的保证金或提供担保后，准予暂时免纳关税。

（8）因故退还的中国出口货物，经海关查实，可予免征进口关税，但已征的出口关税不予退还。

（9）因故退还的境外进口货物，经海关查实，可予免征出口关税，但已征的进口关税不予退还。

（10）中华人民共和国缔结或者参加的国际条约规定减征、免征关税的货物、物品，海关按规定减免关税。

2. 特定减免税

特定减免税也称政策性减免税。在法定减免税之外，国家按照国际通行规则和我国实际情况，制定发布的有关进出口货物减免关税的政策，称为特定或政策性减免税。特定减免税货物一般有地区：企业和用途的限制，海关需要进行后续管理，也需要进行减免税统计。

（1）科教用品。为有利于我国科研、教育事业发展，国务院制定了《科学研究和教学用品免征进口税收暂行规定》，对科学研究机构和学校，不以营利为目的，在合理数量范围内进口国内不能生产的科学研究和教学用品，直接用于科学研究或者教学的，免征进口关税和进口环节增值税、消费税。该规定对享受该优惠的科研机构和学校资格、类别以及可以免税的物品都做了明确规定。

（2）残疾人专用品。为支持残疾人的康复工作，国务院制定了《残疾人专用品免征进口税收暂行规定》，对规定的残疾人个人专用品，免征进口关税和进口环节增值税、消费税；对康复、福利机构、假肢厂和荣誉军人康复医院进口国内不能生产的。该规定明确的残疾人专用品，免征进口关税和进口环节增值税。该规定对可以免税的残疾人专用品种类和品名做了明确规定。

（3）扶贫、慈善性捐赠物资。为促进公益事业的健康发展，经国务院批准，财政部、国家税务总局、海关总署发布了《扶贫、慈善性捐赠物资免征进口税收的暂行办法》。对境外自然人、法人或者其他组织等境外捐赠人，无偿向经国务院主管部门依法批准成立的，以人道救助和发展扶贫、慈善事业为宗旨的社会团体以及国务院有关部门和各省、自治区、直辖市人民政府捐赠的，直接用于扶贫、慈善事业的物资，免征进口关税和进口环节增值税。所称扶贫、慈善事业，是指非营利的扶贫济困、慈善救助等社会慈善和福利事业。该办法对可以免税的捐赠物资种类和品名做了明确规定。

（4）加工贸易产品。

①加工装配和补偿贸易。加工装配即来料加工、来样加工及来件装配，是指由境外客商提供全部或部分原辅料、零配件和包装物料，必要时提供设备，由我方按客商要求进行加工装配，成品交外商销售，我方收取工缴费。客商提供的作价设备价款，我方用工缴费偿还。补偿贸易是指由境外客商提供或国内单位利用国外出口信贷进口生产技术或设备，由我方生产，以返销产品方式分期偿还对方技术、设备价款或贷款本息的交易方式。因有利于较快地提高出口产品生产技术，改善我国产品质量和品种，扩大出口，增加我国外汇收入，国家给予一定的关税优惠：进境料件不予征税，准许在境内保税加工为成品后返销出口；进口外商的不作价设备和作价设备，分别按照外商投资项目和国内投资项目的免税规定执行；剩余料件或增产的产品，经批准转内销时，价值在进口料件总值 2% 以内，且总价值在 3 000 元以下的，可予免税。

②进料加工。经批准有权经营进出口业务的企业使用进料加工专项外汇进口料件，并在 1 年内加工或装配成品外销出口的业务，称为进料加工业务。对其关税优惠为：对专为

加工出口商品而进口的料件，海关按实际加工复出口的数量，免征进口税；加工的成品出口，免征出口税，但内销料件及成品照章征税；对加工过程中产生的副产品、次品、边角料，海关根据其使用价值分析估价征税或者酌情减免税；剩余料件或增产的产品，经批准转内销时，价值在进口料件总值 2% 以内，且总价值在 5 000 元以下的，可予免税。

（5）边境贸易进口物资。为了鼓励我国边境地区积极发展与我国毗邻国家间的边境贸易与经济合作，国家制定了有关扶持、鼓励边境贸易和边境地区发展对外经济合作的政策措施。边境贸易有边民互市贸易和边境小额贸易两种形式。边民互市贸易是指边境地区边民在边境线 20 里以内、经政府批准的开放点或指定的集市上进行的商品交换活动。边民通过互市贸易进口的商品，每人每日价值在 3 000 元以下的，免征进口关税和进口环节增值税。边境小额贸易是指沿陆地边境线经国家批准对外开放的边境县（旗）、边境城市辖区内经批准有边境小额贸易经营权的企业，通过国家指定的陆地边境口岸，与毗邻国家边境地区的企业或其他贸易机构之间进行的贸易活动。边境小额贸易企业通过指定边境口岸进口原产于毗邻国家的商品，除烟、酒、化妆品以及国家规定必须照章征税的其他商品外，进口关税和进口环节增值税减半征收。

（6）保税区进出口货物。为了创造完善的投资、运营环境，开展为出口贸易服务的加工整理、包装、运输、仓储、商品展出和转口贸易，国家在境内设立了保税区，即与外界隔离的全封闭方式，在海关监控管理下进行存放和加工保税货物的特定区域。保税区的主要关税优惠政策有：进口供保税区使用的机器、设备、基建物资、生产用车辆，为加工出口产品进口的原材料、零部件、元器件、包装物料，供储存的转口货物以及在保税区内加工运输出境的产品免征进口关税和进口环节税；保税区内企业进口专为生产加工出口产品所需的原材料、零部件、包装物料，以及转口货物予以保税；从保税区运往境外的货物，一般免征出口关税等。

（7）出口加工区进出口货物。为加强与完善加工贸易管理，严格控制加工贸易产品内销，保护国内相关产业，并为出口加工企业提供更宽松的经营环境，带动国产原材料、零配件的出口，国家设立了出口加工区。出口加工区的主要关税优惠政策有：从境外进入区内生产性的基础设施建设项目所需的机器、设备和建设生产厂房：仓储设施所需的基建物资，区内企业生产所需的机器、设备、模具及其维修用零配件，区内企业和行政管理机构自用合理数量的办公用品，予以免征进口关税和进口环节税；区内企业为加工出口产品所需的原材料、零部件、元器件、包装物料及消耗性材料，予以保税；对加工区运往区外的货物，海关按照对进口货物的有关规定办理报关手续，并按照制成品征税；对从区外进入加工区的货物视同出口，可按规定办理出口退税。

（8）进口设备。为进一步扩大利用外资，引进国外先进技术和设备，促进产业结构的调整和技术进步，保持国民经济持续、快速、健康发展，国务院决定自 1998 年 1 月 1 日起，对国家鼓励发展的国内投资项目和外商投资项目进口设备，在规定范围内免征进口关税和进口环节增值税。具体为：对符合《外商投资产业指导目录》鼓励类和限制乙类，并转让技术的外商投资项目，在投资总额内进口的自用设备，以及外国政府贷款和国际金融组织贷款项目进口的自用设备、加工贸易外商提供的不作价进口设备，除《外商投资项目不予免税的进口商品目录》所列商品外，免征进口关税和进口环节增值税；对符合《当前国家重点鼓励发展的产业、产品和技术目录》的国内投资项目，在投资总额内进口的自用设备，除《国内投资项目不予免税的进口商品目录》所列商品外，免征进口关税和进口环节增值税；对符合上述规定的项目，按照合同随设备进口的技术及配套件、备件，也免征进口关税和进口环节增值税。

（9）特定行业或用途的减免税政策。为鼓励、支持部分行业或特定产品的发展，国家制定了部分特定行业或用途的减免税政策，这类政策一般对可减免税的商品列有具体清单。如为支持我国海洋和陆上特定地区石油、天然气开采作业，对相关项目进口国内不能生产或性能不能满足要求的，直接用于开采作业的设备、仪器、零附件、专用工具，免征进口关税和进口环节增值税等。

3. 临时减免税

临时减免税是指以上法定和特定减免税以外的其他减免税，即由国务院根据《海关法》对某个单位、某类商品、某个项目或某批进出口货物的特殊情况，给予特别照顾，一案一批，专文下达的减免税。一般有单位、品种、期限、金额或数量等限制，不能比照执行。

我国已加入世界贸易组织，为遵循统一、规范、公平、公开的原则，有利于统一税法、公平税负、平等竞争，国家严格控制减免税，一般不办理个案临时性减免税；对特定减免税也在逐步规范、清理，对不符合国际惯例的税收优惠政策将逐步予以废止。

任务 7.2 关税应纳税额的计算及会计核算

情景列表	情 景 实 例
进口货物从价关税应纳税额的计算	北京市鼎盛股份有限公司 2021 年 9 月从美国进口一批化工原料，到岸价格为 CIF 上海 USD 900 000 元，另外在货物成交过程中，公司向卖方支付佣金 USD50 000 元，已知当时外汇牌价为 USD100= ¥660，该原料的进口关税税率为 18%
出口货物应纳关税的计算	北京市鼎盛股份有限公司自营出口商品一批，我国口岸 FOB 价格折合人民币为 750 000 元，出口关税税率为 20%，根据海关开出的专用缴款书，以银行转账支票付讫税款
进出口关税的会计核算	北京市鼎盛股份有限公司从国外自营进口商品一批，CIF 价格折合人民币为 500 000 元，进口关税税率为 40%，代征增值税税率 13%，根据海关开出的专用缴款书，以银行转账支票付讫税款

子任务 7.2.1 关税完税价格的确定

关税完税价格是海关计征关税所使用的计税价格，是海关以进出口货物的实际成交价为基础审定完税价格。实际成交价格是一般贸易项下进口或出口货物的买方为购买该项货物向卖方实际支付或应当支付的价格。实际成交价格不能确定时，完税价格由海关依法估定。纳税人向海关申报的价格不一定等于完税价格，只有经海关审核并接受的申报价格才能作为完税价格。

1. 一般进口货物完税价格的确定

（1）以成交价格为基础的完税价格的确定。根据《海关法》规定，进口货物的完税价格包括货物的货价、货物运抵我国境内输入地点起卸前的运输及其相关费用、保险费。我国境内输入地为入境海关地，包括内陆河、江口岸，一般为第一口岸。货物的货价以成交价格为基础。进口货物的成交价格是指买方为购买该货物，并按《完税价格办法》有关规定调整后的实付或应付价格。

①对进口货物成交价格的要求。进口货物成交价格应当符合下列要求：买方对进口货物的处置或使用不受限制，但国内法律、行政法规规定的限制和对货物转售地域的限制，以及对货物价格无实质影响的限制除外；货物的价格不得受到使该货物成交价格无法确定的条件或因素的影响；卖方不得直接或间接获得因买方转售、处置或使用进口货物而产生的任何收益，除非能够按照《完税价格办法》有关规定做出调整；买卖双方之间没有特殊关系，如果有特殊关系；应当符合《完税价格办法》的有关规定。

②对实付或应付价格进行调整的有关规定。“实付或应付价格”指买方为购买进口货物直接或间接支付的总额，即作为卖方销售进口货物的条件，由买方向卖方或为履行卖方义务向第三方已经支付或将要支付的全部款项。

● 下列费用或者价值未包括在进口货物的实付或者应付价格中，应当计入完税价格：

由买方负担的除购货佣金以外的佣金和经纪费。“购货佣金”指买方为购买进口货物向自己的采购代理人支付的劳务费用。“经纪费”指买方为购买进口货物向代表买卖双方利益的经纪人支付的劳务费用；由买方负担的与该货物视为一体的容器费用；由买方负担的包装材料和包装劳务费用；与该货物的生产和向中华人民共和国境内销售有关的，由买方以免费或者以低于成本的方式提供并可以按适当比例分摊的料件、工具、模具、消耗材料及类似货物的价款，以及在境外开发、设计等相关服务的费用；与该货物有关并作为卖方向我国销售该货物的一项条件，应当由买方直接或间接支付的特许权使用费。“特许权使用费”指买方为获得与进口货物相关的、受著作权保护的作品、专利、商标、专有技术和其他权利的使用许可而支付的费用，但是在估定完税价格时，进口货物在境内的复制权费不得计入该货物的实付或应付价格之中；卖方直接或间接从买方对该货物进口后转售、处置或使用所得中获得的收益。

上述所列的费用或价值，应当由进口货物的收货人向海关提供客观量化的数据资料。如果没有客观量化的数据资料，完税价格由海关按《完税价格办法》规定的方法进行估定。

● 下列费用，如能与该货物实付或者应付价格区分，不得计入完税价格：

厂房、机械、设备等货物进口后的基建、安装、装配、维修和技术服务的费用；货物运抵境内输入地点之后的运输费用、保险费和其他相关费用；进口关税及其他国内税收。

③对买卖双方之间有特殊关系的规定。买卖双方之间有特殊关系的，经海关审定其特殊关系未对成交价格产生影响，或进口货物的收货人能证明其成交价格与同时或大约同时发生的价格相近，该成交价格海关应当接受：

向境内无特殊关系的买方出售的相同或类似货物的成交价格；按照使用倒扣价格有关规定所确定的相同或类似货物的完税价格；按照使用计算价格有关规定所确定的相同或类似货物的完税价格。

海关在使用上述价格做比较时，应当考虑商业水平和进口数量的不同，以及实付或者应付价格的调整规定所列各项目和交易中买卖双方有无特殊关系造成的费用差异。

有下列情形之一的，应当认定买卖双方有特殊关系：买卖双方为同一家族成员；买卖双方互为商业上的高级职员或董事；一方直接或间接地受另一方控制；买卖双方都直接或间接地受第三方控制；买卖双方共同直接或间接地控制第三方；一方直接或间接地拥有、控制或持有对方 5% 或以上公开发行的有表决权的股票或股份；一方是另一方的雇员、高级职员或董事；买卖双方是：同一合伙的成员。买卖双方在经营上相互有联系，一方是另一方的独家代理、经销或受让人，如果有上述关系的，也应当视为有特殊关系。

（2）进口货物海关估价的方法。进口货物的价格不符合成交价格条件或者成交价格不能确定的，海关应当依次以相同货物成交价格方法、类似货物成交价格方法、倒扣价格方法、计算价格方法及其他合理方法确定的价格为基础，估定完税价格。如果进口货物的收货人提出要求，并提供相关资料，经海关同意，可以选择倒扣价格方法和计算价格方法的适用次序。

①相同或类似货物成交价格方法。相同或类似货物成交价格方法，即以与被估的进口货物同时或大约同时（在海关接受申报进口之日的前后各 45 天以内）进口的相同或类似货物的成交价格为基础，估定完税价格。

以该方法估定完税价格时，应使用与该货物相同商业水平且进口数量基本一致的相同或类似货物的成交价格，但对因运输距离和运输方式不同，在成本和其他费用方面产生的差异应当进行调整。在没有上述的相同或类似货物的成交价格的情况下，可以使用不同商业水平或不同进口数量的相同或类似货物的成交价格，但对因商业水平、进口数量、运输距离和运输方式不同，在价格、成本和其他费用方面产生的差异应当做出调整。

以该方法估定完税价格时，应当首先使用同一生产商生产的相同或类似货物的成交价格，只有在没有这一成交价格的情况下，才可以使用同一生产国或地区生产的相同或类似货物的成交价格。如果有多个相同或类似货物的成交价格，应当以最低的成交价格为基础，估定进口货物的完税价格。

上述“相同货物”指与进口货物在同一国家或地区生产的，在物理性质、质量和信誉等所有方面都相同的货物，但表面的微小差异允许存在；“类似货物”指与进口货物在同一国家或地区生产的，虽然不是在所有方面都相同，但却具有相似的特征、相似的组成材料、同样的功能，并且在商业中可以互换的货物。

②倒扣价格方法。倒扣价格方法即以被估的进口货物、相同或类似进口货物在境内销售的价格为基础估定完税价格。按该价格销售的货物应当同时符合五个条件，即在被估货物进口时或大约同时销售；按照进口时的状态销售；在境内第一环节销售；合计的货物销售总量最大；向境内无特殊关系方的销售。

以该方法估定完税价格时，下列各项应当扣除：

- 该货物的同等级或同种类货物，在境内销售时的利润和一般费用及通常支付的佣金。
- 货物运抵境内输入地点之后的运费、保险费、装卸费及其他相关费用。
- 进口关税、进口环节税和其他与进口或销售上述货物有关的国内税。

③计算价格方法。计算价格方法即按下列各项的总和计算出的价格估定完税价格。有关项为：

- 生产该货物所使用的原材料价值和进行装配或其他加工的费用；
- 与向境内出口销售同等级或同种类货物的利润、一般费用相符的利润和一般费用；
- 货物运抵境内输入地点起卸前的运输及相关费用、保险费。

④其他合理方法。使用其他合理方法时，应当根据《完税价格办法》规定的估价原则，以在境内获得的数据资料为基础估定完税价格。但不得使用以下价格：

- 境内生产的货物在境内的销售价格。
- 可供选择的价格中较高的价格。
- 货物在出口地市场的销售价格。
- 以计算价格方法规定的有关各项之外的价值或费用计算的价格。
- 出口到第三国或地区的货物的销售价格。
- 最低限价或武断虚构的价格。

2. 特殊进口货物完税价格的确定

（1）加工贸易进口料件及其制成品。加工贸易进口料件及其制成品需征税或内销补税的，海关按照一般进口货物的完税价格规定，审定完税价格。其中：

①进口时需征税的进料加工进口料件，以该料件申报进口时的价格估定。

②内销的进料加工进口料件或其制成品（包括残次品、副产品），以料件原进口时的价格估定。

③内销的来料加工进口料件或其制成品（包括残次品、副产品），以料件申报内销时的价格估定。

④出口加工区内的加工企业内销的制成品（包括残次品、副产品），以制成品申报内销时的价格估定。

⑤保税区内的加工企业内销的进口料件或其制成品（包括残次品、副产品），分别以料件或制成品申报内销时的价格估定。如果内销的制成品中含有从境内采购的料件，则以所含从境外购入的料件原进口时的价格估定。

⑥加工贸易加工过程中产生的边角料，以申报内销时的价格估定。

（2）保税区、出口加工区货物。从保税区或出口加工区销往区外、从保税仓库出库内销的进口货物（加工贸易进口料件及其制成品除外），以海关审定的价格估定完税价格。对经审核销售价格不能确定的海关应当按照一般进口货物估价办法的规定，估定完税价格。如销售价格中未包括在保税区、出口加工区或保税仓库中发生的仓储、运输及其他相关费用的，应当按照客观量化的数据资料予以计入。

（3）运往境外修理的货物。运往境外修理的机械器具、运输工具或其他货物，出境时已向海关报明，并在海关规定期限内复运进境的，应当以海关审定的境外修理费和料件费为完税价格。

（4）运往境外加工的货物。运往境外加工的货物，出境时已向海关报明，并在海关规定期限内复运进境的，应当以海关审定的境外加工费和料件费，以及该货物复运进境的运输及其相关费用、保险费估定完税价格。

（5）暂时进境货物。对于经海关批准的暂时进境的货物，应当按照一般进口货物估价办法的规定，估定完税价格。

（6）租赁方式进口货物。租赁方式进口的货物中，以租金方式对外支付的租赁货物，在租赁期间以海关审定的租金作为完税价格；留购的租赁货物，以海关审定的留购价格作为完税价格；承租人申请一次性缴纳税款的，经海关同意，按照一般进口货物估价办法的规定估定完税价格。

（7）留购的进口货样等。对于境内留购的进口货样、展览品和广告陈列品，以海关审定的留购价格作为完税价格。

（8）予以补税的减免税货物。减税或免税进口的货物需予补税时，应当以海关审定的该货物原进口时的价格，扣除折旧部分价值作为完税价格，其计算公式为

完税价格 = 海关审定的该货物原进口时的价格 × [1 −申请补税时实际已使用的时间（月）÷（监管年限 ×12）]

（9）以其他方式进口的货物。以易货贸易、寄售、捐赠、赠送等其他方式进口的货物，应当按照一般进口货物估价办法的规定，估定完税价格。

3. 出口货物完税价格的确定

（1）以成交价格为基础的完税价格。出口货物的完税价格，由海关以该货物向境外销售的成交价格为基础审查确定，并应包括货物运至我国境内输出地点装载前的运输及其相关费用、保险费。但其中包含的出口关税税额，应当扣除。

出口货物的成交价格，是指该货物出口销售到我国境外时买方向卖方实付或应付的价格。出口货物的成交价格中含有支付给境外的佣金的，如果单独列明，应当扣除。

（2）出口货物海关估价方法。出口货物的成交价格不能确定时，完税价格由海关依次使用下列方法估定：

①同时或大约同时向同一国家或地区出口的相同货物的成交价格。

②同时或大约同时向同一国家或地区出口的类似货物的成交价格。

③根据境内生产相同或类似货物的成本、利润和一般费用、境内发生的运输及其相关

费用、保险费计算所得的价格。

④按照合理方法估定的价格。

子任务 7.2.2 进口货物应纳关税的计算

1. 从价关税应纳税额的计算

关税税额 = 应税进口货物数量 × 单位完税价格 × 关税税率

具体分以下几种情况：

（1）以我国口岸到岸价格（*CIF*）成交的，或者和我国毗邻的国家以两国共同边境地点交货价格成交的进口货物，其成交价格即为完税价格。应纳关税计算公式为

应纳进口关税额 =*CIF* × 关税税率

【情景 7-1】北京市鼎盛股份有限公司 2021 年 9 月从美国进口一批化工原料，到岸价格为 *CIF* 上海 *USD* 900 000 元，另外在货物成交过程中，公司向卖方支付佣金 *USD*50 000 元，已知当时外汇牌价为 *USD*100= ￥660，该原料的进口关税税率为 18%。

问题：该公司进口该批货物应纳的关税是多少？

解析：该批原料的完税价格包括到岸价格和支付给卖方的佣金，则

完税价格 =（900 000 ＋ 50 000）× 6.60=6 270 000（元）

应纳进口关税额 =6 270 000 × 18%=1 128 600（元）

（2）以国外口岸离岸价（*FOB*）或国外口岸到岸价格成交的，应另加从发货口岸或国外交货口岸运到我国口岸以前的运杂费和保险费作为完税价格。应纳关税的计算公式为

应纳进口关税额 =（*FOB* ＋运杂费＋保险费）× 关税税率

在国外口岸成交情况下，完税价格中包括的运杂费、保险费，原则上应按实际支付的金额计算，若无法得到实际支付金额，也可以外贸系统海运进口运杂费率或按协商规定的固定运杂费率计算运杂费，保险费按中国人民保险公司的保险费率计算。其计算公式为

应纳税额 =（*FOB* ＋运杂费）×（1 ＋保险费率）× 关税税率

【情景 7-2】北京市鼎盛股份有限公司委托逸飞进出口贸易公司代理进口材料一批。该批材料实际支付离岸价为 *USD*470 000，海外运输费、包装费、保险费共计 *USD*21 000（支付日市场汇率为 6.50 元人民币），进口报关当日人民银行公布的市场汇价为 1 美元 =6.60 元人民币，进口关税税率为 20%。

问题：该公司进口该批货物应纳的关税是多少？

解析：

应纳进口关税 =（470 000 ＋ 21 000）× 6.60 × 20%=648 120（元）

（3）以国外口岸离岸价格加运费（即 CFR 价格）成交的，应另加保险费作为完税价格。其计算公式为

应纳进口关税额 =（*CFR* ＋保险费）× 关税税率

=*CFR* ×（1 ＋保险费率）× 关税税率

【情景 7-3】北京市鼎盛股份有限公司从中国香港进口原产地为日本的设备 3 台，该设

备的总成交价格为 *CFR* 上海港 *HKD*19 000，保险费率为 3‰，设备进口关税税率为 10%，当日外汇牌价 *HKD*100= ￥83。

问题：该公司应纳的关税是多少？

解析：

关税完税价格 =19 000 × 0.83 ×（1 ＋ 3‰）=15 817.3（元）

应纳进口关税 =15 817.3 × 10%=1 581.73（元）

（4）特殊进口商品关税计算。特殊进口货物种类繁多，需在确定完税价格基础上，再计算应纳税额，其计算公式为

应纳税额 = 特殊进口货物完税价格 × 关税税率

【情景 7-4】北京市鼎盛股份有限公司 2021 年将以前年度进口的设备运往境外修理，设备进口时成交价格 580 000 元，发生境外运费和保险费共计 60 000 元；在海关规定的期限内复运进境，进境时同类设备价格 650 000 元；发生境外修理费 70 000 元，料件费 80 000 元，境外运输费和保险费共计 30 000 元，进口关税税率 20%。

问题：该设备复运进境时应纳的进口关税是多少？

解析：运往境外修理的机械器具、运输工具或其他货物，出境时已向海关报明，并在海关规定期限内复运进境的，应当以海关审定的境外修理费和料件费为完税价格。

应纳关税税额 =（70 000 ＋ 80 000）× 20%=30 000（元）

2. 从量关税应纳税额的计算

关税税额 = 应税进口货物数量 × 单位税额

3. 复合关税应纳税额的计算

关税税额 = 应税进口货物数量 × 单位税额＋应税进口货物数量 × 单位完税价格 × 税率

子任务 7.2.3 出口货物应纳关税的计算

1. 从价关税应纳税额的计算

关税税额 = 应税出口货物数量 × 单位完税价格 × 税率

具体分以下几种情况：

（1）以我国口岸离岸价格（*FOB*）成交的出口关税计算公式为

应纳关税税额 =*FOB* ÷（1 ＋关税税率）× 关税税率

（2）以国外口岸到岸价格（*CIF*）成交的出口关税计算公式为

应纳关税税额 =（*CIF* －保险费－运费）÷（1 ＋关税税率）× 关税税率

（3）以国外口岸价格加运费价格（*CFR*）成交的出口关税公式为

应纳关税税额 =（*CFR* －运费）÷（1 ＋关税税率）× 关税税率

【情景 7-5】北京市鼎盛股份有限公司自营出口商品一批，我国口岸 *FOB* 价格折合人民币为 750 000 元，出口关税税率为 20%，根据海关开出的专用缴款书，以银行转账支票付讫税款。

问题：该企业应缴纳的出口关税税额是多少？

解析：

应纳出口关税税额 =750 000 ÷（1 + 20%）× 20%=125 000（元）

2. 从量关税应纳税额的计算

出口关税税额 = 应税出口货物数量 × 单位货物税额

3. 复合关税应纳税额的计算

我国目前实行的复合税都是先计征从量税，再计征从价税。

出口关税税额 = 应税出口货物数量 × 单位税额＋应税出口货物数量 × 单位完税价格 × 税率

子任务 7.2.4 进出口关税的会计核算

1. 会计科目的设置

有进出口货物的企业在核算关税时，应在“应交税费”科目下设“应交进口关税”“应交出口关税”两个明细科目分别对进、出口关税进行会计核算。企业按规定计算应纳税额时，借记有关科目，贷记“应交税费——应交进（出）口关税”；实际缴纳时，借记“应交税费——应交进（出）口关税”，贷记“银行存款”。

在实际工作中，由于企业经营进出口业务的形式和内容不同，具体会计核算方式有所区别。

2. 关税的会计核算

（1）自营进出口关税的核算。自营进出口是指由有进出口自营权的企业办理对外洽谈和签订进出口合同，执行合同并办理运输、开证、付汇全过程，并自负进出口盈亏。

企业自营进口商品计算应纳关税额时，借记“在途物资”等科目，贷记“应交税费——应交进口关税”，进口当时直接支付关税的，也可不通过“应交税费”科目；企业自营出口商品计算应纳关税额时，借记“税金及附加”等科目，贷记“应交税费——应交出口关税”。

【情景 7-6】北京市鼎盛股份有限公司从国外自营进口商品一批，CIF 价格折合人民币为 500 000 元，进口关税税率为 40%，代征增值税税率 13%，根据海关开出的专用缴款书，以银行转账支票付讫税款。

问题：计算该企业应交关税并编制会计分录。

解析：

应交关税 =500 000 × 40%=200 000（元）

物资采购成本 =500 000 + 200 000=700 000（元）

代征增值税 =700 000 × 13%=91 000（元）

编制会计分录如下：

计提关税和增值税时：

借：在途物资　　700 000

　　贷：应交税费——应交进口关税　　200 000

　　　　应付账款　　500 000

支付关税和增值税时：

借：应交税费——应交进口关税　200 000

——应交增值税（进项税额）　91 000

贷：银行存款　291 000

商品验收入库时：

借：库存商品　700 000

贷：在途物资　700 000

【情景 7-7】北京市鼎盛股份有限公司直接对外出口产品一批，离岸价为 2 200 000 元，出口税税率为 15%。

问题：计算应缴纳的出口关税税额，并编制会计分录。

解析：

$$应纳出口关税额 =2\ 200\ 000 \div（1 + 15\%）\times 15\%=286\ 956.52（元）$$

编制会计分录如下：

借：银行存款　2 200 000

贷：主营业务收入　2 200 000

借：税金及附加　286 956.52

贷：应交税费——应交出口关税　286 956.52

缴纳出口关税时：

借：应交税费——应交出口关税　286 956.52

贷：银行存款　286 956.52

（2）代理进出口关税的核算。代理进出口是外贸企业接受国内委托方的委托，办理对外洽谈和签订进出口合同，执行合同并办理运输、开证、付汇全过程的进出口业务。受托企业不负担进出口盈亏，只按规定收取一定比例的手续费，因此，受托企业进出口商品计算应纳关税时，借记“应收账款”等有关科目，贷记“应交税费——应交进（出）口关税”科目；代交进出口关税时，借记“应交税费——应交进（出）口关税”科目，贷记“银行存款”科目；收到委托单位的税款时，借记“银行存款”科目，贷记“应收账款”科目。

【情景 7-8】北京市鼎盛股份有限公司接受泰达公司的委托进口商品一批，进口货款 2 500 000 元，已汇入进出口公司存款户。该进口商品我国口岸 *CIF* 价格为 *USD*250 000，进口关税税率为 20%，当日的外汇牌价为 *USD*100=*RMB*660，代理手续费按货价 2% 收取，现该批商品已运达，向委托单位办理结算。

问题：计算应缴纳的关税，并编制会计分录。

解析：

$$商品货价 =250\ 000 \times 6.6=1\ 650\ 000（元）$$

$$进口关税 =1\ 650\ 000 \times 20\%=330\ 000（元）$$

$$代理手续费 =1\ 650\ 000 \times 2\%=33\ 000（元）$$

编制会计分录如下：

收到委托单位划来进口货款时：

借：银行存款　　2 500 000

　　贷：应付账款——北京市鼎盛股份有限公司　　2 500 000

对外付汇进口商品时：

借：应收账款——外商　　1 650 000

　　贷：银行存款　　1 650 000

支付进口关税时：

借：应付账款——北京市鼎盛股份有限公司　　330 000

　　贷：应交税费——应交进口关税　　330 000

借：应交税费——应交进口关税　　330 000

　　贷：银行存款　　330 000

将进口商品交付委托单位并收取手续费时：

借：应付账款——北京市鼎盛股份有限公司　　1 683 000

　　贷：其他业务收入（或主营业务收入）　　33 000

　　　　应收账款——外商　　1 650 000

将委托单位剩余的进口货款退回时：

借：银付账款——北京市鼎盛股份有限公司　　487 000

　　贷：银行存款　　487 000

任务 7.3 关税的征收管理

情景列表	情　景　实　例
关税的滞纳金	北京市鼎盛股份有限公司 10 月 3 日应纳关税税额 50 000 元，12 日交关税滞纳金为 50 000 × 0.5 × 9=225 元

子任务 7.3.1 进出口货物的报关

1. 报关时间

进口货物的纳税人应当自运输工具申报进境之日起 14 日内，向货物的进境地海关申报，如实填写海关进口货物报关单，并提交进口货物的发票、装箱清单、进口货物提货单或运单、关税免税或免予查验的证明文件等。

出口货物的发货人除海关特准外，应当在运抵海关监管区装货的 24 小时以前，填报出口货物报关单，交验出口许可证和其他证件，申报出口，由海关放行，否则货物不得离境出口。

2. 报关应提交的相关材料

进出口货物时应当提交以下材料：

（1）进出口货物报关单；

（2）合同；

（3）发票；

（4）装箱清单；

（5）载货清单（舱单）；

（6）提（运）单；

（7）代理报关授权委托协议；

（8）进出口许可证件；

（9）海关要求的加工贸易手册（纸质或电子数据的）及其他进出口有关单证。

子任务 7.3.2 关税的缴纳

1. 缴纳地点

根据纳税人的申请及进出口货物的具体情况，关税可以在关境地缴纳，也可在主管地缴纳。关境地缴纳是指进出口货物在哪里通关，纳税人即在哪里缴纳关税，这是最常见的做法。主管地纳税是指纳税人住址所在地海关监管其通关并征收关税，它只适用于集装箱运载的货物。

2. 缴纳凭证

海关在接受进出口货物通关手续申报后，逐票计算应征关税并向纳税人或其代理人填发《海关进（出）口关税专用缴款书》，纳税人或其代理人持《海关进（出）口关税专用缴款书》在规定期限内向银行办理税款交付手续。

进出口货物收货人或其代理人缴纳税款后，应将盖有“收讫”章的《海关进（出）口关税专用缴款书》第一联送签发海关验核，海关凭予办理有关手续。

3. 缴纳期限

纳税人应当自海关填发税款缴款书之日起 15 日内，向指定银行缴纳税款。如果关税缴纳期限的最后 1 日是周末或法定节假日，则关税缴纳期限顺延至周末或法定节假日过后的第 1 个工作日。

关税纳税人因不可抗力或者在国家税收政策调整的情形下，不能按期缴纳税款的，经海关总署批准，可以延期缴纳税款，但最长不得超过 6 个月。

子任务 7.3.3 关税的强制执行

根据《海关法》规定，纳税人或其代理人应当在海关规定的缴款期限内缴纳税款，逾期未缴纳的即构成关税滞纳。为保证海关决定的有效执行和国家财政收入的及时入库，《海关法》赋予海关对滞纳关税的纳税人强制执行的权力。强制措施主要有两类：

1. 征收滞纳金

滞纳金自关税缴纳期限届满滞纳之日起，至纳税人缴纳关税之日止，按滞纳税款万分之五的比例按日征收，周末或法定节假日不予扣除。其计算公式为

$$关税滞纳金金额 = 滞纳关税税额 \times 0.5‰ \times 滞纳天数$$

2. 强制征收

纳税人自海关填发缴款书之日起3个月仍未缴纳税款的，经海关关长批准，海关可以采取强制措施扣缴。强制措施主要有强制扣缴和变价抵缴两种。

（1）强制扣缴。强制扣缴是指海关依法自行或向人民法院申请采取从纳税人的开户银行或者其他金融机构的存款中将相当于纳税人应纳税款的款项强制划拨入国家金库的措施。即书面通知其开户银行或者其他金融机构从其存款中扣缴税款。

（2）变价抵缴。变价抵缴是指如果纳税人的银行账户中没有存款或存款不足以强制扣缴时，海关可以将未放行的应税货物依法变卖，以销售货物所得价款抵缴应缴税款。如果该货物已经放行，海关可以将该纳税人的其他价值相当于应纳税款的货物或其他财产依法变卖，以变卖所得价款抵缴应缴税款。

强制扣缴和变价抵缴的税款含纳税人未缴纳的税款滞纳金。

子任务 7.3.4 关税的退还

关税的退还是指关税纳税人缴纳税款后，因某种原因的出现，海关将实际征收多于应当征收的税款退还给原纳税人的一种行政行为。根据《海关法》规定，海关多征的税款，海关发现后应当立即退还。

按规定，有下列情形之一的，纳税人可以自缴纳税款之日起1年内，书面声明理由，连同原缴纳凭证及相关资料向海关申请退还税款并加算银行同期活期存款利息，逾期不予受理：

（1）因海关误征，多纳税款的；

（2）海关核准免验进口的货物，在完税后发现有短缺情况，经海关审查认可的；

（3）已征出口关税的货物，因故未装运出口，申报退关，经海关查明属实的。

对已征出口关税的出口货物和已征进口关税的进口货物，因货物品种或规格原因（非其他原因）原状复运进境或出境的，经海关查验属实的，也应退还已征关税，海关应当在受理退税申请之日起30日内作出书面答复并通知退税申请人。

子任务 7.3.5 关税的补征和追征

关税的补征和追征是海关在纳税人按海关规定交纳关税后，发现实际征收税额少于应当征收的税额时，责令纳税人补缴所差税款的一种行政行为。

关税的补征是非因纳税人违反海关规定造成少征关税。根据《海关法》规定，进出境

货物或物品放行后，海关发现少征或漏征税款，应当自缴纳税款或者货物、物品放行之日起 1 年内，向纳税人补征。

关税的追征是由于纳税人违反海关规定造成少征关税。因纳税人违反规定而造成的少征或者漏征的税款，自纳税人应缴纳税款之日起 3 年以内可以追征，并从缴纳税款之日起按日加收少征或者漏征税款万分之五的滞纳金。

子任务 7.3.6 关税的纳税争议

为保护纳税人合法权益，我国《海关法》和《关税条例》都规定了纳税人对海关确定的进出口货物的征税、减税、补税或者退税等有异议时，有提出申诉的权利。在纳税义务人同海关发生纳税争议时，可以向海关申请复议，但同时应当在规定期限内按海关核定的税额缴纳关税，逾期则构成滞纳，海关有权按规定采取强制执行措施。

纳税争议的内容一般为进出境货物和物品的纳税人对海关在原产地认定、税则归类、税率或汇率适用、完税价格确定、关税减征、免征、追征、补征和退还等征税行为是否合法或适当，是否侵害了纳税义务人的合法权益，而对海关征收关税的行为表示异议。

纳税争议的申诉程序：纳税义务人自海关填发税款缴款书之日起 30 日内，向原征税海关的上一级海关书面申请复议。逾期申请复议的，海关不予受理。海关应当自收到复议申请之日起 60 日内作出复议决定，并以复议决定书的形式正式答复纳税人；纳税人对海关复议决定仍然不服的，可以自收到复议决定书之日起 15 日内，向人民法院提起诉讼。

项目小结

关税是指由海关对进出国境或关境的货物、物品征收的一种流转税。关税的纳税人是进口货物的收货人及出口货物的发货人及进出境物品的所有人。关税的征税对象是准许进出关境的货物和物品。关税分进口关税和出口关税两类，进口关税设置最惠国税率、协定税率、特惠税率和普通税率及关税配额税率等税率形式；出口关税设置出口税率，对出口货物在一定期限内可实行暂定税率。

项目训练

【资料】

某外贸企业从国外自营进口排气量 2.5 升的小轿车一批，CIF 价格折合人民币为 300 万元，进口关税税率为 25%，代征消费税率 9%，增值税率 13%。根据海关开出的税款缴纳凭证，以银行转账支票付讫税款。

【要求】

计算应交关税和商品采购成本，并编制会计分录。

项目 8 契税和车辆购置税的核算

应知应会

- 了解契税的基本原理。
- 理解契税的征税对象。
- 掌握纳税义务人与税率。
- 了解车辆购置税的特点。
- 理解车辆购置税的纳税义务人。
- 掌握车辆购置税的税率与计税依据。
- 掌握车辆购置税的税收优惠和征收管理。

关键词

- 契税法（deed tax）;
- 车辆购置税法（vehicle purchase tax law）。

本项目在本书中的地位

征收契税的宗旨是为了保障不动产所有人的合法权益。通过征税，契税征收机关便以政府名义发给契证，作为合法的产权凭证，政府承担保证产权的责任；车辆购置税是国家交通基础设施建设的重要资金来源，专项用于国家公路建设。

业务综述

本项目主要介绍了以下内容：

- 契税的征税对象；
- 契税应纳税额的计算；
- 购买自用应税车辆应纳税额的计算；
- 进口自用应税车辆应纳税额的计算。

项目导图

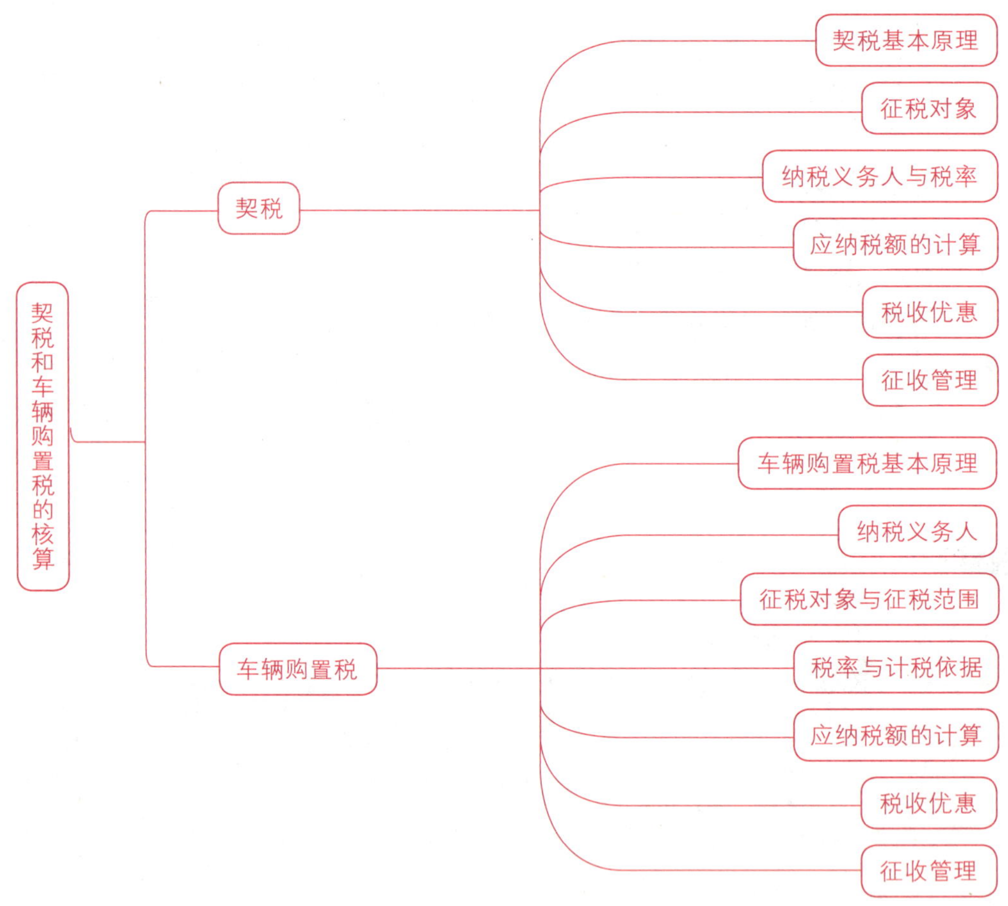

任务 8.1 契税

情景列表	情 景 实 例
契税的征税对象	王洋购买李毅一套房产，不论其目的是取得该房产的建筑材料或是翻建新房，实际构成房屋买卖。王洋应首先办理房屋产权变更手续，并按买价缴纳契税
契税应纳税额的计算	北京市鼎盛股份有限公司，2021 年 5 月通过拍卖方式取得国有土地一块，支付地价款 1 600 000 元，当地政府规定契税税率为 3%

子任务 8.1.1 契税基本原理

契税是以在中华人民共和国境内转移土地、房屋权属为征税对象，向产权承受人征收的一种财产税。

1. 契税的特点

（1）契税属于财产转移税。它以权属发生转移的土地和房屋为征税对象，具有对财产转移课税性质。

（2）契税由财产承受人纳税。一般税种在税制中确定纳税人，都确定销售者为纳税人，即卖方纳税。对买方征税的主要目的，在于承认不动产转移生效，承受人纳税以后，便可拥有转移过来的不动产的产权或使用权，法律保护纳税人的合法权益。

2. 契税的作用

（1）广辟财源，增加地方财政收入。契税按财产转移价值征税，税源较为充足，它可以弥补其他财产课税的不足，扩大其征税范围，为地方政府增加一部分财政收入。随着市场经济的发展和房地产交易的日趋活跃，契税的财政作用将日益显著。

（2）保护合法产权，避免产权纠纷。不动产所有权和使用权的转移，涉及转让者和承受者双方的利益。而且，由于产权转移形式多种多样，如果产权的合法性得不到确认，事后必然会出现产权纠纷。契税规定对承受人征税，一方面是对承受人财富的调节；另一方面有利于通过法律形式确定产权关系，维护公民的合法利益，避免产权纠纷。

子任务 8.1.2 征税对象

契税的征税对象是境内转移的土地、房屋权属。具体包括以下几项内容：

1. 国有土地使用权出让

国有土地使用权出让是指土地使用者向国家交付土地使用权出让费用，国家将国有土地使用权在一定年限内让与土地使用者的行为。

2. 土地使用权的转让

土地使用权的转让是指土地使用者以出售、赠与、交换或者其他方式将土地使用权转移给其他单位和个人的行为。土地使用权的转让不包括农村集体土地承包经营权的转移。

3. 房屋买卖

即以货币为媒介，出卖者向购买者过渡房产所有权的交易行为。以下几种特殊情况，视同买卖房屋：

（1）以房产抵债或实物交换房屋。经当地政府和有关部门批准，以房抵债和实物交换房屋，均视同房屋买卖，应由产权承受人，按房屋现值缴纳契税。

例如，甲某因无力偿还乙某债务，而以自有的房产折价抵偿债务。经双方同意，有关部门批准，乙某取得甲某的房屋产权，在办理产权过户手续时，按房产折价款缴纳契税。如以实物（金银首饰等等价物品）交换房屋，应视同以货币购买房屋。

（2）以房产作投资或作股权转让。这种交易业务属房屋产权转移，应根据国家房地产管理的有关规定，办理房屋产权交易和产权变更登记手续，视同房屋买卖，由产权承受方按契税税率计算缴纳契税。

例如，甲企业以自有房产，投资于乙企业取得相应的股权。其房屋产权变为乙企业所有，故产权所有人发生变化，因此，乙企业在办理产权登记手续后，按甲企业入股房产现值（国有企事业房产须经国有资产管理部门评估核价）缴纳契税。如丙企业以股份方式购买乙企业企业房屋产权，丙企业在办理产权登记后，按取得房产买价缴纳契税。

以自有房产作股投入本人独资经营的企业，免纳契税。因为以自有的房地产投入本人独资经营的企业，产权所有人和使用权使用人未发生变化，不需办理房产变更手续，也不办理契税手续。

（3）买房拆料或翻建新房，应照章征收契税。例如，甲某购买乙某房产，不论其目的是取得该房产的建筑材料或是翻建新房，实际构成房屋买卖。甲某应首先办理房屋产权变更手续，并按买价缴纳契税。

4. 房屋赠与

房屋的赠与是指房屋产权所有人将房屋无偿转让给他人所有。其中，将自己的房屋转交给他人的法人和自然人，称作房屋赠与人；接受他人房屋的法人和自然人，称为受赠人。房屋赠与的前提必须是产权无纠纷，赠与人和受赠人双方自愿。

由于房屋是不动产，价值较大，故法律要求赠与房屋应有书面合同（契约），并到房地产管理机关或农村基层政权机关办理登记过户手续，才能生效。如果房屋赠与行为涉及涉外关系，还需公证处证明和外事部门认证，才能有效。房屋的受赠人要按规定缴纳契税。

5. 房屋交换

房屋交换是指房屋所有者之间互相交换房屋的行为。

随着经济形势的发展，有些特殊方式转移土地、房屋权属的，也将视同土地使用权转让、房屋买卖或者房屋赠与。一是以土地、房屋权属作价投资、入股；二是以土地、房屋权属抵债；三是以获奖方式承受土地、房屋权属；四是以预购方式或者预付集资建房款方式承受土地、房屋权属。

6. 承受国有土地使用权支付的土地出让金

对承受国有土地使用权所应支付的土地出让金，要计征契税。不得因减免土地出让金而减免契税。

子任务 8.1.3 纳税义务人与税率

1. 纳税义务人

契税的纳税义务人是境内转移土地、房屋权属，承受的单位和个人。境内是指中华人民共和国实际税收行政管辖范围内。土地、房屋权属是指土地使用权和房屋所有权。单位是指企业单位、事业单位、国家机关、军事单位和社会团体以及其他组织。个人是指个体经营者及其他个人，包括中国公民和外籍人员。

2. 税率

契税实行 3% ~ 5% 的幅度税率。实行幅度税率是考虑到我国经济发展的不平衡，各地经济差别较大的实际情况。因此，各省、自治区、直辖市人民政府可以在 3% ~ 5% 的幅度税率规定范围内，按照本地区的实际情况决定。

子任务 8.1.4 应纳税额的计算

1. 计税依据

契税的计税依据为不动产的价格。由于土地、房屋权属转移方式不同，定价方法不同，因而具体计税依据视不同情况而决定。

（1）国有土地使用权出让、土地使用权出售、房屋买卖，以成交价格为计税依据。成交价格是指土地、房屋权属转移合同确定的价格，包括承受者应交付的货币、实物、无形资产或者其他经济利益。

（2）土地使用权赠与、房屋赠与，由征收机关参照土地使用权出售、房屋买卖的市场价格核定。

（3）土地使用权交换、房屋交换，为所交换的土地使用权、房屋的价格差额。也就是说，交换价格相等时，免征契税；交换价格不等时，由多交付的货币、实物、无形资产或者其他经济利益的一方缴纳契税。

（4）以划拨方式取得土地使用权，经批准转让房地产时，由房地产转让者补交契税。计税依据为补交的土地使用权出让费用或者土地收益。

为了避免偷、逃税款，税法规定，成交价格明显低于市场价格并且无正当理由的，或者所交换土地使用权、房屋的价格的差额明显不合理并且无正当理由的，征收机关可以参照市场价格核定计税依据。

（5）房屋附属设施征收契税的依据。

①采取分期付款方式购买房屋附属设施土地使用权、房屋所有权的，应按合同规定的总价款计征契税。

②承受的房屋附属设施权属如为单独计价的，按照当地确定的适用税率征收契税；如与房屋统一计价的，适用与房屋相同的契税税率。

（6）个人无偿赠与不动产行为（法定继承人除外），应对受赠人全额征收契税。在缴纳契税时，纳税人须提交经税务机关审核并签字盖章的《个人无偿赠与不动产登记表》，税务机关（或其他征收机关）应在纳税人的契税完税凭证上加盖“个人无偿赠与”印章，在《个人无偿赠与不动产登记表》中签字并将该表格留存。

（7）出让国有土地使用权，契税计税价格为承受人为取得该土地使用权而支付的全部经济利益。对通过“招、拍、挂”程序承受国有土地使用权的，应按照土地成交总价款计征契税，其中的土地前期开发成本不得扣除。

2. 应纳税额的计算方法

契税采用比例税率。当计税依据确定以后，应纳税额的计算比较简单。应纳税额的计算公式为

应纳税额 = 计税依据 × 税率

【情景 8-1】北京市鼎盛股份有限公司，2021 年 5 月通过拍卖方式取得国有土地一块，支付地价款 1 600 000 元，当地政府规定契税税率为 3%。

问题：计算该房地产开发公司应缴纳的契税，并编制会计分录。

解析：

应纳税额 =1 600 000 × 3%=48 000（元）

计提契税时，编制会计分录如下：

借：无形资产　　48 000

　　贷：应交税费 —— 应交契税　　48 000

缴纳税款时，编制会计分录如下：

借：应交税费 —— 应交契税　　48 000

　　贷：银行存款　　48 000

子任务 8.1.5 税收优惠

1. 契税优惠的一般规定

（1）国家机关、事业单位、社会团体、军事单位承受土地、房屋用于办公、教学、医疗、科研和军事设施的，免征契税。

（2）城镇职工按规定第一次购买公有住房，免征契税。此外，财政部、国家税务总局规定：自 2000 年 11 月 29 日起，对各类公有制单位为解决职工住房而采取集资建房方式建成的普通住房，或由单位购买的普通商品住房，经当地县以上人民政府房改部门批准、按照国家房改政策出售给本单位职工的，如属职工首次购买住房，均可免征契税。

（3）因不可抗力灭失住房而重新购买住房的，酌情减免。不可抗力是指自然灾害、战争等不能预见、不可避免，并不能克服的客观情况。

（4）土地、房屋被县级以上人民政府征用、占用后，重新承受土地、房屋权属的，由省级人民政府确定是否减免。

（5）承受荒山、荒沟、荒丘、荒滩土地使用权，并用于农、林、牧、渔业生产的，免

征契税。

（6）经外交部确认，依照我国有关法律规定以及我国缔结或参加的双边和多边条约或协定，应当予以免税的外国驻华使馆、领事馆、联合国驻华机构及其外交代表、领事官员和其他外交人员承受土地、房屋权属，免征契税。

（7）公租房经营单位购买住房作为公租房，免征契税。

（8）对个人购买家庭唯一住房（家庭成员范围包括购房人、配偶以及未成年子女，下同），面积为 90 平方米及以下的，减按 1% 的税率征收契税；面积为 90 平方米以上的，减按 1.5% 的税率征收契税。

（9）对个人购买家庭第二套改善性住房，面积为 90 平方米及以下的，减按 1% 的税率征收契税；面积为 90 平方米以上的，减按 2% 的税率征收契税。

家庭第二套改善性住房是指已拥有一套住房的家庭购买的家庭第二套住房。

（10）纳税人申请享受税收优惠的，根据纳税人的申请或授权，由购房所在地的房地产主管部门出具纳税人家庭住房情况书面查询结果，并将查询结果和相关住房信息及时传递给税务机关。暂不具备查询条件而不能提供家庭住房查询结果的，纳税人应向税务机关提交家庭住房实有套数书面诚信保证，诚信保证不实的，属于虚假纳税申报，按照《中华人民共和国税收征收管理法》的有关规定处理，并将不诚信记录纳人个人征信系统。

2. 契税优惠的特殊规定

自 2018 年 1 月 1 日起至 2019 年 12 月 31 日，企业、事业单位改制重组过程中涉及的契税按以下规定执行。该规定出台前，企业、事业单位改制重组过程中涉及的契税尚未处理的，符合以下规定的可按以下规定执行。

（1）企业公司制改造。非公司制企业，按照《中华人民共和国公司法》的规定，整体改建为有限责任公司（含国有独资公司）或股份有限公司，或者有限责任公司整体改建为股份有限公司的，对改建后的公司承受原企业土地、房屋权属，免征契税。

非公司制国有独资企业或国有独资有限责任公司，以其部分资产与他人组建新公司，且该国有独资企业（公司）在新设公司中所占股份超过 50% 的，对新设公司承受该国有独资企业（公司）的土地、房屋权属，免征契税。

（2）企业股权重组。在股权转让中，单位、个人承受企业股权，企业土地、房屋权属不发生转移，不征收契税。

国有、集体企业实施“企业股份合作制改造”，由职工买断企业产权，或向其职工转让部分产权，或者通过其职工投资增资扩股，将原企业改造为股份合作制企业的，对改造后的股份合作制企业承受原企业的土地、房屋权属，免征契税。

为进一步支持国有企业改制重组，国有控股公司投资组建新公司有关契税政策规定如下：

①对国有控股公司以部分资产投资组建新公司，且该国有控股公司占新公司股份 85% 以上的，对新公司承受该国有控股公司土地、房屋权属免征契税。上述所称国有控股公司，是指国家出资额占有限责任公司资本总额 50% 以上，或国有股份占股份有限公司股本总额 50% 以上的国有控股公司。

②以出让方式承受原国有控股公司土地使用权的，不属于本规定的范围。

（3）企业合并。两个或两个以上的企业，依据法律规定、合同约定；合并改建为一个企业，对其合并后的企业承受原合并各方的土地、房屋权属，免征契税。

（4）企业分立。企业依照法律规定、合同约定分设为两个或两个以上投资主体相同的企业，对派生方、新设方承受原企业土地、房屋权属，不征收契税。

（5）企业出售。国有、集体企业出售，被出售企业法人予以注销，并且买受人按照《劳动法》等国家有关法律法规政策妥善安置原企业全部职工，其中与原企业 30% 以上的职工签订服务年限不少于 3 年的劳动用工合同的，对其承受所购企业的土地、房屋权属，减半征收契税；与原企业全部职工签订服务年限不少于 3 年的劳动用工合同的，免征契税。

（6）企业注销、破产。企业依照有关法律法规的规定实施注销、破产后，债权人（包括注销、破产企业的职工）承受注销、破产企业的土地、房屋权属以抵偿债务的，免征契税；对于非债权人承受注销、破产企业的土地、房屋权属，凡按照《劳动法》等国家有关法律法规政策妥善安置原企业全部职工，其中与原企业 30% 以上的职工签订服务年限不少于 3 年的劳动用工合同的，对其承受所购企业的土地、房屋权属，减半征收契税；与原企业全部职工签订服务年限不少于 3 年的劳动用工合同的，免征契税。

（7）房屋的附属设施。对于承受与房屋相关的附属设施（包括停车位、汽车库、自行车库、顶层阁楼以及储藏室，下同）所有权或土地使用权的行为，按照契税法律、法规的规定征收契税；对于不涉及土地使用权和房屋所有权转移变动的，不征收契税。

（8）继承土地、房屋权属。对于《中华人民共和国继承法》规定的法定继承人（包括配偶、子女、父母、兄弟姐妹、祖父母、外祖父母）继承土地、房屋权属，不征契税。

按照《中华人民共和国继承法》规定，非法定继承人根据遗嘱承受死者生前的土地、房屋权属，属于赠与行为，应征收契税。

（9）其他。

①经国务院批准实施债权转股权的企业，对债权转股权后新设立的公司承受原企业的土地、房屋权属，免征契税。

②政府主管部门对国有资产进行行政性调整和划转过程中发生的土地、房屋权属转移，不征收契税。

③企业改制重组过程中，同一投资主体内部所属企业之间土地、房屋权属的无偿划转，包括母公司与其全资子公司之间，同一公司所属全资子公司之间，同一自然人与其设立的个人独资企业、一人有限公司之间土地、房屋权属的无偿划转，不征收契税。

④对拆迁居民因拆迁重新购置住房的，对购房成交价格中相当于拆迁补偿款的部分免征契税，成交价格超过拆迁补偿款的，对超过部分征收契税。

⑤公司制企业在重组过程中，以名下土地、房屋权属对其全资子公司进行增资，属同一投资主体内部资产划转，对全资子公司承受母公司土地、房屋权属的行为，不征收契税。

子任务 8.1.6 征收管理

1. 纳税义务发生时间

契税的纳税义务发生时间是纳税人签订土地、房屋权属转移合同的当天，或者纳税人取得其他具有土地、房屋权属转移合同性质凭证的当天。

2. 纳税期限

纳税人应当自纳税义务发生之日起 10 日内，向土地、房屋所在地的契税征收机关办理纳税申报，并在契税征收机关核定的期限内缴纳税款。

3. 纳税地点

契税在土地、房屋所在地的征收机关缴纳。

4. 征收管理

纳税人办理纳税事宜后，征收机关应向纳税人开具契税完税凭证。纳税人持契税完税凭证和其他规定的文件材料，依法向土地管理部门、房产管理部门办理有关土地、房屋的权属变更登记手续。土地管理部门和房产管理部门应向契税征收机关提供有关资料，并协助契税征收机关依法征收契税。

自 1997 年《中华人民共和国契税暂行条例》实施以来，各级征收机关在国土部门、房管部门的协作配合下，积极探索契税征收方式，不断加强征收管理，促进了契税收入的持续快速增长。契税已经成为地方税收的重要税种。多年来的征管实践证明，征收机关直接征收契税，是掌握税源情况、制定税收政策的基础，是强化税收管理、严格执行政策的抓手，也是保障契税收入持续快速增长的必要措施。征收机关直接征收契税比委托其他单位代征契税效率高。为此，国家税务总局决定，各级征收机关要在 2004 年 12 月 31 日前停止代征委托，直接征收契税。

任务 8.2 车辆购置税

情景列表	情 景 实 例
购买自用应税车辆应纳税额的计算	王先生 2021 年 1 月份购入北京市鼎盛股份有限公司的某型号小汽车一辆供自己使用，支付含增值税价款 230 000 元，另支付代收保险费 3 600 元，支付购买工具件和零配件价款 2 000 元，发生车辆装饰费 2 000 元。所支付的款项均由汽车销售公司开具“机动车销售统一发票”和有关票据
进口自用应税车辆应纳税额计算	北京市鼎盛股份有限公司 2021 年 2 月从国外进口宝马公司生产的某型号小轿车 8 辆。该批进口轿车经报关地海关审查核定，关税完税价格每辆 160 000 元，海关按规定征收关税每辆 192 000 元，并按规定代征了轿车的进口环节消费税每辆 110 000 元和增值税每辆 81 217.5 元。该公司将其中一辆留给本企业自用

子任务 8.2.1 车辆购置税基本原理

1. 车辆购置税的概念

车辆购置税是以在中国境内购置规定车辆为课税对象、在特定的环节向车辆购置税者征收的一种税。就其性质而言，属于直接税的范畴。

车辆购置税是 2001 年 1 月 1 日在我国开征的新税种，是在原交通部门收取的车辆购置税附加费的基础上，通过“费改税”方式改革而来的。车辆购置税基本保留了原车辆附加费的特点。

2. 车辆购置税的特点

车辆购置税除具有税收的共同特点外，还有其自身独立的特点：

（1）征收范围单一。作为财产税的车辆购置税，是以购置的特定车辆为课税对象，而不是对所有的财产或消费财产征税，范围窄，是一种特种财产税。

（2）征收环节单一。车辆购置税实行一次课征制，它不是在生产、经营和消费的每一环节实行道道征收，而只是在退出流通进入消费领域的特定环节征收。

（3）税率单一。车辆购置税只确定一个统一比例税率征收，税率具有不随课税对象数额变动的特点，计征简便、负担稳定，有利于依法治税。

（4）征收方法单一。车辆购置税根据纳税人购置应税车辆的计税价格实行从价计征，以价格为计税标准，课税与价值直接发生关系，价值高者多征税，价值低者少征税。

（5）征税具有特定目的。车辆购置税具有专门用途，由中央财政根据国家交通建设投资计划，统筹安排。这种特定目的的税收，可以保证国家财政支出的需要，既有利于统筹合理地安排资金，又有利于保证特定事业和建设支出的需要。

（6）价外征收，税负不发生转嫁。车辆购置税的计税依据中不包含车辆购置税税额，车辆购置税税额是附加在价格之外的，且纳税人即为负税人，税负不发生转嫁。

3. 开征车辆购置税的作用

（1）有利于合理筹集建设资金。国家通过开征车辆购置税参与国民收入的再分配，可以更好地将一部分消费基金转化为财政资金，为国家筹集更多的资金，以满足国家行使职能的需要。第一，车辆购置税是在消费环节征税，具有经常性的特点，只要纳税人发生了购置、使用应税车辆的行为就要纳税，这就比对所得课税和商品课税具有及时性。第二，车辆购置税按统一比例税率课征，具有相对的稳定性。第三，车辆购置税是依法征收的，具有强制性和固定性，因而其收入是可靠的。因此，车辆购置税更有利于依法合理地筹集交通基础设施建设和维护资金，保证资金专款专用，从而促进交通基础设施建设事业的健康发展。

（2）有利于规范政府行为。社会主义市场经济需要有健全的宏观经济调控体系，以保证其快速协调发展和健康运行。首先，由于税与费之间的本质区别，以费改税，开征车辆购置税，有利于理顺税费关系，进一步完善财税制度，实现税制结构的不断优化。其次，“费改税”改革，不但能规范政府行为，遏制乱收费，同时对正确处理税费关系、深化和完善财税体制改革也能起到积极作用。

（3）有利于调节收入差距。车辆购置税在消费环节对消费应税车辆的使用者征收，能更好地体现两条原则：第一，兼顾公平的原则。兼顾公平的原则，就是要保护合法收入，取缔非法收入，整顿不合理收入，调节过高收入。因此，开征车辆购置税可以对过高的消费支出进行调节。第二，纳税能力原则。即高收入者多负税，低收入者少负税，具有较高消费能力的人比一般消费能力的人要多负税。

（4）有利于配合打击走私和维护国家权益。首先，车辆购置税对同一课税对象的应税车辆不论来源渠道如何，都按同一比例税率征收，具有同一应税车辆税负相同的特性，因此，它可以平衡进口车辆与国产车辆的税收负担，体现国民待遇原则。其次，车辆购置税在车辆上牌使用时征收，具有源泉控制的特点，它可以配合有关部门在打击走私、惩治犯罪等方面起到积极的作用。最后，对进口自用的应税车辆以含关税、消费税的组成计税价格为计税依据，对进口应税车辆征收较高的税收，以限制其进口，有利于保护国内汽车工业的发展。

子任务 8.2.2 纳税义务人

车辆购置税的纳税人是指在中华人民共和国境内购置汽车、有轨电车汽车挂车、排气量超过 150 毫升的摩托车（以下统称应税车辆）的单位和个人。其中购置是指以购买、进口、自产、受赠、获奖或者其他方式取得并自用应税车辆的行为。车辆购置税实行一次性征收。购置已征车辆购置税的车辆，不再征收车辆购置税。

所称单位，包括国有企业、集体企业、私营企业、股份制企业、外商投资企业、外国企业以及其他企业，事业单位、社会团体、国家机关、部队以及其他单位。

所称个人，包括个体工商户及其他个人，即包括中国公民又包括外国公民。

子任务 8.2.3 征税对象与征税范围

车辆购置税以列举的车辆作为征税对象，未列举的车辆不纳税。其征税范围包括汽车、摩托车、电车、挂车、农用运输车，具体规定如下：

1. 汽车

汽车：包括各类汽车。

2. 摩托车

（1）轻便摩托车：最高设计时速不大于 50 千米 / 小时，发动机气缸总排量不大于 $50cm^3$ 的两个或三个车轮的机动车；

（2）二轮摩托车：最高设计车速大于 50 千米 / 小时，或发动机气缸总排量大于 $50cm^3$ 的两个车轮的机动车；

（3）三轮摩托车：最高设计车速大于 50 千米 / 小时，发动机气缸总排量大于 $50cm^3$，空车质量不大于 400 千克的三个车轮的机动车。

3. 电车

（1）无轨电车：以电能为动力，由专用输电电缆供电的轮式公共车辆；

（2）有轨电车：以电能为动力，在轨道上行驶的公共车辆。

4. 挂车

（1）全挂车：无动力设备，独立承载，由牵引车辆牵引行驶的车辆；

（2）半挂车：无动力设备，与牵引车共同承载，由牵引车辆牵引行驶的车辆。

5. 农用运输车

（1）三轮农用运输车：柴油发动机，功率不大于 7.4 千瓦，载重量不大于 500 千克，最高车速不大于 40 千米 / 小时的三个车轮的机动车（三轮农用运输车，自 2004 年 10 月 1 日起免征车辆购置税）；

（2）四轮农用运输车：柴油发动机，功率不大于 28 千瓦，载重量不大于 1 500 千克，最高车速不大于 50 千米 / 小时的四个车轮的机动车。

为了体现税法的统一性、固定性、强制性和法律的严肃性特征，车辆购置税征收范围的调整，由国务院决定，其他任何部门、单位和个人无权擅自扩大或缩小车辆购置税的征税范围。

子任务 8.2.4 税率与计税依据

1. 税率

车辆购置税实行统一比例税率，税率为 10%。

2. 计税依据

车辆购置税以应税车辆为课税对象，考虑到我国车辆市场供求的矛盾，价格差异变化，计量单位不规范以及征收车辆购置附加费的做法，实行从价定率、价外征收的方法计算应纳税额，应税车辆的价格即计税价格就成为车辆购置税的计税依据。但是，由于应税车辆购置的来源不同，应税行为的发生不同，计税价格的组成也就不一样。车辆购置税的计税依据有以下几种情况：

（1）购买自用应税车辆计税依据的确定。纳税人购买自用的应税车辆的计税依据为纳税人购买应税车辆而支付给销售方的全部价款和价外费用（不含增值税）。

购买的应税自用车辆包括购买自用的国产应税车辆和购买自用的进口应税车辆，如从国内汽车市场、汽车贸易公司购买自用的进口应税车辆。

价外费用是指销售方价外向购买方收取的手续费、基金、违约金、包装费、运输费、保管费、代垫款项、代收款项和其他各种性质的价外收费，但不包括增值税税款。

（2）进口自用应税车辆计税依据的确定。纳税人进口自用的应税车辆以组成计税价格为计税依据，组成计税价格的计算公式为

$$组成计税价格 = 关税完税价格 + 关税 + 消费税$$

进口自用的应税车辆是指纳税人直接从境外进口或委托代理进口自用的应税车辆，即非贸易方式进口自用的应税车辆。而且进口自用的应税车辆的计税依据，应根据纳税人提供的、经海关审查确认的有关完税证明资料确定。

（3）其他自用应税车辆计税依据的确定。现行政策规定，纳税人自产、受赠、获奖和以其他方式取得并自用的应税车辆的计税依据，凡不能或不能准确提供车辆价格的，由主管税务机关依国家税务总局核定的、相应类型的应税车辆的最低计税价格确定。因此，纳

税人自产自用、受赠使用、获奖使用和以其他方式取得并自用的应税车辆一般以国家税务总局核定的最低计税价格为计税依据。

（4）最低计税价格作为计税依据的确定。《车辆购置税条例规定》：“纳税人购买自用或者进口自用应税车辆，申报的计税价格低于同类型应税车辆的最低计税价格，又无正当理由的，按照最低计税价格征收车辆购置税。”也就是说，纳税人购买和自用的应税车辆，首先应分别按前述计税价格、组成计税价格来确定计税依据。当申报的计税价格偏低，又无正当理由的，应以最低计税价格作为计税依据。实际工作中，通常是当纳税人申报的计税价格等于或高于最低计税价格时，按申报的价格计税；当纳税人申报的计税价格低于最低计税价格时，按最低计税价格计税。

最低计税价格由国家税务总局依据全国市场的平均销售价格制定。根据纳税人购置应税车辆的不同情况，国家税务总局对以下几种特殊情形应税车辆的最低计税价格规定如下：

①对已缴纳并办理了登记注册手续的车辆，其底盘和发动机同时发生更换，其最低计税价格按同类型新车最低计税价格的70%计算。

②免税、减税条件消失的车辆，其最低计税价格的确定方法为

最低计税价格＝同类型新车最低计税价格 × [1－(已使用年限 ÷ 规定使用年限)] ×100%

其中，规定使用年限为：国产车辆按10年计算，进口车辆按15年计算。超过使用年限的车辆，不再征收车辆购置税。

③非贸易渠道进口车辆的最低计税价格，为同类型新车最低计税价格。车辆购置税的计税依据和应纳税额应使用统一货币单位计算。纳税人以外汇结算应税车辆价款的，按照申报纳税之日中国人民银行公布的人民币基准汇价，折合成人民币计算应纳税额。

子任务 8.2.5 应纳税额的计算

车辆购置税实行从价定率的方法计算应纳税额，计算公式为

应纳税额＝计税依据 × 税率

由于应税车辆的来源、应税行为的发生以及计税依据组成的不同，因而，车辆购置税应纳税额的计算方法也有区别。

1. 购买自用应税车辆应纳税额的计算

在应纳税额的计算当中，应注意以下费用的计税规定：

（1）购买者随购买车辆支付的工具件和零部件价款应作为购车价款的一部分，并入计税依据中征收车辆购置税。

（2）支付的车辆装饰费应作为价外费用并入计税依据中计税。

（3）代收款项应区别征税。凡使用代收单位（受托方）票据收取的款项，应视作代收单位价外收费，购买者支付的价费款，应并入计税依据中一并征税；凡使用委托方票据收取，受托方只履行代收义务和收取代收手续费的款项，应按其他税收政策规定征税。

（4）销售单位开给购买者的各种发票金额中包含增值税税款。因此，计算车辆购置税

时，应换算为不含增值税的计税价格。

（5）购买者支付的控购费，是政府部门的行政性收费，不属于销售者的价外费用范围，不应并入计税价格计税。

（6）销售单位开展优质销售活动所开票收取的有关费用，应属于经营性收入，企业在代理过程中按规定支付给有关部门的费用，企业已作经营性支出列支核算，其收取的各项费用并在一张发票上难以划分的，应作为价外收入计算征税。

【情景 8-2】王先生 2021 年 1 月份购入北京市鼎盛股份有限公司的某型号小汽车一辆供自己使用，支付含增值税价款 230 000 元，另支付代收保险费 3 600 元，支付购买工具件和零配件价款 2 000 元，发生车辆装饰费 2 000 元。所支付的款项均由汽车销售公司开具“机动车销售统一发票”和有关票据。

问题：计算王先生应缴纳的车辆购置税税额。

解析：因为所支付的款项均由汽车销售公司开具“机动车销售统一发票”和有关票据，因此除增值税外的所有款项均应作为计税依据。

计税依据 =（230 000 ＋ 3 600 ＋ 2 000 ＋ 2 000）÷（1 ＋ 13%）=210 265.5（元）

应纳税额 =210 265.5 × 10%=21 026.6（元）

2. 进口自用应税车辆应纳税额计算

进口自用应税车辆以组成计税价格为计税依据。其应纳税额计算公式为

应纳税额 =（关税完税价格＋关税＋消费税）× 税率

【情景 8-3】北京市鼎盛股份有限公司 2021 年 2 月从国外进口宝马公司生产的某型号小轿车 8 辆。该批进口轿车经报关地海关审查核定，关税完税价格每辆 160 000 元，海关按规定征收关税每辆 42 000 元，并按规定代征了轿车的进口环节消费税每辆 38 200 元和增值税每辆 35 300 元。该公司将其中一辆留给本企业自用。

问题：计算该公司应纳车辆购置税税额。

解析：根据法规规定，购入自用的车辆应缴纳车辆购置税，用于销售的不征税。

计税依据 =160 000 ＋ 42 000 ＋ 38 200=240 200（元）

应纳税额 =240 200 × 10%=24 020（元）

3. 其他自用应税车辆应纳税额的计算

纳税人自产自用、受赠使用、获奖使用和以其他方式取得并自用应税车辆的，凡不能取得该型车辆的购置价格，或者低于最低计税价格的，以国家税务总局核定的最低计税价格作为计税依据计算征收车辆购置税：

应纳税额 = 最低计税价格 × 税率

4. 特殊情形下自用应税车辆应纳税额的计算

（1）减税、免税条件消失车辆应纳税额的计算。对减税、免税条件消失的车辆，纳税人应按现行规定，在办理车辆过户手续前或者办理变更车辆登记注册手续前向税务机关缴纳车辆购置税。

应纳税额 = 同类型新车最低计税价格 × [1 —(已使用年限 ÷ 规定使用年限)] ×100%× 税率

（2）未按规定纳税车辆应补税额的计算。纳税人未按规定纳税的，应按现行政策规定的计税价格，区分情况分别确定征税。不能提供购车发票和有关购车证明资料的，检查地税务机关应按同类型应税车辆的最低计税价格征税；如果纳税人回落籍地后提供的购车发票金额与支付的价外费用之和高于核定的最低计税价格的，落籍地主管税务机关还应对其差额计算补税。

应纳税额 = 最低计税价格 × 税率

子任务 8.2.6 税收优惠

我国车辆购置税实行法定减免，减免税范围的具体规定是：

（1）外国驻华使馆、领事馆和国际组织驻华机构及其外交人员自用车辆免税。

（2）中国人民解放军和中国人民武装警察部队列入军队武器装备订货计划的车辆免税。

（3）设有固定装置的非运输车辆免税。

（4）由国务规定予以免税或者减税的其他情形的，按照规定免税或者减税。

根据现行政策规定，上述其他情形的车辆，目前主要有以下几种：

①防汛部门和森林消防部门用于指挥、检查、调度、报汛（警）、联络的设有固定装置的指定型号的车辆。

②回国服务的留学人员用现汇购买 1 辆自用国产小汽车。

③长期来华定居专家 1 辆自用小汽车。

（5）农用三轮运输车免征车辆购置税。农用三轮车是指：柴油发动机，功率不大于 7.4 千瓦，载重量不大于 500 千克，最高车速不大于 40 千米 / 小时的三个车轮的机动车。

（6）自 2016 年 1 月 18 日起至 2019 年 12 月 31 日止，对城市公交企业购置的公共汽电车辆免征车辆购置税。

上述城市公交企业是指由县级以上（含县级）人民政府交通运输主管部门认定的，依法取得城市公交经营资格，为公众提供公交出行服务的企业。

上述公共汽电车辆是指由县级以上（含县级）人民政府交通运输主管部门按照车辆实际经营范围和用途等界定的，在城市中按规定的线路、站点、票价和时刻表营运，供公众乘坐的经营性客运汽车和无轨电车。

（7）自 2018 年 1 月 1 日至 2019 年 12 月 31 日，对购置的新能源汽车免征车辆购置税。对免征车辆购置税的新能源汽车，通过发布《免征车辆购置税的新能源汽车车型目录》实施管理。

（8）纳税人在办理车辆购置税免（减）税手续时，应如实填写纳税申报表和《车辆购置税免（减）税申报表》（以下简称免税申报表），除提供规定的资料外，还应根据不同情况，分别提供下列资料：

①外国驻华使馆、领事馆和国际组织驻华机构及其外交人员自用的车辆，分别提供机

构证明和外交部门出具的身份证明；

②中国人民解放军和中国人民武装警察部队列入军队武器装备订货计划的车辆，提供订货计划的证明；

③设有固定装置的非运输车辆，提供车辆内、外观彩色5寸照片；

④其他车辆，提供国务院或者国务院授权的主管部门的批准文件。

（9）纳税人在办理设有固定装置的非运输车辆免税申报时，主管税务机关应当根据免税图册对车辆固定装置进行核实无误后，办理免税手续。

（10）自2018年7月1日至2021年6月30日，对购置挂车减半征收车辆购置税。购置日期按照《机动车销售统一发票》《海关关税专用缴款书》或者其他有效凭证的开具日期确定。本条件所称挂车，是指由汽车牵引才能正常使用且用于载运货物的无动力车辆。

子任务 8.2.7 征收管理

根据2006年1月1日开始试行的《车辆购置税征收管理办法》，车辆购置税的征收规定如下：

（1）纳税申报。纳税人购置应税车辆，应当向车辆登记地的主管税务机关申报缴纳车辆购置税；购置不需要办理车辆登记的应税车辆的，应当向纳税人所在地的主管税务机关申报缴纳车辆购置税。

车辆购置税的纳税义务发生时间为纳税人购置应税车辆的当日。纳税人应当自纳税义务发生之日起六十日内申报缴纳车辆购置税。

纳税人应当在向公安机关交通管理部门办理车辆注册登记前，缴纳车辆购置税。

（2）纳税人应到下列地点办理车辆购置税纳税申报。

①需要办理车辆登记注册手续的纳税人，向车辆登记注册地的主管税务机关办理纳税申报；

②不需要办理车辆登记注册手续的纳税人，向纳税人所在地的主管税务机关办理纳税申报。

（3）车辆购置税实行一车一申报制度。

（4）纳税人购买自用应税车辆的，应自购买之日起60日内申报纳税；进口自用应税车辆的，应自进口之日起60日内申报纳税；自产、受赠、获奖或者以其他方式取得并自用应税车辆的，应自取得之日起60日内申报纳税。

（5）免税车辆因转让、改变用途等原因，其免税条件消失的，纳税人应在免税条件消失之日起60日内到主管税务机关重新申报纳税。

免税车辆发生转让，但仍属于免税范围的，受让方应当自购买或取得车辆之日起60日内到主管税务机关重新申报免税。

（6）纳税人办理纳税申报时应如实填写《车辆购置税纳税申报表》(以下简称纳税申报表)，同时提供以下资料：

①纳税人身份证；

②车辆价格证明；

③车辆合格证明；

④税务机关要求提供的其他资料。

（7）免税条件消失的车辆，纳税人在办理纳税申报时，应如实填写纳税申报表，同时提供以下资料：

①发生二手车交易行为的，提供纳税人身份证明、《二手车销售统一发票》和《车辆购置税完税证明》（以下简称完税证明）正本原件。

②未发生二手车交易行为的，提供纳税人身份证明、完税证明正本原件及有效证明资料。

（8）纳税环节。车辆购置税的征税环节为使用环节，即最终消费环节。具体而言，纳税人应当在向公安机关等车辆管理机构办理车辆登记注册手续前，缴纳车辆购置税。

（9）纳税地点。纳税人购置应税车辆，应当向车辆登记注册地的主管税务机关申报纳税；购置不需办理车辆登记注册手续的应税车辆，应当向纳税人所在地主管税务机关申报纳税。车辆登记注册地是指车辆的上牌落籍地或落户地。

（10）纳税期限。纳税人购买自用的应税车辆，自购买之日起60日内申报纳税；进口自用的应税车辆，应当自进口之日起60日内申报纳税；自产、受赠、获奖和以其他方式取得并自用的应税车辆，应当自取得之日起60日内申报纳税。

这里的“购买之日”是指纳税人购车发票上注明的销售日期；“进口之日”是指纳税人报关进口的当天。

项目小结

本项目主要介绍契税的基本原理、征税的对象、纳税义务人与税率、应纳税额的计算、税收优惠征收管理；车辆购置税的基本原理、征税的对象、纳税义务人与税率、税率及计税依据、应纳税额的计算和税收优惠征收管理。

项目训练

【资料】

王先生2021年1月份购入上海大众生产的某型号小汽车一辆供自己使用，支付含增值税价款234 000元，另支付代收保险费3 800元，支付购买工具件和零配件价款2 000元，发生车辆装饰费2 000元。所支付的款项均由汽车销售公司开具“机动车销售统一发票”和有关票据。

【要求】

计算王先生应缴纳的车辆购置税税额。

参考文献

[1] 盖地 . 税务会计学 [M].13 版 . 北京：中国人民大学出版社，2019.
[2] 张孝光 . 税务会计实训教程 [M]. 北京：人民邮电出版社，2019.
[3] 王素荣 . 税务会计与税务筹划 [M]. 北京：机械工业出版社，2017.
[4] 梁俊娇，王怡璞 . 税务会计 [M].3 版 . 北京：中国人民大学出版社，2019.
[5] 秦娇 . 税务会计实务 [M]. 武汉：武汉理工大学出版社，2018.